民商法争鸣（第21辑）

编委会

创刊主编：杨遂全
主　　编：王　竹
执行主编：徐铁英
委　　员：陈　实　李　成　李芳芳　李　鑫
　　　　　李　旭　刘　畅　刘　尉　刘忠炫
　　　　　罗维鹏　汪　灏　王　蓓　王军杰
　　　　　吴　涛　徐铁英　杨亦晨　袁　嘉
　　　　　张金海　张晓远　赵　悦　周　秘

编辑部

主　　任：龚　健
副 主 任：张亦衡　唐仪萱
责任编辑：黄凌汐　黄薪颖　刘　煜　李欣然
　　　　　吕纯顺　青婉欣　桑颜琳　史　典
　　　　　帅仁策　孙珂娜　孙莞棚　唐先勇
　　　　　王安娜　王彦朝　易礼昊　郑兴华

四川大学法学院
四川大学市场经济法治研究所　系列专题研究学术著作

Civil and Commercial Law Debates

民商法争鸣

（第21辑）

王　竹◎主编

四川大学出版社
SICHUAN UNIVERSITY PRESS

2023年第1辑

图书在版编目（CIP）数据

民商法争鸣．第 21 辑 / 王竹主编．— 成都：四川大学出版社，2023.7
ISBN 978-7-5690-6254-0

Ⅰ．①民… Ⅱ．①王… Ⅲ．①民商法－中国－文集 Ⅳ．① D923.04-53

中国国家版本馆 CIP 数据核字（2023）第 140864 号

书　　名：民商法争鸣（第 21 辑）
　　　　　Minshangfa Zhengming（Di-21 Ji）
主　　编：王　竹

选题策划：蒋姗姗
责任编辑：蒋姗姗
责任校对：曹雪敏
装帧设计：墨创文化
责任印制：王　炜

出版发行：四川大学出版社有限责任公司
　　　　　地址：成都市一环路南一段 24 号（610065）
　　　　　电话：（028）85408311（发行部）、85400276（总编室）
　　　　　电子邮箱：scupress@vip.163.com
　　　　　网址：https://press.scu.edu.cn
印前制作：四川胜翔数码印务设计有限公司
印刷装订：四川五洲彩印有限责任公司

成品尺寸：170 mm×240 mm
印　　张：15
字　　数：289 千字

版　　次：2023 年 10 月 第 1 版
印　　次：2023 年 10 月 第 1 次印刷
定　　价：68.00 元

本社图书如有印装质量问题，请联系发行部调换

版权所有 ◆ 侵权必究

扫码获取数字资源

四川大学出版社
微信公众号

目　录

民商法总论

民法典实施与裁判理由强化双重背景下的隐性法源研究 /何良彬……………（3）
论经济胁迫及认定因素 /罗　昆　陈敬立……………………………………（24）
智能写作软件生成报告的著作权分析
　　——"腾讯诉盈讯案"引发的思考 /黄文瑄……………………………（43）
《民法典》的溯及力问题研究
　　——兼评"民法典时间效力的若干规定" /宋晓旭　王洪平…………（60）

债与合同法论

《民法典》第585条违约金类型化的质疑与修正 /李　杰……………………（87）
合同法定解除的司法适用与障碍消解
　　——在法律解释的视域中探究 /闵小梅　方　强…………………………（105）

侵权法论

《民法典》自甘冒险条款的要件解构与模型设计 /陆而启　王佳媛……（119）
铁路运输人身损害赔偿责任减轻比例研究
　　——以《铁路运输人身损害赔偿司法解释》第6条为中心 /潘　玲　杨　波
　　………………………………………………………………………………（136）

人格权法论

已收集敏感个人信息的处理规制 /阳雪雅　王灵娟……………………（153）

商事法论

自然人破产制度主体之构造 /孙瑞玺　王　滨………………………（185）
论破产别除与担保体系的规范衔接 /齐宏赛　章正璋………………（201）

实务争鸣

居住权在执行过程中的风险预防与路径优化 /李才坤　谢　丹…………（223）

民商法总论

民法典实施与裁判理由强化双重背景下的隐性法源研究

何良彬[*]

> **摘　要**：民法隐性法源有着复杂的历史变迁，其适用逐步受到立法规制，实务中却呈现拓展趋势。从类型看，隐性法源主要包括司法解释、指导性案例、法理及通行学术观点、其他指导性文件；从实践看，隐性法源运用存在参照效力不明确、认定标准不统一、参照技术不规范、运用效果待优化等问题。应当在提炼隐性法源认定条件、参照标准和参照技术的基础上，努力构建科学完善的民法法源体系，差异化明确隐性法源的不同参照力，强化对隐性法源运用状况的数据收集、实证分析和校院融合研究。
>
> **关键词**：隐性法源　司法解释　指导性案例　法理

法源属民法重要范畴，但其本身似属歧义性概念，可从哲学、历史、形式及规范等多层意义上获致不同理解和定义，这往往取决于论者的不同态度。黄

---

[*] 何良彬，成都市高新区人民法院二级高级法官。本文系国家社科基金项目"违约惩罚性赔偿制度研究"（7BFX083）的阶段性成果。有从广义理解，认法源为"注成民法之各种源泉，亦即构成民法之各部分"，故此凡足以提供解决之依据者，理论上悉所欢迎，即可构成法源，参见曾世雄：《民法总则之现在与未来》，中国政法大学出版社2001年版，第21—22页；或谓"法院得据以为裁判依据之一切民事规范也"，参见林诚二：《民法总则》，法律出版社2008年版，第12页；还有的理解为"民事事件适用法规的顺序"，参见施启扬：《民法总则》，中国法制出版社2010年版，第51页。也有学者指出，法源通常在两种意义上使用：其一指法官裁判案件时的决定基准的法的命题，即作为实质意义的民法规范的存在形式；其二指现实中对法官裁判案件的决定基准起作用的社会事实，前者为民法解释学关注重点，后者则构成社会学研究对象，参见陈华彬：《民法总论》，中国法制出版社2011年版，第69—70页。顾培东教授基于"可以成为裁判合法性基础的资料等因素"的广义法源视角，将法源属性划分为约束性法源、引导性法源以及智识性法源，并将最高法院指导性案例列为约束性法源，参见顾培东：《我国成文法体制下不同属性判例的功能定位》，载《中国法学》2021年第4期。日本学者小口太彦将法源界定为"在具体审判时要求法官应该依据的准则"，参见小口太彦：《清代中国刑事审判中成案的法源性》，载杨一凡、寺田浩明主编：《日本学者论中国法制史论著选——明清卷》，中华书局2016年版，第237页。

茂荣教授认为，法源系指"一切得为裁判之大前提的规范的总称"①，实值赞同，狭义上指作出裁判之依据，广义上还包括证成裁判之论据。博登海默提出正式与非正式法源的区分，认为在法律所明确规定或承认的法源之外，尚有法律虽未规定但具有法律意义、值得考虑且在法官裁判活动中确具实质影响的资料和材料等非正式法源②，亦有学者称为"间接法源"③。所谓隐性法源，含义与之相近，之所以称为隐性法源，一是尚未被民法典明确为正式法源，二是隐性法源的法律定位、功能及效力等仍处待定状态，三是隐性法源运行情况有待关注研究。重视并妥善处理民法典实施与裁判理由强化双重背景下的隐性法源问题，是民法典实施中理论与实务界需要共同面对的现实课题。

一、隐性法源的历史简溯

中国民事法源问题，有一复杂历史变迁。有学者指出，"自西汉至清末的封建时代，中国法律样式的总体面貌是'混合法'。'混合法'的含义是'成文法'与判例制度相结合"④。也有论者认为，"中国法律自夏以降，至清末法制变革，在数千年发展演变过程中形成了以成文法典为主干、习惯法和判例法为补充的法源传统"⑤。总体而言，中国古代法源体现为正式法源与隐性法源互渗交融的混合法样式，主要包括以下几种。

（一）制定法

古代法家较早提出以法治国，历代亦重法典创制，并辅以多种法源佐治。晋代刘颂云："律法断罪，皆当以法律令正文，若无正文，依附名例断之"⑥，较早提出援法定罪观点；《唐律疏议》规定"诸断罪，皆须具引律令格式正文"⑦，并由此相援至明清。

（二）礼

汉代"引经决狱"，礼成为实质法源；魏晋、北魏时期儒家思想"法律化"进程加快，唐代"以礼入法"告竣，"引经决狱"实质仍存，功能亦不限补充

---

① 参见黄茂荣：《法学方法论与现代民法》，中国政法大学出版社2001年版，第371页。
② 博登海默的非正式法源主要是指体现正义原则、道德信念、社会倾向等要求的资料或材料。参见［美］博登海默：《法理学——法律哲学与法律方法》，邓正来译，中国政法大学出版社1999年版，第415页。
③ 参见王泽鉴：《民法总则》，北京大学出版社2009年版，第47页。
④ 参见武树臣：《中国古代法律样式的理念诠释》，载《中国社会科学》1997年第1期。
⑤ 参见易有禄、杨德敏：《中国古代法的法源传统及其近代转型》，载《社科纵横》2005年第2期。
⑥ 参见［唐］房玄龄：《晋书》，卷三十，中华书局2011年版，第938页。
⑦ 参见张晋藩：《中国法律的传统与近代转型》，法律出版社2019年版，第261页。

法源，而兼情理法衡平、裁判正当化以及解释技术化等①。

（三）成案

援引成案以补成文法之不足，成案担当着重要的隐性法源角色，《大清律例》明文规定"凡断罪，皆须具引律例"②，并明确"有例则置其律，例有新者则置其故者"，成案实具正式法源之象。

（四）注释

中国古代重视法律释读：秦代《法律问答》可谓注律之雏形；汉代盛行"引经注律""引经决狱"，释经注律成为显学并发挥了实质法源功能；三国时期曹丕甚至下诏"但用郑氏章句，不得杂用余家"；《唐律疏议》成为注律经典文本，明代私家律注成果多达90余部；清代沈之奇《大清律辑注》被奉为私家注律权威。

（五）情理

情理在中国古典司法中的重要性不言而喻，班固云"立法设刑，动缘民情，而则天象地"③，胡颖判词强调"法意、人情实同一体……上不违法意，下不拂于人情，则通行而无弊矣"④，清人亦认"律不外情理二字，情理明，不见律亦可断矣"⑤，"酌情据法，以平其事"遂成中国古代司法活动的基本准则和目标追求⑥。

（六）习惯

习惯乃最早之规范，中国古代习惯在纠纷治理中实具重要影响，但未成为正式法源⑦。《大清民律草案》首次规定"民事，本律所未规定者，依习惯法；无习惯法者，依条理"⑧，但未及施行。民国初期，民法法源悬而未决，大理院在成文法大量欠缺和诸多不完备的情势下，不畏其难，大胆采用判决先例以填补法律漏洞的方法，并对习惯予以甄别适用，不仅维护了法制更迭的过渡，

---

① 参见陈炜强：《古代中国判词之"引经据典"探析》，载《上海政法学院学报（法治论丛）》2012年第6期。
② 参见张晋藩：《中国法律的传统与近代转型》，法律出版社2019年版，第268页。
③ 参见〔汉〕班固：《汉书》（二），中华书局2012年版，第993页。
④ 参见周名峰校释：《名公书判清明集校释·户婚门》，法律出版社2020年版，第354页。
⑤ 参见里赞：《晚清州县诉讼中的审断问题——侧重四川南部县的实践》，法律出版社2010年版，第183页。
⑥ 习惯、情理在实际裁判的作用甚至更大，据晚清四川南部县司法档案，载有明确判词的54件案件中，严格依律而断的仅3件，占总数的5%，其余案件主要依地方习俗和人伦亲情等断案，足以对"断必依律"的绝对结论提出质疑，亦反映出习惯、情理等隐性法源的持久影响。参见里赞：《晚清州县诉讼中的审断问题——侧重四川南部县的实践》，法律出版社2010年版，第123页。
⑦ 参见张洪涛：《从"以礼入法"看中国古代习惯法的制度命运》，载《法商研究》2010年第6期。
⑧ 参见杨立新主编：《中国百年民法典汇编》，中国法制出版社2011年版，第56页。

亦推动了近代中国法制的前进，诚属不易①。1930年，《中华民国民法典》第1条规定法源顺序为法律、习惯、法理，习惯成为正式法源。综上，中国古代较早形成正式法源与隐性法源相结合的混合型法源体系，成为中华法系一大特征，反映出法源体系实非"人为预设"，而属历史的、实践的累积物，这对中国在民法典时代弘扬优秀司法传统文化，完善民法法源体系，特别是发挥正式法源以外的其他隐性法源的价值功能仍具积极意义。

从新中国成立后到《民法通则》颁布前，中国对民法法源并无统一规定，法官裁判民事案件主要根据各单行法（如婚姻法、继承法、合同法等）、民事法律政策（如多份民事法律政策、民事问题解答、民事审判工作会议纪要等）。1986年，《中华人民共和国民法通则》首次规定了我国民法法源为法律、政策。2017年《中华人民共和国民法总则》第10条修改为法律、习惯；2020年，《中华人民共和国民法典》（以下简称《民法典》）第10条②首次以法典形式明确了民法法源为法律、习惯，中国民法法源进入法典化时代。

同时，近些年来强化裁判理由备受重视。1999年"一五改革纲要"以来，最高人民法院历次五年改革纲要几乎都会提及加强裁判理由论证；2009年，《最高人民法院关于裁判文书引用法律、法规等规范性法律文件的规定》第6条规定，对于法律及法律解释、行政法规、地方性法规、自治条例或者单行条例、司法解释以外的规范性文件，根据审理案件的需要，经审查认定为合法有效的，可以作为裁判说理的依据，实属对隐性法源功能之肯定；2018年，《最高人民法院关于加强和规范裁判文书释法说理的指导意见》第13条首次规定了论证裁判理由可以采纳的七种论据③。这七种论据担负着强化裁判结论正当性之机能，虽不属民法典之正式法源，但实具隐性法源特征与功能。上述情况还反映出两种趋势：从立法层面而言，通过民法典对法源予以限缩规制，体现维护和促进法律统一之意旨；从司法层面而言，为求裁判之合法性和正当性，扩张法源空间、促进纠纷解决的实践动力亦始终存在。这两种因素此消彼长，对民法典实施实具重要影响。在上述双重背景下，如何规范和完善隐性法源已成现实课题。

---

① 参见黄源盛：《从民刑混沌到民刑分立——民国初期大理院民事审判法源》，载［日］夫马进编：《中国诉讼社会史研究》，范愉、赵晶等译，浙江大学出版社2019年版，第518页。

② 即"处理民事纠纷，应当依照法律；法律没有规定的，可以适用习惯，但是不得违背公序良俗"。

③ 具体包括：最高人民法院发布的指导性案例；最高人民法院发布的非司法解释类审判业务规范性文件；公理、情理、经验法则、交易惯例、民间规约、职业伦理；立法说明等立法材料；采取历史、体系、比较等法律解释方法时使用的材料；法理及通行学术观点；与法律、司法解释等规范性法律文件不相冲突的其他论据。

二、域外法源的比较启示

自 1804 年《法国民法典》颁布以来，法典化浪潮渐次席卷欧洲，并从 19 世纪下半叶起逐步波及世界其他地方，20 世纪以来又经历反法典化思潮冲击，呈现新的变化。在此以大陆法系民法典为样本，简要回顾民法法源制度演变。

（一）国外情况

1804 年《法国民法典》较早触及法源问题，第 1～6 条明确为法律和公序良俗，体现出单一法源特征。1811 年《奥地利普通民法典》（以下简称《奥民》）第 9～13 条明确的法源如下：法律、习惯、省的法规、法院判决以及特权，似采多元法源模式。值得注意者，《奥民》第 12 条明确排除了遵循先例原则的适用："法院就个案所作判决和就某类诊所沿袭的观点，不具有法律效力，不得拓展适用于其他案件或个人。"1857 年《智利民法典》也采多元法源模式，第 1～3 条分别明确为法律、习惯、立法解释，同时规定法院判决仅对实际被宣判案件有约束力；第 24 条补充了法的一般精神和自然衡平。1889 年《西班牙民法典》第 1 条明确为法律、惯例、法的基本原则和司法判例；第 6～7 条补充了公序良俗和禁止滥用权利。1912 年《瑞士民法典》第 1 条重新定义了法源的时代含义："法律、惯例，特别是在欠缺法律和惯例时得依法官自己如作为立法者应当提出的规则，但应遵循公认的学理和实务惯例。"此为民法典史上迄今无二之划时代创新。1942 年《意大利民法典》第 1 条集中规定了以下法源——法律、规则、组合规范、习惯；第 31 条补充了公序良俗。1949 年《埃及民法典》第 1 条在明确法律和习惯的法源性的同时，亦赋予伊斯兰沙里亚原则、自然法原则及公平规则的法源地位。1958 年《韩国民法典》第 1 条规定了法源顺序——法律、习惯、法理，第 2 条补充了诚信和禁止权利滥用的法源价值。1966 年《葡萄牙民法典》第 1～4 条确定了如下法源顺序：法律、判例、习惯、善意原则和衡平原则。2003 年《巴西新民法典》是进入新世纪的第一部主要民法典，其正式法源包括法律（第 104 条），习惯、诚信、习惯（第 113 条）等。综上所述，大陆法系国家多采多元法源体系，并以法律、习惯为正式法源，有的国家亦在一定程度上承认判例、法理的补充法源价值，同时多数国家通过规定解释法律条文时应遵循诚实信用、公序良俗、禁止滥用权利等原则，承认上述原则具有补充正式法源的功能。

其中，大陆法系代表国德国的民法法源情况比较典型，中国与德国均属成文法传统，加之中国近代法治转型中曾主师德国，其民法法源情况尤其值得关注借鉴。1900 年《德国民法典》首开总则编先例，但未对民法法源及其解释作出规定，而采分散模式，在分编相关部分就具体问题的法源识别予以明确，如第 134 条之法律，第 138 条之善良风俗，第 157 条之交易习惯等。整体言之，德国民法法源显以民法典及其他制定法为主，但于制定法外，仍有若干非正式法源，在德国民法及司法裁判进程中发挥着重要作用，有学者基于狭义理解将德国民法法源列举为法律、习惯法两种①；有的概括为习惯法、司法判决以及学者著述三种②；还有的从公法视角归纳为十种，其中跨国与国际规则、宪法、议会法以及行政法规前四种为制定法，非正式法源包括章程、集体法上的规范合同、习惯法、法官法、法学家法以及自然法六种③。《德国民法典》实施历史及司法裁判实践表明，德国民法法源实不限于制定法，还包括各种非正式法源即隐性法源，现择其要者略述如下。

1. 习惯

《德国民法典》总则并未明确习惯的法源定位④，但有若干条款涉及习惯适用，如总则编第 91 条（替代物）、第 151 条（承诺）、第 157 条（合同解释）；债法编第 242、259 条（契约履行），第 557 条（迟延返还请求权），第 612、632、653 条（报酬给付）；物权编第 960 条（无主物）；婚姻家庭编多条并未直接提及习惯，但实系对习惯之承认与整理，如第 1354、1363、1396 条（夫权），第 1627、1631 条（父权）等。

2. 学理见解

与《瑞士民法典》不同，德国民法不承认法学学理见解的法源属性，但认为它对一切领域的规范制定有着举足轻重的意义⑤，司法裁判关注引用学理见解时有出现，乃至成为德国等"法学知识输出主要国家"的共同传统⑥，这种输出既针对国外，也针对实务；有学者随机抽取一卷本德国联邦民事司法判决报告，发现平均一份判决援引学术文本 13 次，援引比例远超其他国家；1973 年，德国联邦宪法法院判例主张，包括"法学界的普遍共识"在内的诸多实质化理由都可在必要时成为法律渊源⑦。德国最高法院遇疑难法律问题常送请有

---

① 参见［德］卡尔·拉伦茨：《德国民法通论》，王晓晔等译，法律出版社 2003 年版，第 12 页。
② 参见［德］罗伯特·霍恩等：《德国民商法导论》，楚建译，中国大百科全书出版社 1996 年版，第 61—67 页。
③ 参见［德］魏德士：《法理学》，丁晓春、吴越译，法律出版社 2005 年版，第 99—117 页。
④ 《德国民法典》制定过程中对是否将习惯纳入法源多有争议，《德国民法典》第一草案第 2 条曾有限度承认习惯的法源地位，即仅在法律援引习惯时，习惯法上的法律规范才能适用。但该规定在第二草案中被删除。参见王利明：《裁判说理论——以民事法为视角》，人民法院出版社 2021 年版，第 221 页。
⑤ 参见［德］魏德士：《法理学》，丁晓春、吴越译，法律出版社 2005 年版，第 114 页。
⑥ 参见金枫梁：《裁判文书援引学说的基本原理与规则建构》，载《法学研究》2020 年第 1 期。
⑦ 参见杨帆：《司法裁判说理援引法律学说的功能主义反思》，载《法制与社会发展》2021 年第 2 期。

关权威学者，从事学术上鉴定，供法院参考①。法官在审理具体案件中，更可借助学者力量，经常参引和讨论他们的著述，为法律沿着正确方向发展提供最可靠的保证②。

3. 司法判例

20世纪以来，德国民法领域的司法影响与日俱增，制定法和宪法法院判决都明确承认法官负有发展法律的义务，司法判决经常创制新的法律规则，这种创制亦被公认为联邦法院主要职能之一。如德国判例所创设之缔约上过失、积极侵害契约以及附保护第三人作用之契约，根本改变了德国之契约法③；又如德国联邦法院判决认为工会虽不具备权利能力，却仍具诉讼权利能力；《德国民法典》第253条虽排除了名誉损害赔偿，但司法实践认为严重名誉损害的受害人应当享有赔偿请求权。实际上，20世纪以来，在德国民法的诸多领域，法律规则乃是地地道道的法官创造物，其中联邦最高法院判决的规范形成功能特别明显，以致人们越来越倾向于认同"法官法"的法源属性。事实上，包括德国在内的欧洲大陆法系法院在审判实践中对于判例的态度同美国法院没有多大区别④。

4. 法院内部决议

比如，为防止不同法院之间法律部门法律适用矛盾，联邦最高法院审判庭如果要偏离另一审判庭或大审委会判决，就必须向大审委会提交该法律问题，大审委会决议具有约束力；又如1973年，德国宪法法院的一份决议要求所有司法裁决都需"建立在理由论证基础上"⑤。

5. 自然法

德国学者所谓"自然法"实指公民基本权利的成文表达，或谓被规范化了的自然法，而不成文的自然法则不是法律渊源，裁判者也不能从中推导出现行法，由此，自然法的定义权落入国家之手，法院决定着自然法应该是什么及如何适用等⑥。

（二）中国情况

中国古代对法源问题早有探索，但未形成明确、系统的法源观念、法源体

---

① 参见王泽鉴：《民法学说与判例研究》（第一册），北京大学出版社2009年版，第147页。
② 参见［德］罗伯特·霍恩等：《德国民商法导论》，楚建译，中国大百科全书出版社1996年版，第66-67页。
③ 参见王泽鉴：《民法学说与判例研究》（第二册），北京大学出版社2009年版，第10页。
④ 参见［美］约翰·亨利·梅利曼：《大陆法系》，顾培东、禄正平译，法律出版社2004年版，第47页。
⑤ 参见杨帆：《司法裁判说理援引法律学说的功能主义反思》，载《法制与社会发展》2021年第2期。
⑥ 参见［德］魏德士：《法理学》，丁晓春、吴越译，法律出版社2005年版，第116-117页。

系。清末变法以来，法源问题进入立法视野，法源制度迈入制定法时代。如1911年《大清民律草案》第1条即将形式法源规定为法律、习惯法和条理；第2条明确了诚信的实质法源功能。1926年《中华民国民律草案》规定的法源包括法律（第123条）、风化（第124条）以及交易习惯（第143条）。1930年《中华民国民法典》明确为法律、习惯、法理（第1条），以及公序良俗（第2条）。1986年《中华人民共和国民法通则》首次明确了法律、政策的法源地位（第6条），第7条明确了社会公德和公共利益的实质法源价值。2003年《中华人民共和国民法典草案》（梁慧星教授建议稿）第9条规定了以下法源顺序——法律、习惯、公认法理、公序良俗；第6~8条分别规定了诚信、公序良俗和禁止权利滥用的实质法源价值。值得注意的是，建议稿明确将公认法理列入法源，王利明教授建议稿第12条、徐国栋教授建议稿第12条亦有类似规定，但均未被民法典最终稿采纳。2017年《中华人民共和国民法总则》第10条取消了政策的法源性，明确法律和习惯为正式法源；同时第7~8条规定了诚信、公序良俗的实质法源价值。2017年民法总则颁布实施，习惯从隐性法源上升为正式法源，这是中国民法法源体系的一大重要变化。2020年民法典完全保留了民法总则规定，也标志着中国民法法源基本体系的确立。

（三）几点启示

1. 优先兼容的法源策略

大陆法系国家普遍以法律为第一法源，对隐性法源则采兼容策略，择其利者而用之。正式法源相对刚性，偏重形式要求；非正式法源更为弹性，长于灵活需要，整体而言，正是"严格规则、高度灵活的规则以及两者之间的规则，构成了现代法律制度中规范现象的绝大部分"[①]。采取正式法源为主体、隐性法源为补充的混合法源模式，既属形式理性法律的制度化要求，也是妥善化解纠纷的现实需要，同时还反映出法治实践对法源规制与法源扩张两种趋势之间的调和，也是法源安定性与实质妥当性之间的折中。同时，多数国家均不同程度对其他法源效力予以必要限制，如以不违背公序良俗和诚信为限，还有的规定以法律有规定者为限。

2. 差异位序的法源效力

各国在处理不同法源的效力位序上存在较高共识，即法律有明确规定时依法律；法律无规定时依习惯；少数国家规定，仅当无法律和习惯可以依据时，

---

① 参见［美］P. S. 阿蒂亚、R. S. 萨默斯：《英美法中的形式与实质——法律推进、法律理论和法律制度的比较研究》，金敏等译，中国政法大学出版社2005年版，第62页。

方可引用其他法源。公序良俗、诚信原则、禁止权利滥用等主要作为法官解释法律所应负义务而存在，本身并非直接的法的渊源，但具有某种实质法源性。另外，受法系模式影响，与普通法系偏重判例的法源性不同，大陆法系国家相对更注重制定法的法源性，有的国家对判例不甚看重甚至明文排斥，如奥地利、智利。

3. 法理的"法律化"趋势

法理的法源性得到一定程度之承认，部分国家通过法典明确赋予其法源性，法官在解释法律条文时得结合法理而为之，实际上承认了法学学理对立法特别是对司法裁判的影响力和参照力，主因有二。一是现代司法更倚重形式理性，强调法官依据现行有效的制定法规范进行裁判，据法司法是法官的基本义务和法定职责；二是现代法律规范实为法学家、法官等法律职业者与社会各方共同参与形成，立法活动亦体现为立法需求、学理见解、实务观点之间的互渗过程，法学学理的"法律化"亦为长期实践，法官对制定法的遵守援引实质上体现了对学理见解的认同支持。

4. 重视法源的关联因素

法源问题与法系模式、法文化传统、法意识等紧密相关，没有绝对统一的法源标准和固定类型，但存在着与特定国家法律制度与司法实践最相适宜的法源架构。正式法源与隐性法源之间并无截然分裂、不可逾越的鸿沟，法源的历史变迁反映出，二者之间存在互补共融关系，有的隐性法源会逐步向正式法源演变，但隐性法源整体上仍具独立空间与独特优势。黄宗智教授曾指出，中国"《继承法》制定的条文不是一朝一夕间形成的，而是经历了长时期的实践经验，包括以最高法院的指示、意识的形式多年试行"[①]，揭示出隐性法源与正式法源之间的渐进转换特征，也表明正式法源往往先以隐性法源形态存在并实际发挥影响。

三、中国隐性法源的主要类型及实践观察

中国民法典规定的正式法源为法律和习惯，隐性法源包括除法律和习惯以外的其他若干裁判论据，结合对司法裁判的不同影响力，借鉴学者观点，可将隐性法源划分为三种：作为约束性法源的司法解释；作为引导性法源的指导性案例、参考性案例；非司法解释性质的司法指导性文件等；作为智识性法源的

[①] 参见［美］黄宗智：《过去和现在——中国民事法律实践的探索》，法律出版社 2009 年版，第 238 页。

法理及通行学术观点等。

(一) 约束性法源：司法解释

宪法未对司法解释作出规定，司法解释权依据是《中华人民共和国立法法》(以下简称《立法法》)第 104 条："最高人民法院、最高人民检察院作出的属于审判、检察工作中具体应用法律的解释，应当主要针对具体的法律条文，并符合立法的目的、原则和原意。"其源头包括 1955 年《全国人民代表大会常务委员会关于解释法律问题的决议》第 2 条[①]、1981 年《全国人民代表大会常务委员会关于加强法律解释工作的决议》第 2 条[②]、1979 年《中华人民共和国人民法院组织法》第 33 条[③]，2005 年《司法解释备案审查工作程序》和 2006 年《各级人民代表大会常务委员会监督法》也涉及司法解释，但属技术性而非授权性规定。最高法院自身规定主要是 2007 年《最高人民法院关于司法解释工作的规定》。2011 年，最高法院曾对新中国成立以来的司法解释和指导性文件共计 3351 件进行清理，清理后继续有效司法解释 560 件、司法指导性文件 1532 件[④]。据最高法院统计，现行有效司法解释和规范性文件共计 591 件[⑤]。另据不完全统计，截至 2020 年 9 月底，最高法院共发布民商事司法解释 227 件，其中民事 115 件，商事 112 件。从类型看，包括解释 46 件、规定 48 件、批复 9 件等。司法解释不属正式法源，但 2000 年《最高人民法院关于裁判文书引用法律、法规等规范性法律文件的规定》明确，刑事、民事、行政裁判文书应当引用法律、法律解释或者司法解释，司法解释属司法裁判依据。就此而言，司法解释实具准正式法源特征。总体上看，司法解释在司法裁判中的作用日益重要，绝大多数案件裁判都会不同程度引用司法解释。尽管司法解释的引用位序靠后，但引用概率和频次更高。据了解，97%以上裁判文书引用司法解释，"司法解释不仅是贯彻执行法律的基本保障，也在填补和完善中国特色社会主义法律体系方面作用突出，成为国家立法必要的先行验证和实践支撑"[⑥]。同时，针对司法解释仍存诸多争论。

(二) 引导性法源之一：指导性案例

2010 年《最高人民法院关于案例指导工作的规定》实施迄今，最高法院

---

① 即"凡关于审判过程中如何具体应用法律、法令的问题，由最高人民法院审判委员会进行解释。"
② 即"凡属于法院审判工作中具体应用法律、法令的问题，由最高人民法院进行解释。"
③ 即"最高人民法院对于在审判过程中如何具体应用法律、法令的问题，进行解释。"
④ 参见周强：《大力加强司法解释工作促进法律统一正确实施》，载《最高人民法院司法解释汇编》，人民法院出版社 2014 年版，序言。
⑤ 参见李阳：《贺荣主持民法典贯彻实施工作领导小组会和审委会》，载《人民法院报》2020 年 12 月 24 日。
⑥ 参见周强主编：《最高人民法院司法解释汇编》，人民法院出版社 2014 年版，"出版说明"。

已发布 24 批共 139 件指导性案例。此外，最高法院公报案例、最高法院审判庭推荐案例、《人民司法》案例以及高级法院参考性案例等，亦具参考价值。2013 年，四川省高院与四川大学联合课题组选择 238 件最高法院公报案例和四川省高院参考性案例，在全省 10 个基层法院进行半年试点和实证研究。试点表明，共计 176 件参照案例审理案件，案例适用率仅为 0.58%，占判决总数 2.73%；引用民事案例 169 件，居绝对优势；参照案例以试点法院既往判决与四川高院案例居多；解决法律适用疑难案例参照频率较高[1]。另据实证研究，最高法院已发布 24 批 139 例指导性案例中，2019 年被参照案例共有 91 例，较上年增加 13 例；援引指导性案例的案件共有 5104 例，较上年增加 2006 例，增幅显著，其中民事类指导性案例有 36 例被应用于 3690 例案例；未被参照有 48 例。在 5104 件参照案件中，法官明示援引共 1948 例，隐性援引共 2886 例，另有评析援引 21 例。应用主体中上诉人、法官及原告合计占比约为 74%。其中上诉人应用比例最高，占比约为 32%；其次为法官和原告，占比分别约为 24% 和 18%；再次为被上诉人、被告、再审申请人，占比分别约为 9%、6%、5%；其他应用主体的占比均在 2% 以下。总体上看，2019 年指导性案例发布应用都达历史最高值，但相比千万级的裁判文书总量仍然极少[2]。同时，其他一些实证研究也关注到指导性案例运用情况，提供了有价值的数据分析[3]。

（三）引导性法源之二：司法指导性文件

司法指导性文件是指除司法解释及司法行政管理、人事管理类文件以外的，涉及司法裁判法律适用问题的各类文件总称。1997 年后最高法院单独或

---

[1] 参见四川省高院、四川大学联合课题组：《中国特色案例指导制度的发展与完善》，载《中国法学》2013 年第 3 期。

[2] 参见郭叶、孙妹：《最高人民法院指导性案例 2019 年度司法应用报告》，载《中国应用法学》2020 年第 3 期。

[3] 如 2018 年山东大学张华选取 1545 份已公开裁判文书，针对 87 件指导性案例参照情况进行实证分析得出以下结论。一是参照率低，一方面，所有裁判文书中仅有不到万分之零点六涉及参照问题；另一方面，87 件指导性案例中，仅有 42 件被参照过，占 48.28%，其余 45 件则处于未被引用的休眠状态，占 51.72%。二是采纳率低，在 1545 份涉及参照问题文书中，仅 217 份采纳了指导性案例，占 14%。三是基于主体偏好的参照位序差异化明显，法院提起的 261 次参照行为中，167 次出现在裁判理由部分；其他主体提起的 1287 次参照行为中，971 次出现在案件事实部分。四是参照不规范现象普遍存在，1548 次参照行为中，不规范次数多达 803 次，占比超过一半，参见张华：《论指导性案例的参照效力——基于 1545 份已公开裁判文书的实证分析》，载《甘肃政法学院学报》2018 年第 2 期。2018 年上海法院从 852 份全国法院引用指导性案例的裁判文书为对象，对指导性案例的运用现状进行的实证研究反映出：其一，852 份样本文书中，当事人提起的有 785 份，而法院主动援引的有 67 份，呈现出偏好热度上的明显反差；其二，当事人主要作为证据提交的案例比例接近一半，而法院主要是在理由论证部分回应；其三，法院未回应比例高，当事人提出参照要求的 785 份文书中，法院未回应比例高达 68.4%；其四，实际被参照案例和参照指导性案例裁判的案件数量均呈低位态势，有 55 件指导性案例从未被引用，占比 63.22%。

联合下发的涉及法律适用但不是以"法释"字编号的规范性文件均属此类。1986年,《最高人民法院关于人民法院制作的法律文书如何引用法律规范性文件的批复》强调,"最高法院提出的贯彻执行各种法律的意见以及批复等,应当贯彻执行,但也不宜直接引用"。2014年最高法院再次明确,司法指导性文件"不是司法解释,不能在人民法院裁判文书中援引作为裁判依据,但对指导各级人民法院审判工作具有参考借鉴意义",仍然"可以在裁判文书说理部分作为说理的理由引用"[1]。

初步分析最高法院非司法解释性指导性文件,有以下情况。一是类型繁多、名称复杂。不完全统计有16种之多,仅在前述227件民事司法解释类文件中,就有答复24件、通知21件、复函16件、意见16件、纪要6件等。其中意见类就包括意见、若干意见、实施意见、指导意见、研究意见等,纪要类有纪要、会议纪要、座谈会纪要、联席会纪要等,批复类则涵盖批复、函、复函、函复、答复、电话答复等多种类型,近些年来还有法官专业会议纪要等。二是数量众多。以会议纪要为例,截至2020年12月,最高法院单独或联合下发各类纪要共63份(北大法宝法律法规数据库),除1份以外,其余均属审判执行类,其中民事商事类25份。三是落实要求不一。其引导词多种多样,如遵照执行(如《破产审判工作会议纪要》)、参照执行(如《打击非设关地成品油走私专题研讨会会议纪要》)、正确适用(如《民商事审判工作会议纪要》《审理债券纠纷案件座谈会纪要》)、贯彻落实(如《研究推进司法文物保护利用工作座谈会纪要》)、贯彻执行(如《全国民事审判工作座谈会纪要》)等。四是参引情况日益增多。仅《关于审理涉及金融不良债权转让案件工作座谈会纪要》,中国裁判文书网中就有2570份裁判文书参引;2018年《全国法院破产审判工作会议纪要》下发以来,中国裁判文书网已有203份裁判文书援引,均说明会议纪要等最高法院指导性文件在司法裁判中具有重要影响力。黄宗智教授曾指中国基层法院"持有一种一贯但从未正式法典化的判决性立场,即如果离婚由过错方提出,而作为受害方的配偶反对,那么法官一般都会驳回请求"[2]。实际上,这一立场恰恰源自最高法院相关指导性文件[3],隐性法源特性为上述非法典化判决性立场提供了更适宜的生存空间和表述技术,也表明隐性法源具备独特的灵活性和生命力。五是参引方式多样。大多数裁判文书在裁判

---

[1] 参见周强主编:《最高人民法院司法解释汇编》,人民法院出版社2014年版,"出版说明"。
[2] 参见[美]黄宗智:《过去和现在——中国民事法律实践的探索》,法律出版社2009年版,第178页。
[3] 如最高法院1984年下发的《关于贯彻执行民事政策法律若干问题的意见》等。

说理部分参引，并在参引时使用"根据""依照""参照""结合""明确""指出""规定"等标志词。同时仍有少数文书直接依据纪要裁判，极个别甚至引发上诉①。另外，最高法院巡回法庭法官专业会议纪要的影响力、参照力和权威性似明显强于普通审判庭，亦值得注意。

此外，对地方法院制发指导性文件，最高法院一直采取限制态度，2012年《地方司法解释性质文件通知》则予禁止。同年12月，最高法院《关于规范高级人民法院制定审判业务文件编发参考性案例工作的通知》，明确高级法院制定审判业务文件、编发参考性案例，制定审判业务文件可采用"纪要""审判指南"等形式，但不得使用司法解释或司法解释性质文件名称，不得采用司法解释体例，不得与司法解释、指导性案例相冲突，亦不得在裁判文书中援引作为裁判依据。并强调高级法院审判业务庭及中基层法院不得制定审判业务文件，编发案例不得称为指导性案例或参考性案例。但近些年来，地方法院制发指导性文件日益增多，且主体宽泛、形式多样、界限模糊，有的甚至涉嫌突破法律和司法解释②；裁判文书引用地方法院指导性文件亦时有出现③。

（四）智识性法源：法理及通行学术观点

"法理者，间接之法源，所以补实体法之不足"④，又谓"以学说为成文法之渊源，此各国法律史上所习见也"⑤，此足见法学学理和通行学术观点对司法裁判活动的重要价值。最高法院2018年《关于加强和规范裁判文书释法说理的指导意见》第13条首次将法理及通行学术观点列入裁判论据，可以在裁

---

① 如广东省惠州市中级人民法院（2019）粤13破申22号民事裁定书中的表述方式是"依照《企业破产法》第某条、《全国法院破产审判工作会议纪要》第十四条的规定，裁定如下：……"浙江省衢州市中级人民法院（2018）浙08破6号民事裁定书中的表述方式是"依照《企业破产法》第某款，参照《全国法院破产审判工作会议纪要》第三十条之规定，裁定如下：……"山东省日照市东港区人民法院（2018）鲁1102破4、5、6号民事裁定书、（2019）鲁1102破1号民事裁定书在裁判说理部分援引《全国法院破产审判工作会议纪要》第32、35条而引发上诉。参见侯猛：《法院纪要如何影响审判》，载《吉林大学社会科学学报》2020年第6期。

② 如2019年某省高院发布《关于简化民商事纠纷管辖权异议审查程序的意见（试行）的通知》，规定将四种情况规定为滥用管辖权异议权利，人民法院可不予审查，但该内容在民事诉讼法中似无相应依据。参见王晓英：《地方法院司法解释性质文件的法律地位探究》，载《法律方法》2019年第2期。

③ 据不完全统计，截至2018年12月，某省高院《关于审理民间借贷纠纷案件若干问题的指导意见》被121份裁判文书援引为说理依据，被47份裁判文书直接援引为裁判依据；某省高院《关于审理民间借贷纠纷案件若干问题的指导意见》被113份裁判文书援引为说理依据，被32份裁判文书直接援引为裁判依据；某省高院《关于适用〈中华人民共和国合同法〉若干问题的讨论纪要（一）》被49份裁判文书援引为说理依据，被9份裁判文书直接援引为裁判依据；某省高院《关于审理金融机构借贷纠纷案件的指导意见》被239份裁判文书援引为说理依据，并被1份裁判文书直接援引为裁判依据；等等。中级人民法院制定的指导性文件亦有类似情形，如南京市中院《关于审理民间借贷纠纷案件若干问题的指导意见》曾被辖区某基层法院援引作为裁判理由论证依据，深圳市中院《关于民间借贷纠纷案件的裁判指引》曾被辖区三个基层法院直接援引为裁判依据。参见王晓英：《地方法院司法解释性质文件的法律地位探究》，载《法律方法》2019年第2期。

④ 参见王泽鉴：《民法学说与判例研究》（第二），北京大学出版社2009年版，第6页。

⑤ 参见梁启超：《梁启超论中国法制史》，商务印书馆2012年版，第85页。

判理由论证部分引用，但未对其定义、标准、条件、方式及效果予以界定。所谓法理亦有多种理解，有学者解读为"乃多数人所承认之共同生活原理"[①]，近于生活常理；有学者认之为"法律精神演绎而出的一般法律规则"[②]，实同于通常法律的原理。相较而言，前者侧重常识，后者侧重专业，法理在其生成演变中固具生活化痕迹，但经法学的提炼重述，实不同于生活常识[③]。近些年来，学术活动和学者见解对司法活动的影响力日益增强，裁判文书参引法理及学术观点情形持续增多[④]，引用来源既有专著、论文，亦有研讨会发言。引用形式既有直接原文直引，也有归纳概引等，主要包括以下情况。

一是阐释运用法学概念，如某商标代理纠纷案件中，法官运用佟柔教授观点进行解释。二是澄清法律条文含义，如在某合同纠纷案件中，法官运用《中华人民共和国物权法条文理解与适用》一书观点，对《物权法》第202条含义予以明确。三是具体适用相关法律条款，如在某股权纠纷案件中，法官运用梁慧星、王利明教授学说观点适用合同法中以合法形式掩盖非法目的条款的规定。四是认定案件事实，如某分家析产纠纷案件中，法官运用"宅基地限制转让说"论证、支持其裁判结论。五是界定民事行为效力评价，如某委托理财纠纷案件中，法官运用"直接影响无效合同认定说"来认定效力性强制性标准。

四、隐性法源面临的突出问题

（一）参照参考效力不够明确

隐性法源大多未在《立法法》及相关法律中予以规定，普遍面临法律效力不明确的困境，即使作为约束性隐性法源的司法解释，亦概莫能外。我们可从《立法法》对立法解释与司法解释的不同规定中予以分析。针对立法解释，《立法法》不仅设专节赋予全国人大常委会法律解释权，第50条更规定法律解释同法律具有同等效力，其法律效力属性和强度明确无疑。相较之下，《立法法》仅于第六章附则第104条规定"最高人民法院、最高人民检察院作出的属于审判、检察工作中具体应用法律的解释，应当主要针对具体的法律条文，并符合立法的目的、原则和原意。遇有本法第45条第2款规定情况的，应当向全国人民代表大会常务委员会提出法律解释的要求或者提出制定、修改有关法律的

[①] 参见林诚二：《民法总则》，法律出版社2008年版，第30页。
[②] 参见王泽鉴：《民法总则》，北京大学出版社2009年版，第65页。
[③] 此点亦可从大陆法民法典窥探，如《德国民法第一草案》第1条将法理定义为"由法规精神所生的原则"，《奥地利民法典》第7条解为"自然法则"，《瑞士民法典》第1条则拟为"法官自居于立法者所行制定之法规"，其内涵均更注重法视角与法表述，实质意义相同。
[④] 参见金枫梁：《裁判文书援引常说的基本原理与规则建构》，载《法学研究》2020年第1期。

议案"，但没有明确其法律效力。有学者提出这是立法机关"委婉认可司法机关对于立法权的分享"①，也有的认为是"从立法的角度对司法解释的法源地位作出了肯定的表态"②，但结合《立法法》对法律解释、司法解释的不同规定看，上述观点并无确凿根据。最高法院《关于司法解释工作的规定》第5条虽然规定司法解释具有法律效力，但以司法解释形式规定司法解释具有法律效力，实属"自说自话"，并未解决问题③。还值得注意者，最高法院规定之"具有法律效力"与《立法法》之"同法律具有同等效力"显非等同，前者概括抽象，后者明确具体，似乎反映出立法机关在司法解释效力问题上的模糊立场。此外，司法解释的法律效力含义如何，与立法机关的法律解释效力有何差异等亦不明确。《民法典》制定过程中，曾有建议将司法解释明确列入正式法源④，但并未被采纳，以致有人认为司法解释一直"游离于整个法律体系之外"⑤。伴随着《民法典》起草，司法解释效力论争仍在持续，并形成"消解说""吸收说""法源说"等不同观点，"法源说"又分化为正式法源说和事实法源说或称"习惯法说"⑥，也有的归纳为类型化说、效力低于法律说、效力等同于行政法规说等主要学说观点⑦。另外，司法解释效力不明确还反映在司法解释对仲裁机关、行政机关有无效力等方面⑧。

指导性案例的效力争议同样存在，主要集中在指导性案例有无效力、效力性质以及能否列入裁判依据，最高法院《关于案例指导工作的规定》并未对此

---

① 参见朱庆育：《民法总论》，北京大学出版社2016年版，第38页。
② 参见姚辉、焦清扬：《民法典时代司法解释的重新定位——以隐私权的规范为例证》，载《现代法学》2018年第5期。
③ 最高法院对司法解释效力的立场有所变化，1986年，最高法院法〔研〕复〔1986〕31号批复认为，最高人民法院提出的贯彻执行各种法律的意见以及批复等，应当贯彻执行，但也不宜直接引用。2000年，最高法院《关于裁判文书引用法律、法规等规范性法律文件的规定》明确，刑事、民事、行政裁判文书应当引用法律、法律解释或者司法解释。历史地看，最高法院对司法解释效力的态度经历了从不宜直接引用到应当引用等变迁，反映出司法解释效力问题的复杂性。参见王成：《最高法院司法解释效力研究》，载《中外法学》2016年第1期。
④ 如中国法学会民法典建议稿第9条规定："处理民事纠纷，应当依照法律以及法律解释、行政法规、地方性法规、自治条例和单行条例、司法解释。法律以及法律解释、行政法规、自治条例和单行条例、司法解释没有规定的，依照习惯。习惯不得违背公序良俗。"转引自姚辉、焦清扬：《民法典时代司法解释的重新定位》，载《现代法学》2018年第5期。
⑤ 参见王成：《最高法院司法解释效力研究》，载《中外法学》2016年第1期。
⑥ 参见赵万一、石娟：《后民法典时代司法解释对立法的因应及其制度完善》，载《现代法学》2018年第4期。
⑦ 参见王成：《最高法院司法解释效力研究》，载《中外法学》2016年第1期。
⑧ 如2004年原国家工商行政管理总局《关于行政机关可否直接适用司法解释的批复》即认为，行政机关在办案时可参考、但不宜直接适用司法解释。也有部分行政机关持可予或应予适用的观点，但大多数针对刑事司法解释，民事司法解释相对较少。参见王成：《最高法院司法解释效力研究》，载《中外法学》2016年第1期。

明确①。根据最高法院规定，指导性案例可以在裁判释法说理部分引述，但不得直接在裁判主文前援引。故此，指导性案例目前的功能定位为裁判论据而非裁判依据，不具备司法解释的明确约束力。但最高法院亦规定各级法院审判类似案例时"应当参照"，指导性案例又实具某种软约束力，可称为强引导性法源。由于指导性案例至今仅由最高法院司法解释规定，《立法法》《诉讼法》等法律规范均未涉及，指导性案例约束力仅停留在"应当参照"且层级较低。在理论和实务界，针对指导性案例的效力争议，也形成"事实上的指导效力"②"事实上拘束力"③"实际约束力"④ 等多种观点，但似未形成主流性通说，其理论基础仍有待深化。前已述及，非司法解释性司法指导性文件的功能定位从"应当贯彻执行"转变到"具有参考借鉴意义"，其引导力与指导性案例相比似更软化，可称为弱引导性法源，亦同样面临效力不明窘境。

（二）认定标准有待统一

以法理和通行学术观点为例，其中含义、标准、范围、认定方法、程序等均不明确，导致司法实务中有的裁判文书参引法理和学术观点的随意性过大、标准过宽且难以有效监督。有的简单将个人观点等同于通行学术观点，把名家见解等同于法理或通说，甚至将研讨会口头发言参引为裁判说理依据。此外，也有就个案法律适用等问题征求学者意见，乃至召集研讨会进行论证并提供所谓"专家意见书"。以南京市玄武区法院民事判决参引研讨会学者发言为例，存在以下疑问：其一，就学说亦可形成法源之结构而言，不能说研讨会对法院裁判没有影响，但毕竟研讨会性质应属非官方之"学术性之研究，欠缺法律依据，不宜直接据以拘束各级法院裁判之形成"⑤；其二，研讨会上发言系个人性质，是否得认定为主流见解或通行观点，尚无科学和确定之判识标准；其三，研讨会学者发言系口头性质，实不同于已出版专著或论文，缺乏证据材料之客观性与内容之稳定性，如其观点与内容发生变化，判决说理基础极易被动摇。

---

① 据胡云腾大法官记述，案例指导司法解释起草过程中曾反复讨论此问题，最终报送审委会讨论稿为"可以作为裁判说理的依据引用"。参见胡云腾：《关于参照指导性案例的几个问题》，载《人民法院报》2018年8月31日。

② 参见胡云腾、于同志：《案例指导制度若干重大疑难争议问题研究》，载沈德咏主编：《中国特色案例制度研究》，人民法院出版社2009年版，第16页。

③ 参见江必新：《以法学方法论立场阐释个案的裁判规则》，载《法制日报》2014年3月12日；四川高院、四川大学联合课题组：《中国特色案例指导制度的发展与完善》，载《中国法学》2013年第3期。

④ 参见胡云腾：《从规范法治到案例法治——论法治建设的路径选择》，载《法治现代化研究》2020年第5期。

⑤ 参见林诚二：《民法总则》，法律出版社2008年版，第35页。

（三）参照技术尚欠规范

参照技术的规范主要面临三个问题。一是参引位置，隐性法源在裁判理由论证部分参引自无疑义，但能否直接列为裁判主文前的裁判依据则不无歧义。二是参引顺序，即隐性法源与正式法源的关系与位序，以及不同类型的隐性法源相互关系与位序。三是参引引导语，即应当用参照、遵照、结合抑或其他术语。

（四）运用效果有待优化

近些年来，民事裁判运用隐性法源现状日益受到关注，并相继产生一批代表性研究成果，颇值关注①。整体观之，目前针对隐性法源的系统性、深度性实证研究仍然不够，难以客观检视隐性法源运用的实际效果、突出症结、制约障碍。对处在民法典实施和裁判理由强化双重背景下的隐性法源而言，加强基于问题导向、需求驱动的隐性法源运行情况实证研究，仍然是一项有待理论界与实务界共同努力的长期性和实践性任务。

（五）法源意识仍需培育

从《民法典》实施一年多情况看，参照参考最高法院释法说理意见列举的隐性法源进行释法说理的案例总体仍然较少，理性、成熟的民法法源意识有待进一步培育。如一件房屋买卖合同纠纷案件，双方合同约定交房标准仅为"以VR 为准，带走钢琴及红木椅两个，红木茶几一个"，但该 VR 录像形成于阮某搬家之前和衡某看房之前。裁判说理认为，"根据一般的房屋交易习惯，均是以房屋的现状交付，房东已实际搬走的物品如果在要求房东在房屋交付时再搬回房屋，是违背社会常识常情的，故'以 VR 为准'的交付条件不明确，衡某也没有进一步举证证明双方以'以 VR 交付'的明确内容达成了一致合意，故对衡某应当交房的主张本院不予认可"。此案反映出，法官已注意到民法典实施后习惯已上升为正式法源，对本案中运用习惯作出裁判亦予相当重视，自值肯定。同时，习惯虽为正式法源，但其适用不同于法律，法官在具体案件中适用习惯应符合以下条件：一是法律规定欠缺或不明确，如有具体规定自无援引习惯之必要；二是如遇引用习惯之必要，应就习惯之存在及内容关联进行审查判断；三是特定习惯之发现亦具事实查明属性，需有证据证明，此不同于法

---

① 在司法解释领域，可以参见姚辉、焦清扬：《民法典时代司法解释的重新定位》，载《现代法学》2018 年第 5 期；赵万一、石娟：《后民法典时代司法解释对立法的因应及其制度完善》，载《现代法学》2018 年第 4 期。在指导性案例领域，可以参见四川高院、四川大学联合课题组：《中国特色案例指导制度的发展与完善》，载《中国法学》2013 年第 3 期；胡云腾：《从规范法治到案例法治——论法治建设的路径选择》，载《法治现代化研究》2020 年第 5 期。在指导性文件领域，可以参见侯猛：《法院纪要如何影响审判》，载《吉林大学社会科学学报》2020 年第 6 期。

律条文之发现。故此，法官确有必要运用习惯作出裁判时，应依上述条件进行习惯之查证，并记载于裁判文书，此固为民法法源意识与法源技术之要求，上引个案中法官未进一步就为何运用习惯和如何证明该习惯存在作出说明，反映出民法典实施后法官法源意识仍需进一步培育。

五、进一步规范隐性法源效力及引用的对策建议

一方面，随着《民法典》颁布实施，中国已确立起以法律、习惯为主的正式法源体系；另一方面，以最高法院2018年《关于加强和规范裁判文书释法说理的指导意见》和2021年《关于深入推进社会主义核心价值观融入裁判文书释法说明的指导意见》下发实施为主要标志，中国以上述两个司法文件所列举的八种裁判论据为主的隐性法源体系实已初步确立。围绕如何进一步建构中国隐性法源的运用动力和运行机制，规范隐性法源的效力结构，完善中国民事裁判的法源技术，现提出以下对策建议。

（一）培育理性成熟的法源意识

司法裁判的漫长历史充分表明，隐性法源不仅为司法实践所需，对健全社会治理体系同样不可或缺。我们面临的问题不是是否承认隐性法源而是如何发挥与完善隐性法源的功能。总体言之，隐性法源的功能主要体现在以下几点：第一，弥补制定法的不足与漏洞，使之更有效、能动地适应社会变化。第二，指引、帮助法官的个案法律适用活动，形成体系化司法技术。第三，与制定法正式法源之间形成良性互动，补充正式法源之不足。2014年，党的十八届四中全会《关于全面推进依法治国若干重大问题的决定》，提出要"加强和规范司法解释和案例指导，统一法律适用标准"，首次以中央重大决策形式对隐性法源予以肯定并提出明确要求，为推进隐性法源运用，深化中国民事法源体系提供了方向指引，值得高度重视。针对法理及学术观点引入裁判理由论证，学界与实务界也持肯定态度。基于促进裁判公正与法律适用统一之双重需求，建构以正式法源为主体、隐性法源为补充且协同共进、开放互融的中国特色民法法源体系，是包括法学理论与实务界在内的社会各方面临的共同任务。从民事裁判实践视角言之，《民法典》实施后，中国已从立法时代进入法解释时代，如何加强法源意识培育和法源技术提炼，仍是民事裁判面临的重要课题。

（二）明确隐性法源效力的梯次结构

隐性法源效力的梯次结构主要包括以下几点：一是加快实现司法解释由隐性法源向正式法源转型。建议修改完善《立法法》，就司法解释的法律效力作出明确规定，既有利于解决司法解释效力长期悬空问题，也有助于强化对司法

解释的备案审查和运行监督。继续清理和修订现有司法解释，推进民法典进一步顺畅实施①。民法典颁布以来，相关司法解释是否继续有效也引起关注，有的认为民法典实施后，婚姻法等九部单行法律同时废止，最高法院解释九部单行法律的司法解释亦应废止，不再适用，因为"皮之不存，毛将焉附"。民法典编纂过程中已吸收相关司法解释规定，但仍有一些问题民法典并未触及，司法解释与民法典规定并不矛盾，故仍可继续适用；基于溯及力原则，对民法典实施前发生纠纷相关司法解释亦仍有适用空间。最高法院亦认为"民法典对上述九部法律进行了适当修改，最高法院根据上述九部法律制定的司法解释并非当然失效，只要是不与民法典相冲突的规定，就仍然可以继续适用"②。二是维持指导性案例的隐性法源定位但明确赋予其强参照力。明确可以将指导性案例作为裁判主文依据引用，应写明参照而非依照③。加紧对现有指导性案例进行清理，及时废止与民法典相冲突案例④。三是明确法理及通行学术观点的隐性法源定位及其弱参照力。法理及通行学术观点参照力应限定于裁判理由论证部分，不得作为裁判主文依据引用。四是对最高法院非司法解释类指导性文件分别情形采取不同参照力策略。最高法院的全国性专门审判工作会议纪要，对保障法律适用统一具有重要作用，原则上主要作为阶段性司法政策导向把握，不能在裁判文书中直接引用。地方法院指导性文件与参考性案例在总结审判经验、明确司法政策、维护司法统一等方面具有积极意义，应当贯彻执行但亦不应直接作为个案裁判依据，确有必要时可以在裁判理由部分可以引用，但不能违背法律规定和司法解释。

（三）完善隐性法源的认定条件、参照标准和参照技术

一是进一步规范、优化司法解释体系，形成立法解释、司法解释、学理解释和裁判解释各居其位、各尽其用而又相互呼应、整体协调的中国法律解释体系。二是加大指导性案例发布力度，拓展案例范围，强化应用激励，建立完备的指导性案例运用实效评价与反馈机制。三是加强面向司法实务的法学理论研

---

① 由于司法解释量大且情况复杂，清理修订司法解释任务极其艰巨。报载2020年12月22日和23日，最高法院召开民法典贯彻实施工作领导小组会和审委会审议新中国成立以来现行有效的591件司法解释和相关规范性文件，以及139件指导性案例的全面清理工作，通过了废止116件司法解释及相关规范性文件的决定，原则通过了14件司法解释涉及的重点条文修改，以及27件民事类、29件商事类、18件知识产权类、19件民事诉讼类以及18件执行类总计111件司法解释的修改决定。参见李阳：《贺荣主持民法典贯彻实施工作领导小组会和审委会》，载《人民法院报》2020年12月24日。最高法院与民法典配套的第一批共7件新司法解释，亦于2021年1月1日与民法典同步施行。
② 参见刘贵祥：《〈民法典〉实施的若干理论问题与实践问题》，载《法律适用》2020年第15期。
③ 参见胡云腾：《关于参照指导性案例的几个问题》，载《人民法院报》2018年8月31日。
④ 据最高法院2020年12月30日新闻发布会信息，最高法院已对2011年以来发布的139件指导性案例进行了全面清理，决定2件案例不再参照适用。

究，进一步形成中国特色的案例研究制度和研究方法体系，促进法学理论与裁判实务良性互动，推动"法学家法"与"裁判官法"有机融合。四是进一步理顺司法解释与立法解释、司法解释与最高法院非司法解释性文件之间的关系、界限，严格司法解释的制定标准，进一步规范司法解释的启动、制定、备案和发布程序，规范非司法解释性指导文件的权限、类型、程序及适用范围。

（四）深化隐性法源案例研究与案例指导

案例不仅是生活的故事，更是法治进步的阶梯；案例不仅是推进法治文明进步的资源和抓手，也是考察法治改革成效的样本和视角[①]。从实践层次视角言，法治应当被解释为案例之治，故此，推进以案释法、以案普法为重心的案例法治，实乃深化中国法治建设的现实路径选择，推进民法典顺畅实施的务实长远之举。为此建议：一是将法源意识与法源技术列入民事法官在职培训内容，持续提升法源意识的体系化水平；二是结合民事裁判实务特别是典型案例，积极开展"案例中的法源"培训和研讨活动；三是加强裁判文书引用法源情况的专项质量评查，对民事裁判文书引用法源情况进行同步跟踪，提取样本数据，收集典型案例，开展案例讲评，发挥典型案例的示范引领作用；四是完善最高法院指导性案例、高级法院参考性案例发布机制，加大对法源运用情况的关注力度，及时集中发布在法源意识、法源技术方面具有较强示范性价值的典型案例，特别是注重发现、收集一批在运用隐性法源方面具有引领性、创新性的典型案例，进一步丰富中国案例指导实践。同时还应指出，鉴于当前民事裁判文书中有针对性运用隐性法源的典型案例仍然较少，上述措施也旨在增强隐性法源运用的内在动力和激励机制，营造关注隐性法源、用准隐性法源的良好氛围。

（五）强化隐性法源的实证分析和融合研究

前已述及，中国目前对隐性法源的关注研究仍处初步阶段，不利于规范和完善隐性法源价值功能的有效发挥。当下重要任务之一，仍是大力推动隐性法源运用的实证研究，促进法官裁判解释学的形成并与学者的民法解释学形成融合互动。同时，积极推进法学院校与人民法院之间、学者与法官之间生机勃勃的应用法学交流，开展隐性法源实证研究的课题联合攻关，共同推进法源运用典型案例评析和案例库建设，进一步发展完善中国民法法源技术，必将对建构和完善中国民法法源体系起到重要的推动作用。

---

① 参见胡云腾：《从规则法治到案例法治——论我国法治建设的路径选择》，载《法治现代化研究》2020年第5期。

六、结语

自古以来,中华法系对法源体系和法源技术多有探索实践,混合法源亦属中华法系一大特色。随着新中国第一部民法典颁布实施,中国民法法源意识和法源技术亦面临新的契机与挑战。提升隐性法源的规范化、体系化、精密化水平,当为学界与实务界共同面临的课题任务,更应以精细之力、滴水之功,共同铸就民法典实施新的华章。

论经济胁迫及认定因素

罗 昆 陈敬立[*]

> **摘 要**：经济胁迫是以经济损失为内容的威胁，其具备一定程度的非法性后会受到法律的否定评价。在乘人之危与显失公平统一化的过程中，经济胁迫的问题未得到妥善解决。考虑到胁迫与显失公平的规范衔接问题，经济胁迫应当被纳入胁迫制度，这一做法也符合理论与实务的要求。胁迫制度并非为了维护意思自由，反胁迫的根本原因在于胁迫的非法性，实质是公权力对私力执行的否定。认定经济胁迫应当在胁迫构成要件的框架下，重点考虑行为的非法性。行为时的环境、意思表示方是否存在其他补救措施、意思表示方是否提出抗议等因素是重要的辅助判断标准。
>
> **关键词**：经济胁迫 胁迫 意思自由 非法性

一、问题的提出：何为"经济胁迫"

根据《布莱克法律词典》的解释，经济胁迫应当满足如下三个条件：一是不合法的威胁；二是威胁内容为经济损失；三是一方意思不自由[①]。但经济胁迫的概念存在一定的模糊性和不确定性，并且处于不断发展之中。中国法若要接纳此概念，一方面需要结合具体胁迫事例进行归类；另一方面需要考察比较法来源，探明其准确的内涵。

---

[*] 罗昆，武汉大学法学院教授，武汉大学司法案例研究中心主任。陈敬立，武汉大学法学院2021级硕士研究生。本文系国家社科基金重点项目"《民法典》适用中的国家利益保护问题研究"（20AFX016）的阶段性成果。

[①] See Bryan A. Garner ed., *Black's Law Dictionary*, West Pubushing Co., 2009, p.579. An unlawful coercion to perform by threatening financial injury at a time when one cannot exercise free will. — Also termed business compulsion.

(一)胁迫的可能情形

"我会毁坏你的生产设备,除非你以 500 元的价格(远低于正常价格)将货物卖给我"和"每小时付我 500 元工资(远高于平均工资),否则我将为你的竞争对手工作",二者有何区别呢?

如果一个人使用前种威胁来取得承诺,则该承诺被称为一个"在胁迫下订立的合同",不可执行。如果一个人通过提出后种要求来获得承诺,则其并不能成为不遵守承诺的辩护或借口[①]。

具体化这一问题,假设甲是一家加工企业,面临如下情形:(1)乙是敲诈勒索者,要求甲支付 1 万元,否则就破坏甲企业的财产;(2)丙是甲的上游供货商,要求甲提前支付下批次 1 万元/吨的货款,否则就停止这批次的供货;(3)丁是甲的合作伙伴,要求甲将某货物以 1000 元价格(远低于正常价格)卖给他,否则就行使约定的任意解除权暂停对甲的技术支持;(4)戊与甲之间有长期销售合作协议,戊要求甲以 1000 元价格(远低于正常价格)的价格出售某货物,否则戊就申请破产;(5)甲的全体员工一致要求甲每月增加工资 2000 元,否则就集体罢工。

上述情形或多或少都包含一些威胁的因素。若甲企业同意了相对方的要求,情形一构成胁迫应无异议。情形二中甲似能通过违约救济维护权益,但能主张胁迫吗?情形三中丁行使约定的任意解除权为何能够与胁迫相联系?情形四中戊的破产威胁会让甲屈服吗?情形五中员工以罢工争取劳工权益非属正当吗?若认为后四种情形构成胁迫,通常可以称为"经济胁迫"。

(二)"经济胁迫"的不同阐释

经济上胁迫,乃英国法律在 20 世纪后期之产物,意指一方对另一方经济损失上之恐吓,由于社会及经济活动不停地进步,商业交易日趋复杂,因之双方当事人交易时,如发生经济上之胁迫时,亦构成强暴威胁之范围[②]。在交易中经济胁迫的表现形式主要有不适当的商业压力、罢工的威胁、违反合同的威胁、经济垄断地位的威胁等[③]。

经济胁迫这一概念来源于英国法,"所谓经济胁迫,是指合同当事人滥用其优势地位,采取除暴力强制以外的其他压力(如经济或商业的压力),压制对方当事人的意志,迫使对方违背自主意志而签订合同"[④]。在新近的

---

① See Cooter Robert & Ulen Thomas, *Law and Economics*, Berkeley Law Books, 2016, p. 343.
② 参见杨桢:《英美契约法论》(第四版),北京大学出版社 2007 年版,第 239—240 页。
③ 参见何宝玉:《合同法原理与判例》,中国法制出版社 2013 年版,第 400—403 页。
④ 参见何宝玉:《合同法原理与判例》,中国法制出版社 2013 年版,第 398 页。

Pakistan International Airline Corporation v. Times Travel (UK) Ltd 一案中，英国法院指出在英国法律中合法行为可构成胁迫，包括合法行为构成的经济胁迫。认定经济胁迫需要确定三个要素：(1) 非法威胁的存在；(2) 充分的因果关系；(3) 受威胁方除了屈服于威胁之外没有合理的选择[①]。

在美国法上，经济胁迫大体等同于使得某人"一筹莫展"，主流的判断标准是：协议是否由不当威胁所致，从而使得另一方当事人不存在合理的替代方法，只能同意所提议的合同变更[②]。根据《美国合同法第二次重述》第176条的规定，在涉及威胁的特定案件中，最终交易的公平性往往是一个关键因素[③]。"如果一方利用另一方的某种经济的急迫需要，迫使另一方接受显失公平的合同条件，而另一方除了接受之外别无选择，前者的行为就构成了经济胁迫"[④]。经济胁迫需要考虑客观结果，是由于现代的"胁迫"规则变得更加不确定，基于保护交易安全性和稳定性的考虑，法官在适用"经济胁迫"规则时会非常谨慎，以防止有的合同方滥用这个规则[⑤]。

在法国，契约一方当事人要构成胁迫行为，需要具备"暴力威胁行为""胁迫的故意"和"行为的非法"三个要件[⑥]。"经济暴力"制度系由判例所创立，根据法国最高法院在判例中的解释，经济暴力是"对一方经济依赖性的过分滥用，受害人由于担忧其合法利益受到威胁而产生恐惧因而接受，使得行为人获取利益"。这种情况下，合意具有瑕疵[⑦]。石佳友教授认为，中国显失公平制度所要求的"一方利用对方处于危困状态、缺乏判断能力等情形"与法国法上的"滥用依赖状态"在含义上接近，二者的功能都在于打击所谓的"经济暴力"，维系契约公平[⑧]。

有国内学者认为，经济胁迫是指当事人一方滥用其优势地位以及相对方的需要，以暴力胁迫以外的方式迫使相对方接受自己提出的成立法律行为（订立合同条件）的情形[⑨]。

---

① Pakistan International Airline Corporation v. Times Travel (UK) Ltd [2021] UKSC 40.
② 参见[美]杰弗里·费里尔、[美]迈克尔·纳文：《美国合同法精解》（第四版），陈彦明译，北京大学出版社2009年版，第472页。
③ Restatement of the Law, Contracts 2d, § 176.
④ 参见王军：《美国合同法》（修订本），对外经济贸易大学出版社2011年版，第157页。
⑤ 参见张利宾：《美国合同法：判例、规则和价值规范》，法律出版社2007年版，第190页。
⑥ 参见张民安：《法国民法》，清华大学出版社2015年版，第338页。
⑦ Cour de Cassation, 1ère Chambre civile, arrêt du 3 avril 2002. 转引自石佳友：《我国〈民法总则〉的颁行与民法典合同编的编纂——从民事法律行为制度看我国〈合同法〉相关规则的完善》，载《政治与法律》2017年第7期。
⑧ 参见石佳友：《我国〈民法总则〉的颁行与民法典合同编的编纂——从民事法律行为制度看我国〈合同法〉相关规则的完善》，载《政治与法律》2017年第7期。
⑨ 参见李永军：《民法总则》，中国法制出版社2018年版，第749页。

(三) 小结

从不同法域、不同学者的定义来看，对"经济胁迫"的理解在以下几个方面保持一致：首先，经济胁迫的手段以经济方式为主，损害的是经济利益，区别于传统观念中威胁损害人身权或者财产权；其次，经济胁迫中胁迫者常常拥有一定的经济优势地位；最后，经济胁迫具有非法性。

但该制度仍存有讨论之处：第一，经济胁迫与显失公平的关系如何，二者在行为要件与结果要件似乎存在某种关联性？第二，英美法系强调受威胁方没有其他合理选择，大陆法系则强调受威胁方的恐惧心理，这种观察视角的不同是否会对认定经济胁迫造成影响？下文将从经济胁迫的体系定位与非法性要素的构建入手解决上述问题。

二、经济胁迫的体系定位

中国法上的意思瑕疵制度如何纳入"经济胁迫"，需要重点考察胁迫与乘人之危、显失公平之间的关系。从意思表示瑕疵体系的完整性上看，经济胁迫具有独立的价值，其应当以规范行为为基准，被纳入胁迫制度的范畴。

(一)"经济胁迫"与"乘人之危""显失公平"的关系

1. "显失公平"吸收"乘人之危"

显失公平制度存在单一要件说与双重要件说之争议，实践中主流观点采纳双重要件说[1]。

"单一要件说"认为显失公平只需满足合同权利义务失衡的客观要件即可[2]。因此，在《民法总则》颁布之前，一种较为流行的观点认为，中国《民法通则》将传统民法上的显失公平行为（暴利行为）一分为二，一称"乘人之危"，一称"显失公平"；前者强调一方利用了对方处于危急等不利情势，即学说上所称的主观要件，而后者不强调主观要件[3]。

"双重要件说"认为显失公平应当具备主客观要件，除了合同权利义务失衡之外，一方当事人还需要具备利用自身优势或对方轻率、无经验的主观故意[4]。因此，在双重要件说下，显失公平与乘人之危并无实质差异，前者适用

---

[1] 参见胡康生主编：《中华人民共和国合同法释义》（第3版），法律出版社2012年版，第111页；参见最高人民法院民法典贯彻实施工作领导小组：《中华人民共和国民法典总则编理解与适用（下）》，人民法院出版社2020年版，第746-747页。
[2] 参见崔建远主编：《合同法》（第六版），法律出版社2016年版，第76页。
[3] 参见梁慧星：《民法总则立法的若干理论问题》，载《暨南学报（哲学社会科学版）》2016年第1期。
[4] 参见最高人民法院民法典贯彻实施工作领导小组：《中华人民共和国民法典总则编理解与适用（下）》，人民法院出版社2020年版，第746-747页。

于合同一方利用己方优势，后者适用于合同一方利用对方危难的情形，但实质上"利用优势"完全可以包含"乘对方处于危难之机"，这是从不同视角观察定义的结果①。

由于显失公平与乘人之危在主观和客观两方面有相类似的要求，均利用了对方的不利情境，严重损害了对方利益，因此《民法总则》将二者合并规定，赋予显失公平以新的内涵，"乘人之危"则退出现行法②。将"乘人之危"并入"显失公平"实属进步之举，避免了概念的重叠混乱。但这一转变导致有关乘人之危争议的另一个相关问题被有意无意地忽视了。

2. 乘人之危与经济胁迫

根据《最高人民法院关于贯彻执行〈中华人民共和国民法通则〉若干问题的意见（试行）》（以下简称《民通意见》，现已失效）第70条的规定，一方当事人乘对方处于危难之机，为牟取不正当利益，迫使对方作出不真实的意思表示，严重损害对方利益的，可以认定为乘人之危。其中，"不真实的意思表示"为意思瑕疵的要素，"严重损害对方利益的"为客观结果的要素。

因此，对乘人之危的定义有多重理解。有观点即指出，乘人之危的构成要件从《民法通则》规定的程序性要件转变为《民通意见》规定的程序与结果相结合的规范。其结果包括两种情形：一是当事人一方的利益受有严重损害；二是当事人间的利益显失公平③。据此，乘人之危的客观结果有两种可能性：一种是显失公平的结果；另一种是非显失公平的结果。

对于造成显失公平的乘人之危，应当被现行的显失公平制度所吸收。对于后一种情形，有观点认为其属于"经济胁迫"范畴。相对于显失公平，乘人之危所具有的射程范围，仅限于行为人乘对方危难之际，致使对方损害但又并未使自己获得显著利益，而且行为人主观恶意并不充分的情形，这可以归入胁迫的范围，也即"经济胁迫"。乘人之危单独作为意思表示瑕疵的独立类型，缺乏足够的正当性④。

也有学者指出，"乘人之危和胁迫之间虽然存在区别，但两者之间并不存在不可逾越的界限。乘人之危一般不足以构成胁迫，例如某人在他人急需周转

---

① 参见贺剑：《〈合同法〉第54条第1款第2项（显失公平制度）评注》，载《法学家》2017年第1期。
② 参见石宏主编：《〈中华人民共和国民法总则〉条文说明、立法理由及相关规定》，北京大学出版社2017年版，第359页。
③ 参见冉克平：《显失公平与乘人之危的现实困境与制度重构》，载《比较法研究》2015年第5期。
④ 参见冉克平：《显失公平与乘人之危的现实困境与制度重构》，载《比较法研究》2015年第5期。

资金时以高利率放款,但并未以某种他可控制的恶果逼迫他人承诺。但是,如果一个人在进行意思表示时以他人所处的危难境地产生某种恶果相威胁,而他又对这一恶果拥有某种控制力,那么在这种威胁不法时,就构成了胁迫。在这种情况下,乘人之危已转化为胁迫,从而构成意思表示的瑕疵。"①

"显失公平吸收乘人之危"已经得到普遍承认。但是,现有研究忽视了乘人之危的部分功能是否被胁迫制度所吸收的问题。这实质上涉及是否承认"经济胁迫"的问题。

3. "经济胁迫"应当纳入"胁迫"制度

从中国现行法发展轨迹来看,学界的通说一贯以"双重要件说"作为显失公平的基础,其与暴利行为的规范功能相同,而乘人之危的规范功能完全可以分别被显失公平与胁迫所替代②。

有观点认为经济胁迫显然与中国法上先前存在的"乘人之危"相同,并指出中国法上的"乘人之危"没有必要作为单独的原因,既可以将其放在"胁迫"中解释,也可放在"显失公平"中解释。二者所不同的是,胁迫着重救济受害人的意思表示不自由,而显失公平主要是客观地评价合同条件的不公正。鉴于各国通行的方式,应将其放到"胁迫"中解释,它毕竟是一种利用客观条件影响当事人意思自由的情形③。

若经济胁迫的构成需要考虑客观结果,实质上是将其等同于以显失公平为结果的乘人之危。这实际上是重走乘人之危与显失公平重叠混乱的老路。现行法中,胁迫并不要求后果要件,其关注重点为一方因恐惧心理作出意思表示;而显失公平要求具备主客观双重要件。

经济胁迫在外在形式上表现为"利用自身经济优势地位",与显失公平所要求的"利用对方处于危困状态、缺乏判断能力等情形"实质上是对同一现象的不同角度论述——前者着眼于己方优势,后者着眼于对方劣势。但是,单纯的"利用对方处于危困状态、缺乏判断能力"不足以构成显失公平;而具有一定非法性的"利用对方处于危困状态、缺乏判断能力"可能构成经济胁迫。

通常意义上的胁迫是指威胁给他人人身权利、财产权利以及其他合法权益造成损害,缺少"利用自身经济优势地位"或"利用对方处于危困状态、缺乏判断能力等情形"威胁造成纯粹经济损失的行为模式。如果给经济胁迫加上客

---

① 参见徐涤宇:《非常损失规则的比较研究——兼评中国民事法律行为制度中的乘人之危和显失公平》,载《法律科学》2001年第3期。
② 参见冉克平:《显失公平与乘人之危的现实困境与制度重构》,载《比较法研究》2015年第5期。
③ 参见李永军、易军:《合同法》,中国法制出版社2009年版,第164-165页。

观后果的构成要件，胁迫就遗漏了具有非法性的"利用自身经济优势地位"的情形；而胁迫与显失公平之间又产生了重叠。

因此，"经济胁迫"宜纳入胁迫制度予以规定，一方面与显失公平制度泾渭分明，另一方面又丰富了胁迫的具体形式。

（二）"经济胁迫"具有独立价值

1. "胁迫"形式具有开放性

中国法上对胁迫概念虽有定义，但是对胁迫的具体形式一直保持开放态度。《民通意见》第69条规定："以给公民及其亲友的生命健康、荣誉、名誉、财产等造成损害或者以给法人的荣誉、名誉、财产等造成损害为要挟，迫使对方作出违背真实的意思表示的，可以认定为胁迫行为。"而在《合同法》《民法总则》时代，中国立法并未再对何为"胁迫"进行过准确的定义。鉴于《民通意见》实质上于《民法典》生效后才予以正式废止，该条文对胁迫的定义客观上影响了其间三十多年的司法运转。

立法机关工作人员解读《民法总则》时认为："最高人民法院相关司法解释对实践中较为常见的胁迫情形进行列举式规定，有助于法律的具体适用，是可行的。但是，考虑到民事活动的复杂性以及民事法律行为实践的不断发展，民法总则不宜对胁迫作出限定性的规定，而应为实践的发展留出空间。同时，自民法通则颁行以来的三十多年间，无论是理论界还是司法实务界，对于'胁迫'概念的内涵已经形成较为广泛的共识，民法总则不对其含义进行规定并不影响这一制度的理解与适用。"[①]

2022年3月1日起施行的《最高人民法院关于适用〈中华人民共和国民法典〉总则编若干问题的解释》第22条规定："以给自然人及其近亲属等的人身权利、财产权利以及其他合法权益造成损害或者以给法人、非法人组织的名誉、荣誉、财产权益等造成损害为要挟，迫使其基于恐惧心理作出意思表示的，人民法院可以认定为《民法典》第150条规定的胁迫。"除了用语上的精细化之外，最重要的变化在于将"作出违背真实的意思表示"改为"基于恐惧心理作出意思表示"。至少在语义上降低了胁迫的准入门槛，也涉及对胁迫本质的认识。

中国法上的胁迫理论基础在于意思不自由，同时并未对胁迫方采取何种方式使对方达到恐惧心理做出任何规定。根据立法机关工作人员的解释，在《民法典》时代对胁迫具体形式的认定应当为实践的发展留出空间，这说明胁迫概

---

① 参见李适时主编：《中华人民共和国民法总则释义》，法律出版社2017年版，第471—472页。

念应当是具有开放性和包容性的。域外也有观点指出，货物胁迫的法律规则打开了承认经济胁迫的大门[1]。

2. 实务发展的需要

根据理论界和实务界的总结，胁迫一般包括如下构成要件：一是须有胁迫行为；二是须有胁迫故意；三是被胁迫人因胁迫陷入恐惧，并因恐惧而为意思表示；四是胁迫须为非法[2]。除此之外，还有学者强调胁迫的本意在于对表意人的自由意思加以干涉，即还须具备因胁迫所作的意思表示违背了表意人的真实意愿的要件[3]。

有观点认为，中国法律没有承认经济胁迫的概念，胁迫仅限于一方当事人对另一方当事人的以财产或人身安全相威胁的行为，至于交易中的经济强制一般不认为构成胁迫。学说上对于应否引入"经济胁迫"概念，见仁见智[4]。

支持观点指出，在实务中已经出现了"经济胁迫"被认定为胁迫进而发生撤销合同效力的案例，实践的发展已经实实在在地将问题摆在了学者面前，无法回避，必须做进一步的研究[5]。反对观点指出，中国《合同法》并没有承认经济胁迫或经济强制的概念，胁迫仅限于一方当事人针对另一方当事人的财产或人身相威胁的行为，至于交易中的经济强制一般不认为构成胁迫，对于胁迫的内容作出严格限制仍然是必要的，如果胁迫范围过于宽泛导致许多合同被撤销，是不利于鼓励交易的[6]。

笔者在中国裁判文书网以"经济胁迫"为关键词进行检索，大多数案例均是一方当事人任意使用"经济胁迫"为抗辩。有所收获的是，天津市高级人民法院在一起海上、通海水域货物运输合同纠纷中明确承认了"经济胁迫"概念，并运用了在中国实体法上无明文规定的判断经济胁迫的标准[7]。除此之外，亦有法官在《人民法院实体报》撰文分析了一个实务中应被认定为"经济胁迫"的案例[8]。笔者认为，中国实务案例中已经出现对"经济胁迫"的承认

---

[1] See Michael Littlewood, *Freedom from Contract: Economic Duress and Unconscionability*, 5 Aukland University Law Review 164, 166 (1985).
[2] 参见朱庆育：《民法总论》，北京大学出版社2016年版，第284-287页；韩世远：《合同法总论》，法律出版社2018年版，第258-262页。
[3] 参见马骏驹、余延满：《民法原论》，法律出版社2010年版，第196页。
[4] 参见陈甦主编：《民法总则评注（下册）》，法律出版社2017年版，第1080页。
[5] 参见韩世远：《合同法总论》，法律出版社2018年版，第260页。
[6] 参见王利明：《合同法研究（第一卷）》（第三版），中国人民大学出版社2015年版，第686-687页。
[7] 参见天津市高级人民法院（2020）津民终306号民事判决书，天津市高级人民法院（2020）津民终307号民事判决书。两案实际上为同一纠纷，后文论述以前一判决为例。
[8] 参见颜倩、翟寅生：《商事交易中"胁迫订立合同"的认定》，载《人民法院报》2013年6月20日，第7版。

和解读,承认"经济胁迫"的独立价值具有现实意义。

三、以非法性为核心的胁迫制度

经济胁迫是否应当被纳入意思瑕疵制度之所以存有争议,其原因在于,市场环境中的经济实力不平衡实属常态。因此,单纯利用经济地位的不平衡并不应受到法律的特殊规制,只有利用经济地位的不平衡达到非法的程度才需要予以管制。这就需要重新解构胁迫制度的非法性要素。

(一)破除"意思自由"的神话

1. 合法胁迫亦影响意思自由

在一起合同纠纷中,法院认为"合法的胁迫并不能使对方产生恐惧,最大只能产生压力,但在正常的市场竞争中,存在交易压力是正常现象,表意人所为的表示行为仍与内心真意一致,符合意思表示的有效要件"[1]。

区别于欺诈的构成,胁迫通常强调非法性这一要件。依据形式逻辑推演,如果一方当事人采用了"合法胁迫"的方式,那么这一行为就不受胁迫制度的规制,因为该行为属于法律所允许的行为。有学者认为,"如合同订立以后,一方拒不履行合同义务,另一方以将要提起诉讼等合法手段向对方施加压力,要求其履行合同,就不构成胁迫"[2]。疑问在于,所谓"合法胁迫"是否真的没有使相对方陷入恐惧,相对方在合法胁迫下做出意思表示是否真的是基于意思自由?

所谓"合法胁迫",如上文学者所称以提起诉讼等合法手段施加压力,同样会影响对方当事人的意思自由,也会让对方当事人陷入恐惧之中。向法院提起诉讼是每个人的基本权利,不能随意受到限制。但滥用诉讼这一合法手段也会迫使被诉方接受起诉方的要求。例如,在交易主体之间产生纠纷后,起诉方若提起管辖异议、申请鉴定等会延长诉讼时间,若申请查封、扣押、冻结则会使被诉方的财产受到管控而无法流通。上述做法均是常见的诉讼策略。而对于一个从事商事活动的被诉方来讲,卷入诉讼意味着自己会面临流动资金不足、资金利息损失、关联项目无法正常推进等不利情形。不管是否承认这一事实,理性的被诉方在知悉自身面临的不利局面下都会倾向于与起诉方和解,答应满足起诉方所要求的某些条件。

根据上文分析,我们可以得出一个显而易见的结论:无论是非法胁迫还是

---

[1] 参见湖北省武汉市中级人民法院(2020)鄂01民终10415号民事判决书。
[2] 参见王轶:《论我国合同法中的"胁迫"》,载《四川大学学报(哲学社会科学版)》2019年第1期。

合法胁迫都能够影响相对人的意思自由，都能够迫使相对方陷入恐惧而做出不符合其真意的意思表示。

2. 非法性为胁迫的核心要素

与恶意欺诈不同，非法胁迫并不是以特定的方式导致某个错误发生。被胁迫人对真实的事实是知道的，因此也知道其意思表示的意义。至于因受胁迫而发出的意思表示究竟是符合表意人的真实意思的，还是不符合其真实意思表示，对此问题，人们尽可见仁见智[1]。

由于合法胁迫亦影响意思自由，所以维护意思自由并非是法律赋予被胁迫方撤销权以打击胁迫的真正理论基础。意思不自由只是胁迫的通常特征，仅仅是构成胁迫的必要条件而非充分条件。胁迫受到法律规制的真正理论基础在于其非法性。合法与非法才是判断法律所规制的胁迫与否的核心标准，而并非所谓的意思自由。

有学者认为，受胁迫者在应对胁迫时并未丧失自主意志——事实恰恰相反，大部分人面对胁迫都会打打小算盘，都会根据自己的利益选择更有利的策略，无论是胁迫者还是受胁迫者——而这很难说不是当事人的"真实意思"。事实上，我们经常会忽略这个颇为反讽的事实：受胁迫者求诸无效化制度，恰恰是因为自己之前同意了胁迫者的要求；而同意正是"两害相权取其轻"的判断，即屈从胁迫缔约要比胁迫成真更有利[2]。早有学者采纳相似视角将胁迫定义为，胁迫人想使得被胁迫人陷入一种心理上的困境，使他产生"两害相争取其轻"的想法：同对方所预示的不利情况相比，发出对方所希望的意思表示尚是较轻之害[3]。

尽管经济胁迫的构成和范围仍然存在争议，但很明显，因威胁违约而导致的合同变更不一定因胁迫而可撤销。胁迫为妥协和屈服于可靠的索赔留下了空间。如果受害方有足够的法律补救措施，他对威胁的服从可能只是基于这样一种信念，即同意变更合同最有利于他的商业利益[4]。那么，经济胁迫的问题不在于胁迫本身的存在，而在于区分法院应否决的协议与法院应遵守的协议[5]。

---

[1] 参见［德］迪特尔·梅迪库斯：《德国民法总论》，邵建东译，法律出版社2000年版，第612页。

[2] 参见张淞沦：《胁迫制度的经济分析：以违法性与制裁为核心》，载《中外法学》2018年第3期。

[3] 参见邵建东：《〈德国民法典〉对可撤销之法律行为的调整》，载《南京大学法律评论》1994年第2期。

[4] See Michael Littlewood, *Freedom from Contract: Economic Duress and Unconscionability*, 5 Aukland University Law Review 164, 169 (1985).

[5] See M. H. Ogilvie, *Wrongfulness, Rights and Economic Duress*, 16 Ottawa Law Review. 1, 25-26 (1984).

这取决于如何判断非法性。

(二)"非法性"的判断标准

1. 主观的非法标准

即便是对意思自由伤害最强烈的胁迫,也要求胁迫行为本身具有不法性。换言之,如果影响表意人决定自由的行为达不到超出社会通常观念的不法程度,不构成胁迫①。如何判断胁迫具有非法性,我国通说实际上继承了德国法上对于胁迫的认定标准,采用手段和目的的判断标准。逻辑上,胁迫之不法性可存在于手段、目的及手段与目的之间的关联三个环节。任一环节的不法,均构成胁迫。手段不法是指以不法行为实施胁迫,迫使对方发出意思表示;通过某种手段所要实现的结果不法,称目的不法②。

除此之外,传统胁迫理论还承认,虽然手段和目的就其本身而言并不违法,但是手段和目的联系仍然可能违法。如使用此种手段以达到彼种目的(的做法),违反了一切具有公平和正义思想的人的礼仪感,即存在此种情形。在此,特别应考察,胁迫人对达成其所追求的效果是否具有某种正当的利益,以及胁迫是不是一种适当的手段③。手段非法和目的非法判断较为具体,不无疑虑的是手段和目的之间联系的非法问题。因此种情形前提是手段和目的均为合法,非法性的判断从"行为""目的"等具有一定标准的参照转变为"违反一切具有公平和正义思想的人的礼仪感"的近乎道德似的考察方式。这实际上是将判断标准模糊化了。

英美法学者也指出对受害人意志的胁迫过去往往构成不法或非法行为。然而,最近的案例表明,交易中固有的不法性还不止于此。不管它可能是什么,它似乎至少涉及一个"道德"或"错误"的概念④。有判例就认为"手段与目的联系非法,是指手段和目的就其本身来讲并不违法,但二者联系起来却违法。衡量是否违法的标准主要是有无违反公平和正义思想,追求的利益是否正当"⑤。

2. 客观的非法标准

考虑公平正义等具有法律与道德双重属性的因素必然是倾向于主观的,非

---

① 参见解亘:《意思表示真实的神话可以休矣》,载《苏州大学学报》2018年第2期。
② 参见朱庆育:《民法总论》,北京大学出版社2016年版,第286页。
③ 参见[德]迪特尔·梅迪库斯:《德国民法总论》,邵建东译,法律出版社2000年版,第616页。
④ See M. H. Ogilvie, *Wrongfulness, Rights and Economic Duress*, 16 Ottawa Law Review. 1, 24 (1984).
⑤ 参见湖北省武汉市中级人民法院(2020)鄂01民终10415号民事判决书。

法性的认定应当侧重于客观标准。在一起合同纠纷中,法院就以权益的可处分性作为判断依据,指出"审判实践中就是以胁迫人是否有权处分其所恃的法益来判断是否存在违法性——如果以起诉对方对自己的侵权或违约行为来要挟对方订立合同,则不应认定为违法,因为胁迫一方有权处分自己的侵权损害赔偿请求权或违约金请求权,并决定是否行使、何时行使或是否抛弃,以此作为条件来要挟对方订立合同实际上等同于以迟延或放弃行使上述权利为条件来订立合同;若将揭发犯罪事实为要挟的行为认定为有违法性,因为惩罚犯罪为国家权力机关的职权范畴,即使是作为犯罪行为的受害人也不得自行处分(自诉案件除外)"①。

除此之外,在否定意思自由为胁迫制度的核心基础理论下,新近有观点指出,一般的威胁性承诺会求诸合法性救济(如违约责任),而胁迫的特异之处(也是非法之处)在于:它求诸胁迫者的自力执行来防止对方的拒绝缔约或违反承诺。由此看来,当且仅当威胁的结构中蕴含着非法自我执行,一项威胁就有了违法性而构成胁迫②。

既然胁迫者以侵犯权利(以及利益)的自我执行来谋求个人利益,法律可以用当事人的权利(以及利益)作为判断威胁行为是否具有违法性的关键标准和要素,这种利益包括人身权和财产权,后者包含固有利益、合同性权利和其他合法利益,实为不受公权力追究的合法利益受到了侵犯。威胁一旦成真,如受胁迫人不存在合法权利或利益的损失,且无其他不法情由,威胁合法而不构成胁迫。威胁成真虽不侵犯当事人权利,但利用受胁迫人本身存在的公法上的不法之时,威胁仍有可能构成胁迫,此种即僭越了公权力的执行③。

(三)以"客观的非法性"理解经济胁迫

1. 否认私力执行

胁迫是以"如果你不这样做,我就会那样做"的方法实现以个人意志获取利益,即一种非法自我执行,或称为私力执行。这种非法自我执行实际上违背了以公权力维持社会的法治秩序的现代法治观念。在这一层面,"非法自我执行"大致等同于过度的"私力救济"。在古代,复仇即一种极为典型的,同时又极具深厚文化和制度背景的私力执行;现代人们要求的司法/正义,不过是

---

① 参见湖北省武汉市中级人民法院(2018)鄂01民终9440号民事判决书。
② 参见张淞纶:《胁迫制度的经济分析:以违法性与制裁为核心》,载《中外法学》2018年第3期。
③ 参见张淞纶:《胁迫制度的经济分析:以违法性与制裁为核心》,载《中外法学》2018年第3期。

人类自然的报复本能的另一种说法[①]。而现代公权力垄断司法是彻底否定私人执行中以权利人的个人意志为导向的权利实现方式[②]。

法经济学也从成本收益角度论证了现代国家对自我执行的厌恶：胁迫通常涉及通过不正当的威胁来获取承诺。执行承诺通常会将财富从一个人重新分配给另一个人。当交换是非自愿时，一方可能被迫以低于其价值的价格出售一种商品。所有权可能会从更看重它的人转移到不看重它的人，这在分配上是低效的。与此同时，失败的交易不会创造价值，而失败的强制会产生破坏。因此，现代国家会压制私人的、非自愿的财富再分配，例如盗窃和欺诈，仅为自己保留了通过累进税等手段非自愿地重新分配财富的权利[③]。

2. 经济胁迫的非法性

常常隐匿于合法面纱下的"经济胁迫"同样如此，其胁迫非法性的本质没有变化，其属于非法自我执行的基础没有变化。问题仅仅在于我们如何抓住经济胁迫的非法要点。但回到现实问题，必须承认的是商业竞争、商业压力无处不在。真正的问题在于，是否确实可以制定客观标准，以使整个法律程序合法化。这些标准必须使我们能够令人满意地将"商业压力"与"非法压力"区分开来[④]。

经济生活包括各种强制力之间的斗争：个人雇佣合同是强制性的，这是一项打着协议的幌子，员工必须接受命令，否则将面临失业甚至贫困；劳资关系中集体谈判的本质是强制和权力，是两个相互竞争的集体之间争夺优势的斗争[⑤]。基于客观的非法标准，识别合法性因素根植于法律本身承认何种形式的救济，即最终实现商业利益的救济依靠的是诉讼权利还是自我执行。

最为典型的经济胁迫是垄断企业滥用垄断地位。对于垄断企业而言，其他小型企业要么和它做生意，要么被淘汰出局。此时垄断企业就具备了控制市场、依据自我力量惩罚不顺从的企业的强制权力。在普通的市场交易中，某人因正当的理由在特定时间急需某种物品，如果不能获得该物品就要遭受很大的损失，或许他有一个固定的供货商，但是该供货商趁此机会企图威胁获得额外

[①] 参见苏力：《复仇与法律——以〈赵氏孤儿〉为例》，载《法学研究》2005年第1期。
[②] 参见贺海仁：《从私力救济到公力救济——权利救济的现代性话语》，载《法商研究》2004年第1期。
[③] See Cooter Robert & Ulen Thomas, *Law and Economics*, Berkeley Law Books. 2016, pp. 344—345.
[④] See Andrew Phang, *Economic Duress: Recent Difficulties and Possible Alternatives*, 5 RLR 53, 57 (1997).
[⑤] See M. H. Ogilvie, *Wrongfulness, Rights and Economic Duress*, 16 16 Ottawa Law Review. 1, 25 (1984).

报酬，并且此时他不能寻找到另一个合适的供货商，此时该供货商极有可能享有类似于垄断情形下的强制权力①。

因此，经济胁迫实际上是要在"合理的商业压力"与"不合理的商业压力"之间寻找到一个平衡点。从原则上讲，商业压力应当被推定为是合理的，例外才会构成经济胁迫。若要证成商业压力属于经济胁迫，就需要综合多种因素证实其具有一定程度的非法性。

四、经济胁迫的实务认定因素

中国实务中也出现了涉及经济胁迫的案例，本文以两起典型案例作为主要分析对象。

在"天津鹏航物流有限公司诉安徽新华远海运有限公司、洋浦中良海运有限公司海上、通海水域货物运输合同纠纷案"（以下简称案例一）中，天津高院提出了认定经济胁迫的要素，其指出"在认定经济胁迫时，应当在认定胁迫构成要件的框架下，重点考量行为时的环境、是否存在胁迫及相应是否具有不法性、意思表示方是否因不存在其他实际可行法律救济而不得不屈服、意思表示方是否提出了抗议等因素，予以综合考量"②。

在"浙江杭州途易旅游集团有限公司诉杭州谷歌旅行社有限公司旅游合同纠纷案"（以下简称案例二）中，法官撰文指出旅行社在旅行团出游前的临时涨价属于经济胁迫，其认为途易旅游公司所要挟的是不履行双方之间的主要合同义务，谷歌旅行社所面临的急迫威胁也不是财产权受侵害，而是合同债权无法实现以及对于第三人的违约责任，该类威胁严格意义上并非以侵权行为作为手段的胁迫，而仅仅是一种将会发生的经济损害，这在英美法系称之为"经济胁迫"③。

经济胁迫相对于传统意义上的胁迫有如下特点：第一，经济胁迫针对的是经济利益，是一种未来的可能的利益；第二，经济胁迫采用经济手段，混杂在商业竞争、商业谈判之中，具有较强的隐蔽性；第三，经济胁迫时常具有合法方式的外貌，如罢工争取权益、行使合同解约权利等。

若要在中国法上明确承认经济胁迫，在理论和实务上需要对经济胁迫所涉及的认定因素做进一步的探讨。

---

① 参见［英］阿狄亚：《合同法导论》，赵旭东、何帅领、邓晓霞译，法律出版社 2002 年版，第 288 页。
② 参见天津市高级人民法院（2020）津民终 306 号民事判决书。
③ 参见颜倩、翟寅生：《商事交易中"胁迫订立合同"的认定》，载《人民法院报》2013 年 6 月 20 日，第 7 版。

（一）是否存在胁迫行为及非法性

经济胁迫既然属于胁迫制度的范畴，其本身也应符合胁迫的一般构成要件。在中国法上，欺诈、胁迫是从意思表示角度出发，法律规制的是行为；而显失公平是采取行为加结果的模式。两者的重叠之处在于，胁迫者用胁迫的方式达成显失公平的后果，此时二者产生竞合。胁迫制度只是控制影响意思表示的行为，因此经济胁迫也仅是指以造成经济损失为威胁，不考虑结果是否显失公平。

经济胁迫区别于传统胁迫的最大特点就在于"行为的隐蔽性"和"外观的合法性"。在坚持行为模式的前提下，论证胁迫行为的存在及其非法性则是最大的困难。因此，承认经济胁迫的学者大多也认为其与正常商业压力之间难以分清。有观点指出，在经济胁迫情况下是被指控的不法行为者施加了不可接受的压力或以不合情理的方式利用了缺乏合理替代方案的情况[1]。对"不可接受""不合情理"的理解，不应当被主观非法标准下的公平诚信等道德评判体系所干扰，而应当是指客观上的非法性。

笔者认为经济胁迫的非法性，以僭越公权力、实施私力执行为本质，以损害相对人经济利益为表象。结合典型案例可以作出如下判断。

案例一中，新××公司发布公告称"客户办理提货手续需提供缴交运费及相关费用的付款凭证"[2]，这一方面是收取运费后交货的正常商业公告，另一方面的确具有扣留货物之嫌疑。但该行为本身是收取运费之必要方式，表面上并不存在胁迫行为。除此之外，中国法上还规定，若相对方不支付价款则债权人享有对货物的留置权。因此，即使扣留货物亦没有僭越公权力的范围。在对行为定性时举重以明轻，最后法院认为其并不构成胁迫。

案例二中，途×旅游公司在出发前一天临时单方变更价款涨价，并威胁取消行程[3]。这一行为很明显属于威胁行为。途×旅游公司取消行程实质上会损害谷歌旅行社的权益，因为谷×旅行社此时没有充足的时间另行确定替代方案。以此种方式达到变更合同价款的目的，实际上是在未形成合意的基础上僭越了公权力的功能而欲求单方改变先前的合意。法院最终认定其构成胁迫。

（二）判断非法性的辅助要素

由于经济胁迫具有"隐蔽性"与"外观合法性"的特点，因此判断经济胁

---

[1] See M. H. Ogilvie, *Economic Duress, Inequality of Bargaining Power and Threatened Breach of Contract*, 26 McGill Law Journal. 289, 318-319 (1981).
[2] 参见天津市高级人民法院（2020）津民终306号民事判决书。
[3] 参见浙江省杭州市中级人民法院（2013）浙杭民终字第1698号民事判决书。

迫的非法性还需要综合运用辅助要素。"当事人行为时的环境"可以证成受胁迫人的危困状态，体现了经济胁迫一方利用优势经济地位的意图。"意思表示方是否因不存在其他实际可行替代措施而不得不屈服"可以加强经济胁迫人僭越公权力的说服力，体现了经济胁迫的自我执行性。"意思表示方是否提出了抗议"可以证成相对方受胁迫压制的外观，体现了经济胁迫对意思表示的影响。

1. 行为时的环境

此处所论及的环境主要是指从事交易的商业压力。商业压力并非一个严谨的法律术语，此概念意指行为人从事商业活动、在缔约过程中所面临的可能干扰订约意思的外部影响因素。

这种外部影响可能是自身的原因，如流动资金困难、生产设备故障等；也可能是相对方的原因，如提出较为苛刻的条件、经济地位优势明显等；当然也可能是由于其他客观因素，如当前市场同类商品竞争激烈、整体行业生产过剩等。在市场交易中，一方处于相对优势乃是常态，凭借优势订立对自身较为有利的合同通常无可厚非[①]。

法律上所追求的"理性人""谈判地位平等"等要素仅仅具有法学分析的工具意义，而实质上垄断性质的企业只要未滥用市场支配地位，其从事的商事活动在法律上仍被认定是公平的。反过来讲，一个处于危困中的人天然就具有低价出售自身财产以求快速获取现金度过危机的倾向，如果仅仅以危困状态否定其从事自由交易的自由则是法律的过度干预。但这不意味着此种不利环境并非毫不具有法律意义。相对应的，处于垄断地位的企业会自然地倾向于利用优势地位；而处于危困中的人也常会被相对人利用而进一步压制。这是商业交易下市场主体追求更高利润、更大优势的客观规律。

在传统胁迫中，此类要素的重要性并不突出，侵权手段所引发的人身或财产损害指向的对象，无论相对方强势与否，其导致的破坏影响与对相对人的压制大体是一致的。而对于经济胁迫来讲，行为时的环境极为重要。例如，案例一中，鹏×公司面临的压力环境是货物在对方手中；案例二中，谷×旅行社面临的压力环境是旅游出发前一天临时提价。对比来看，案例一中的压力是交易运输中的正常风险，案例二中的压力则是非属旅游合同所常见。因此，在实施相应行为时，商业压力环境越不正常就越可能被认定为"经济胁迫"。

---

① 参见武腾：《显失公平规定的解释论构造——基于相关裁判经验的实证考察》，载《法学》2018年第1期。

2. 意思表示方是否因不存在其他实际可行替代措施而不得不屈服

案例一判决中的"可行法律救济"概念并不准确,更为合理的表述应当是"可行替代措施"。存在"充分"补救措施作为提交的替代方案通常会阻止受害者提出经济胁迫[1]。威胁违约造成的经济胁迫是不合情理地滥用优越的谈判地位,将威胁的对象置于没有商业上可行的替代方案来屈服于威胁的境地[2]。

在美国法院的现代判决中,确认一项威胁已经构成胁迫的基本的和一般的前提条件是,被威胁者除了接受威胁者强加的合同条件外别无合理的选择余地[3]。如 Progress Bulk Carriers v. Tube City IMS 案,法院审理认为,被告毁约后的行为,目的是迫使原告接受协议,因为原告如不接受,就无法履行与收货人的供货合同而遭受重大损失,原告虽有抗议但没有其他现实可行的选择,只能迫于被告的威胁接受协议,据此驳回上诉[4]。在法国法上,在判断一方是否滥用对方对其的"依赖状态"时,一个重要的标准是要看是否能找到替代措施,是否能找到其他客户、其他供应商;是否能找到替代措施的评估,一般从客观角度判断;在某些情况下,法院也可以结合受害人的具体情况,从主观角度进行判断[5]。

案例二中,谷歌旅行社为履行与杭州师范大学音乐学院的合同不得不接受途易旅游公司的临时提价,而出发前一天的时间点导致谷歌旅行社实际上没有充足的时间另行委托其他旅行社履约,因此不得不接受新的价款单。其判决也正确地指出:"途易旅游公司在达成初步口头意见后又单方反悔继续要求提高团费报价。此时如果谷歌旅行社不接受新的团费报价,途易旅游公司即停止该团队的出行活动,谷歌旅行社一方面将要对旅客承担违约责任,另一方面会造成不利的国际影响,谷歌旅行社临时亦不可能再行联系其他旅游公司接手该团队出行工作,故此时属于受胁迫在违背己方真实意思表示的情况下签订了第二

---

[1] See Andrew Stewart, *Economic Duress—Legal Regulation of Commercial Pressure*, 14 Melbourne University Law Review. 410, 441 (1984).

[2] See M. H. Ogilvie, *Economic Duress*, *Inequality of Bargaining Power and Threatened Breach of Contract*, 26 McGill Law Journal. 289, 318 (1981).

[3] 参见王军:《美国合同法》(修订本),对外经济贸易大学出版社 2011 年版,第158页。

[4] 参见何宝玉:《合同法原理与判例》,中国法制出版社 2013 年版,第 404-405 页。本案中,2009 年 4 月初原告与被告签订租船合同,约定被告将指定的一只船租给原告,于 4 月 15-21 日运废铁到中国。原告与收货人签订的合同约定,运货船必须唯一且经收货人同意。4 月 7 日被告私下将该船租给第三人,到 4 月 18 日被告承认违失,承诺另找一只船在 4 月 27-30 日完成装载,并同意赔偿原告的损失。原告因此未寻找其他船只。4 月 23 日被告确定了运货船,但收货人要求下调价格,经反复协商同意每吨降价 6 美分,原告保留对被告违约造成的损失进行索赔的权利。原告迫于形势,为保证满足中国货主的需要并减少损失,被迫表示接受。

[5] 参见石佳友:《我国〈民法总则〉的颁行与民法典合同编的编订——从民事法律行为制度看我国〈合同法〉相关规则的完善》,载《政治与法律》2017 年第7期。

份确认单。"①

3. 意思表示方是否提出了抗议

域外法上有关经济胁迫的一些经典判例明显体现了这一要素。在 Pao On v. Lau Yiu Long 一案中，Scarman 法官指出，在确定是否存在强制意志导致没有真正同意时，重要的是询问被指控被胁迫的人是否提出抗议；在据称他被迫签订合同时，他是否有或没有其他途径可供他选择，例如适当的法律补救措施；他是否得到了独立的建议；以及他是否在签订合同后采取措施避免它②。在 North Ocean Shipping Co. Ltd. v. Hyundai Construction Co., Ltd. 一案中，Mocatta 法官认为，由于本案原告拖延了 8 个月才提出诉讼，本案不构成经济胁迫，原告的作为和不作为只能视为对合同变更的肯定③。

中国法院在有关胁迫的判决中实质上也有一些近似观点。在一起撤销权纠纷中，法院再审指出："即使申诉人实施了胁迫行为，被申诉人也应当及时行使自己的权利，而不应再找中间人调解从而达成补充协议。因此，申诉人持有合同的行为，不能认定为胁迫行为。"④ 在一起法定继承纠纷中，二审法院认为："在协议签订后，金某1也未通过报警或诉讼来依法维权，直至金某2提起本案诉讼后才以受到胁迫为由进行抗辩并要求撤销《协议书》。因此，承上分析，根据现有证据尚不足以证明案涉《协议书》系金某1在受胁迫状态下签订的事实。"⑤

国内外判例对受胁迫者需要表明反抗的态度较为巧合地达成了一致性。其根本原因在于，在传统胁迫认定标准中，意思自由的含义不明且难以证明。尤其是在经济胁迫中，很难判断一方的意思表示是因为恐惧心理而被迫作出，还是为了某种经济利益而做出的最优选择。

市场交易中双方实力不均乃是常事，总有一方相对弱势，市场交易的本质就是取长补短、互通有无，凭空谈论市场交易行为是否正当、是否构成对对方弱势的恶意利用，着实困难⑥。因此，中国才会在乘人之危制度的流变中，更加青睐于显失公平的客观标准，也才会在是否承认经济胁迫的问题上模糊不定。不过抗议与否也同时取决于受胁迫者与胁迫者之间的紧张关系如何，过于

---

① 参见浙江省杭州市中级人民法院（2013）浙杭民终字第1698号民事判决书。
② Pao On v. Lau Yiu Long [1979] UKPC 17.
③ North Ocean Shipping Co. Ltd. v. Hyundai Construction Co. Ltd. [1979] QB 705.
④ 参见山东省单县人民法院（2012）单民再初字第3号民事判决书。
⑤ 参见浙江省杭州市中级人民法院（2020）浙01民终8309号民事判决书。
⑥ 参见沈德咏主编：《〈中华人民共和国民法总则〉条文理解与适用（下）》，人民法院出版社2017年版，第1007—1008页。

强调此因素确有不宜,但也不应彻底否定其意义。

五、结语

在市场交易环境下,意思表示不那么的真实,其实才是交易的常态,法律行为的实然[①]。经济胁迫在中国成为一个现实问题,既是胁迫的本质属性使然,也是现代经济活动复杂性和竞争性的结果。既然传统的胁迫理论本身存在解释上的困境,则应当承认经济胁迫的地位。这符合胁迫形式开放性的理念,也是对胁迫制度的新发展。

经济胁迫的关键要素是用于强制付款或签订合同的压力的"不当"或"非法",不能仅从受害者被"强迫"服从的事实来判断"非法",必须建立一些外在标准来判断胁迫者施加压力的"不当"[②]。笔者认为经济胁迫的非法性,以僭越公权力为本质,以损害相对人经济利益为表象。至于其他客观标准,如今后若要对"经济胁迫"予以明确规定,笔者提供建议条文为:"一方当事人利用经济上的优势地位,通过威胁经济损失方式迫使相对方订立或解除合同的,为经济胁迫。认定经济胁迫应当在胁迫构成要件的框架下,重点考察行为的非法性,同时结合行为时的环境、意思表示方是否存在其他补救措施、意思表示方是否提出抗议等因素予以综合认定。"

[①] 参见解亘:《意思表示真实的神话可以休矣》,载《苏州大学学报》2018年第2期。
[②] See Andrew Stewart, *Economic Duress—Legal Regulation of Commercial Pressure*, 14 Melbourne Univevsity Law Review 410, 441 (1984).

智能写作软件生成报告的著作权分析

——"腾讯诉盈讯案"引发的思考

黄文瑄*

> **摘 要**：人工智能生成内容能否认定为著作权法意义上的作品，其本质在于这些内容是否具有独创性，人类对生成内容的"控制"是题中之义、问题所在。文章借"腾讯诉盈讯案"，通过对人工智能生成机理、作品独创性的理解和界定，以人机关系的强弱分为人机关系黏合度高与低两类生成内容。前者因人类参与度高体现人类的创作意志，可以评价为作品，获得著作权保护；后者因人类参与度低，难以评价为作品，但因其具有一定的价值可适用邻接权的保护模式。由此，可解决人工智能生成内容的现实困境，并明晰人工智能生成内容的类型及特征，为人工智能生成内容法律保护提供新的路径。
>
> **关键词**：人工智能生成内容　著作权　权利保护

人工智能（AI）通常被认为是一项颠覆性技术。这项技术的影响并不局限于工业领域，而是扩展到许多艺术领域，如音乐或艺术作品的创作。随着人工智能技术的应用，具备深度学习能力的人工智能已可以进行一定的独立创作。因此，在努力促成人工智能在文学创作领域中的广泛与深入应用之时，人工智能发展过程中可能带来的社会影响、法律问题等，也是不该忽略的问题。进言之，技术的发展是著作权理论和制度变革的重要因素之一，因此著作权也被称为"技术之子"。人工智能技术朝向自主学习、自主生成方向发展的趋势，对于中国著作权法所带来的冲击聚焦在以下几个问题：人工智能生成内容能否

---

* 黄文瑄，澳门科技大学法学院 2019 级博士研究生。

被评价为著作权法意义上的作品,能否受到著作权法保护,以及人工智能是否具有主体资格。本文试图以"腾讯诉盈讯案"为入题,来研究以上问题。

一、腾讯诉盈讯案[①]概述

腾讯计算机系统有限公司(下称腾讯公司)于 2018 年 8 月 20 日使用自主研发的智能写作辅助系统——Dreamwriter,生成了名为《午评:沪指小幅上涨 0.11% 报 2671.93 点通信运营、石油开采等板块领涨》的财经报道文章(下称涉案文章)的分析报告,首次在腾讯证券网站上发表该涉案文章,且在本章末尾注明由 Dreamwriter 自主生成。但在当日,上海盈讯公司未经许可,就将涉案文章进行了完全复制,并发表在其经营的"网贷之家"网站上,向公众传播。原告认为被告侵犯了其著作权,由此向法院提起诉讼。

本案的争议焦点在于:第一,原告腾讯公司使用 Dreamwriter 所生成的涉案文章是否符合著作权法意义上的作品的概念,具体而言指人工智能生成内容是否具有独创性;第二,涉案文章的权利归属是否属于原告腾讯公司,即人工智能是否可以成为其生成内容的权利主体。

法院认为,从外在表现形式上看,涉案文章符合文字作品的形式要求,内容体现出对当日上午相关股市信息、数据的选择、分析、判断,文章结构合理、表达逻辑清晰,具有一定的独创性。从涉案文章的生成过程来分析,该文章的表现形式由腾讯公司主创团队相关人员个性化的安排与选择决定,其表现形式并非唯一,具有一定的独创性。因此,涉案软件技术上"生成"的创作过程均满足著作权法对文字作品的保护条件,属于中国著作权法所保护的文字作品。

法院裁判认定:判决上海盈讯公司未经授权转载涉案文章的行为侵犯了腾讯公司享有的信息网络传播权,应承担相应的民事责任。鉴于被告已经删除侵权作品,酌情判定被告赔偿原告经济损失及合理维权开支 1500 元。

腾讯诉盈讯一案在人工智能生成内容是否具有独创性方面做出了一定的开创性探析,对于人工智能的使用者或设计者的行为能否被评价为生成内容的创作行为也做出了一些开创性的尝试。总而言之,由此案可引申出,人工智能生成内容是否符合作品的构成要件、人工智能主体资格问题、人工智能生成内容的权利归属三大问题。

---

① 参见广东省深圳市南山区人民法院(2019)粤 0305 民初 14010 号民事判决书。

二、腾讯诉盈讯案的分析

（一）人工智能的界定

现如今人工智能如一件时尚单品被世人追捧，商人热衷于将电子产品、科技产品披上人工智能的外衣，仿佛只要冠以人工智能就代表着产品具有高质量、高科技、高效率。人工智能是计算机科学的一个领域，涉及开发计算机作为智能实体的行为能力。智能实体既可以执行技术功能，如寻找最佳数学解决方案，也可以执行传统上只与人脑相关的功能，如处理自然语言。人工智能研究的核心问题乃机器学习，从广义上讲，机器学习是一个过程，AI 从大量数据中推断出模式，并利用这些模式来学习它预期产生的输出的约束条件，而无需明确的编程来产生它。换言之，它能以人脑无法达到的速度识别大量数据的模式，并在这些模式的基础上学习执行任务、得出结论或预测结果。拥有机器学习算法的软件，可以通过"观察"和评估人类或案例或自我观察，独立并持续地改进其程序。现在人工智能提高算力的技术，不仅有机器学习技术，还有人工神经网络（ANN）。ANN 模仿自然神经网络，有时甚至比机器学习的效果更好。因此，这些技术的发展对知识产权的冲击也就不足为奇了，尤其是在著作权领域内掀起了一场暴风雨。有研究者认为人工智能系以人工之方式，创造出如人类大脑智慧的系统；也有研究者认为智能的定义本身并不明确，故无法准确定义人工智能[1]。关于人工智能的定义，可以归纳为三种：其一，从纯主观思考方面，机器能完成人类不认为其能完成之事，超乎人类所想。例如，Alpha Go、Alpha Zero 击败围棋九段李世石、柯洁，人们便毫不犹豫地认为其乃人工智能。其二，从仿生观点或从人类行为角度来定义，一部系统、一个机器能以人脑运作原理进行逻辑思考与深度学习，或者在类似环境能做出近似人类行为之举措。前者为仿生学派之主张，着重人工智能与人脑运作的近似性；后者为实用主义者之主张，以是否能做出人类行为解决问题为重点。两者虽有不同，但二者都以人为出发点，力求与人类相同之处，故可归纳成同一类。其三，人工智能就是能感知环境做出合理行动，并且获得最大效益、达成目标的电脑程序。与第二种观点不同的是，第三种观点不再以是否与人类近似为出发点，而更注重效率、目的的完成[2]。

从智能程度进行观察，人工智能又可分为强人工智能和弱人工智能。强人

---

[1] 参见［日］松尾丰：《了解人工智慧的第一本书：机器人和人工智慧能否取代人类？》，江裕真译，经济新潮社 2016 年版，第 51—53 页。
[2] 参见李开复、王咏刚：《人工智能》，文化发展出版社 2017 年版，第 39—55 页。

工智能（Artificial Generated Intelligence，以下简称 AGI）指人工智能已具备与人类相差无几或已超越人类之智慧，能如人一般地进行思考、判断、决策，以及全面性地完成人类所能从事的工作与任务。AGI 有望进行推理、解决问题、创新和创造。这是许多科幻媒体所描述的人工智能的假定状态，人工智能是有知觉、有意识和有自我意识的。作为人工智能的最终形式，这种水平的技术被推测为离我们目前的人工智能发展状态还有几十年[①]。弱人工智能（Artificial Narrow Intelligence，以下简称 ANI）专注于一个狭窄的任务范围，严格按照程序员设定的参数运行。这是目前存在的人工智能水平，也是我们有经验的互动方式。例如，我们的移动电话和个人电脑上的 Siri、Alexa 或 Cortana。除了这些帮助我们日常生活的熟悉的应用程序之外，ANI 还可以在特定领域作为一种工具来创作文学、戏剧、音乐和艺术作品。例如文字创作领域，人工智能模拟人类的创作过程，完成类似于人类的创作作品，甚至高于人类所创作的作品。又如上文所提到的 Alpha 系列，在围棋领域可以做得比当今世界棋王更好，抑或是自动驾驶系统可以完美操控车辆以降低车祸发生概率等。然而，如前所述，ANI 在性能方面是有限的。它只能从特定的数据中提取信息，并在预定的参数范围内执行任务。总的来说，它们作为一种工具或生成内容的"合作者"，缺乏自我意识，即缺乏人类所具有的自我意识、自觉性和真正的智能。

结合中国以及当今人工智能发展水平、科技阶段，根据上述对于人工智能的定义，可以肯定的是当下的人工智能发展水平仅仅体现了弱人工智能的功能性，尚无法达到强人工智能的程度，只是擅长执行特定的行为，没有具备完全独立思考、决策的能力，即那些在人们进行决策过程时于行动中提供支持并协助发出的技术系统。因此，现如今所设计出的人工智能程序，并不能完全独立自主地生成人工智能自身所"想"的内容。

（二）人工智能与智能辅助写作系统 Dreamwriter

当前人工智能技术的本质是以数据驱动（data driven）为特征，机器学习为核心技术，通过学习积累"知识领域"，在此特定领域内有明确的程序模型以及运行规则进行决策。Dreamwriter 就是由上述逻辑建设出的程序，再由程序环环相扣制造出来的一个自动新闻写稿机器人。纵览新闻写稿机器人的发展历史，谷歌在 21 世纪初就已经针对用户的个性化选择以及偏好，进行新闻、快讯等即时消息的推送，此举开创了科技公司开发新闻机器人进行自动采编的

---

① See Brian Smith，*The Promise of Artificial Intelligence*，The MIT Press，2019.

先河。随着人工智能的技术发展，出现了越来越多的新闻写稿机器人，如新华社的"快笔小新"、美联社的 WordSmith、《华盛顿邮报》的 Heliograf 等。这些软件的运作程序亦是由五个环节组成，即数据库的建立，机器对数据库的学习，就具体项目进行写作，内容审核、分发。[①] 可以看到的是，诸如 Dreamwriter 智能辅助写作系统的新闻写稿机器人，其本质还是在特定领域执行人类特定要求以做出特定行为的人工智能机器，不具有独立思考、决策的能力。

本案中，Dreamwriter 新闻写稿软件在原告腾讯公司提供数据的基础上，于生成过程中设定关键条件，立即产生了多篇原告所需的财经新闻，原告再根据发布新闻所进行的前置性审查生成的内容，最后进行选取发布。可以看到的是，在此过程中人工智能仅仅具有工具属性，是人类运用人工智能来体现其精神内涵的工具，还未达到强人工智能阶段，尚未具有自主性，可以摆脱人类意志自由生成内容。王迁教授认为："人工智能给著作权保护增加了一些复杂性，但尚不足以对著作权制度形成真正的挑战，因为它本质上属证据规则的范畴，在以往也并不罕见。"[②]

（三）Dreamwriter 自动生成新闻稿的性质

涉案新闻稿，是对财经领域中股票市场的大数据的分析，原被告争议的焦点在于涉案文章是否构成著作权法意义上的文字作品，即 Dreamwriter 自动生成的财经报道文章是否具有独创性。南山法院的判决认为 Dreamwriter 新闻编写器的生成内容体现了使用者的价值判断以及取向，并且其自身表现形式也具有文字作品的一般表现形式，可以判定该人工智能生成内容属于著作权法意义上的作品[③]。

一份生成内容要能评价为著作权法意义上的作品，必须满足现行作品的基本构成条件。根据现行《著作权法》和《著作权法实施条例》[④] 可以归纳出作品的构成要件为：智力成果性、可复制性以及独创性。无论是学界观点，还是审判实践中法院的态度，对智力成果性的解释都指向的是作品，都必须是体现人类的精神内涵、凝结人类智力成果的内容。基于此，北京互联网法院在菲林律师事务所诉百度百家号一案中认为："菲林律师事务所使用'威科先行'系

---

① 参见《腾讯 Dreamwriter：自动化新闻发展之路》，载记者网，https://www.jzwcom.com/jzw/0c/16550.html，2021 年 3 月 20 日访问。
② 参见王迁：《论人工智能生成的内容在著作权法中的定性》，载《法律科学》2017 年第 5 期。
③ 参见广东省深圳市南山区人民法院（2019）粤 0305 民初 14010 号民事判决书。
④ 《中华人民共和国著作权法实施条例》第 2 条："著作权法所称作品，是指文学、艺术和科学领域内具有独创性并能以某种有形形式复制的智力成果。"

统自动生成的文字报告,从外在形式上看具有一定的独创性,但从现行法律来说,文字作品应由自然人创作完成,因此不能评价为著作权法意义上的作品。"[1] 从这两份判决可以看到,司法实践过程中对人工智能的保护路径不同,对于独创性给予肯定,但在是否属于作品方面,给出了截然不同的结论。分析两者不同的原因在于,人工智能自动生成过程以及生成内容是否属于人类创作。如果属于,那么就符合现有著作权法的立法目的,属于作品;反之则不能认定为作品。从生成过程来看,似乎是"自主生成的",但从设计并创造出人工智能,以及使用者运用人工智能,再到人工智能生成内容的整个过程来看,没有哪个技术环节是可以脱离人类参与而自主进行的。数据首先需要经过人工智能的使用者进行收集、甄别、分类、选取的步骤,并以适合机器可以识别的方式输入,如腾讯公司首先要拥有专门供 Dreamwriter 进行"学习"的数据库;其次,程序设计者通过算法使得 Dreamwriter 对数据库里的所需要的数据进行"学习",生成相对应写作风格的程序,全部学习完后即可对新闻数据库相关联的新闻元素、事件进行写作并形成若干份报道,再由使用者进行选择。除了数据的选择之外,训练的初始算法需要设计者编写,模型的生成和应用亦需要工程师进行集成、部署和调试。正如 Dreamwriter 在学习写作风格时,主要使用的技术是机器学习(machine learning),机器学习的内容由腾讯专门的技术人员通过算法设计和数据发掘来产生,在生成内容进行审核分发过程中,并不是一蹴而就地将 Dreamwriter 所生成的内容进行发布,而是在发布前进行事实性和合法性等审查,生成内容的表现形式也体现了 Dreamwriter 主创团队和个人的个性化选择与安排。可以毫不夸张地说,人工智能的每一个环节,都有人的参与。因此,在现有技术人工智能阶段内,使用人工智能生成内容并进行运用,是人的智力体现,符合现行著作权法的立法目的,可以被评价为作品,进行保护。

三、人工智能生成内容著作权保护问题探析

(一)人工智能能否成为著作权主体

人工智能可否在法律上获得人格的问题,可以追溯到 1991 年美国法理学者 Lawrence Solum 对人工智能的人格地位的探讨。Lawrence 教授认为:"人类与人工智能的思考逻辑起点与基础不同,但是不能基于此来否认人工智能具

---

[1] 参见北京互联网法院(2018)京 0491 民初 239 号民事判决书。

有人格地位的可能性。"① 2017年，欧洲议会也加入了这一讨论行列。欧盟立法机关建议欧盟委员会在欧盟范围内立法并适用新的民事法律规范，以应对"机器人、自动程序、仿真机器人以及其他具有人工智能形态的事物"。欧洲议会认为，使用人工智能将触发一场新的工业革命，很难有社会阶层不受其影响，这将导致立法机关不得不解决"法律与伦理的意义与效果"。近几年对于人工智能主体地位的思考越来越多，认可人工智能可以具有主体地位的观点主要是认为人工智能具有强大的智能，未来可能会超越人类的智慧②。也有学者主张为已经具有判断和与人互动能力的人工智能创设一个新的概念"电子人"，从而赋予其"电子人格"；亦有学者从功能主义角度出发，认为只要是为了满足社会、经济发展的需求，为人工智能创立一个人格并无大碍，区别于自然人、法人所规定的权利义务即可③；还有学者将人工智能视为其所有人的代理人④。持反对意见者，大多是从主客体基本原理出发，认为人工智能仍然属于物的范畴。杨立新教授认为人工智能是人类利用大数据、算法、模型制造产生，最终体现的是人的意志，应当是人类所创造出来的物⑤；有的学者从功能目的出发，认为人工智能是给人类提供服务的程序，在本质上仍旧被人类所支配的物⑥；还有学者从承担责任方面讨论，如郑戈教授基于罗马法中"缴出赔偿"原则和支付赔偿金或坐牢的方式认为人工智能不是其本身承担责任，而自然人才是，因而人工智能具有主体资格是没有必要的⑦。除此之外，亦有第三种观点，即有限地肯定人工智能具有法律人格，换言之人工智能享有权利、承担义务以及负有责任的状态是不完整的。袁曾博士认为人工智能可以实施自主的行为，但承担法律上的行为后果是有限的⑧；王勇博士认为主体资格应以抽象性人格特征为判定标准，人工智能具有法律主体资格需要满足特定条件，即便不赋予法律主体资格，但法律仍应当在人工智能内部制定一套规则⑨；亦有

---

① Lawrence Solum, *Legal Personhood for Artificial Intelligences*, 4 North Carolina Law Review 1231（1992）.
② 参见吴汉东：《人工智能时代的制度安排与法律规制》，载《法律科学（西北政法大学学报）》2017年第5期。
　See Samir Chopra & Laurence F. Whiter, *A Legal Theory for Autonomous Artificial*, Agent University of Michigan Press, 2011, p. 154.
③ 参见彭诚信：《人工智能的法律主体地位》，载《人民法治》2018年第18期。
④ 参见杨立新：《人工类人格：智能机器人的民法地位——兼论智能机器人致人损害的民事责任》，载《求是学刊》2018年第4期。
⑤ 参见金东寒：《秩序的重构——人工智能与人类社会》，上海大学出版社2017年版，第86页。
⑥ 参见郑戈：《人工智能与法律的未来》，载《探索与争鸣》2017年第10期。
⑦ 参见袁曾：《人工智能有限法律人格审视》，载《东方法学》2017年第5期。
⑧ 参见王勇：《人工智能时代的法律主体理论构造——以机器人为切入点》，载《探讨与争鸣》2018年第2期。

学者从法释义学角度出发,以坚持人工智能为客体的原则,采取开放式立法,运用拟制的法律技术手段,在某些特定的情形赋予人工智能主体资格,以便为司法实践中因技术的发展而产生的法律问题预留可解释的空间[1]。

纵观学界对人工智能主体资格的问题研究,可以分为三类学说,即"法律主体说""法律客体说"以及"有限人格说"。持法律主体说观点的学者是从法律主体资格不以具有生命等基本特征为认定基础的角度出发,认为人工智能可以拥有一定的法律主体资格,正如罗马法中有一种叫作"位格减等"(capitis deminutio)的制度,将原本具有生理基础的人排斥在主体范围之外[2]。并且,随着社会经济的发展,法人制度的诞生也是不以法律主体具有生理结构为基础而创立的,只需考量其经济社会的功能因素即可。持法律主体说的学者普遍认为人工智能具有思辨能力、自主意识等人类特征,即"通过机器学习和深度学习,智能机器人可以拥有类似人类的直觉或感觉,拥有独特的创意和灵感"[3],使得其自身不需要人类的指令进行工作,可以独立自主地实施行为,持主体说的学者认为,人工智能拥有自主独立的意识与人相差无几,因此可以赋予人工智能法律主体资格。否定说的学者以人工智能不具有权利能力为论证基础。法律中的权利能力通常是指,享有权利、承担义务的资格,而人工智能是人类所创造、设计出来的一种智能工具,其控制权以及归属权都属于人类,因而人工智能的权利能力不完备,所以不应当赋予人工智能法律主体地位。有限人格说的学者从人工智能的生成行为以及是否具有权利能力以及责任的角度予以解释,即人工智能的行为体现了设计者、深度学习的程序者的价值取向,人工智能自动生成的行为是由设计者或使用者来管理和操作,因此人工智能的行为能力受限。再从权利能力来看,人工智能是人类创造出来的,其目的就是服务自然人,故不可能享有与自然人完全相同的权利。有限人格说是承认人工智能有承担后果的能力,但要对其加以限制[4]。具体而言,人工智能被赋予有限的法律主体地位,不具有自然人那样的完整的人格权,也不能享有生命权,承担的义务也是;但是在责任承担方面,则应由人工智能的使用者承担相应的责任。

在版权领域,尽管世界上众多国家的版权制度各不相同,但有一个共同点:版权是建立在以人类为中心的观点之上的,即作者是自然人。在 Naruto

---

[1] 参见陈吉栋:《论机器人的法律人格——基于法释义学的讨论》,载《上海大学学报》(社会科学版) 2018 年第 3 期。
[2] 参见张绍欣:《法律位格、法律主体与人工智能的法律地位》,载《现代法学》2019 年第 4 期。
[3] 参见孙占利:《智能机器人法律人格问题论析》,载《东方法学》2018 年第 3 期。
[4] See Lawrence Solum, *Legal Personhood for Artificial Intelligences*, 4 North Carolina Law Review 1231-1287 (1992).

案中，美国第九巡回上诉法院驳回了一家机构代表一只猴子提出的版权侵权索赔，该猴子试图对一张自己的自拍照主张权利，从而肯定了作者权是人类独有的权利[①]。在欧洲，情况更加明确，那里的作品被定义为"作者自己的智力创造"。关于计算机程序的欧洲指令规定："如果计算机程序具有原创性，即它是作者自己的智力创造，就应受到保护。"[②] 基于这些规定，欧洲法院（ECJ）统一了对所有作品的保护要求，将作品定性为"作者自己的智力创造"[③]，并解释说，"作者……可以在创作的作品上打上'个人印记'"[④]，从而暗示人类作者是一个作品受到保护的前提条件。这一立场与瑞士的法律现状以及澳大利亚和日本的普遍做法相吻合。此外，许多司法管辖区也拒绝对非人类的创造者进行专利保护。美国专利和商标局（USPTO）和欧洲专利局（EPO）都拒绝接受非人类创作者的专利。

是否赋予人工智能主体资格使其成为法律责任的承担主体，进而在立法中设计类似"电子人"相应的条款及法律地位，关键在于人工智能在技术方面趋近或者接近人类人格的程度高低。结合技术现状，人格否认说仍旧符合现实情况。原因在于以下几点。第一，我们现阶段的人工智能仍处于弱人工智能阶段，换言之，弱人工智能阶段的AI仍然不具有自我意思，也就是说人工智能不具有自由意志，具体表现为人工智能不具有尊严、难过、伦理道德等自我意识，亦不具有感情、思想之人格生命特征，故不应该赋予人工智能主体资格。第二，人工智能自主生成功能是大数据、深度学习逐渐成熟所带来的必然产物，是人工智能技术发展的必然目标，是人类运用深度学习算法以及程序进行自我模仿，以全面性地完成人类所能从事的工作与目标的技术工具，所以无论是人工智能还是人工智能自主生成功能的运算逻辑实际价值取向，均是基于人类的创造与设计。人工智能无论其呈现任何一种的自主性，诸如自动撰写新闻稿、自动"创作"小说等，都无法脱离自主功能的技术是人类的设计这一事实[⑤]，换言之，没有设计者通过计算机程序和算法的建立与训练，人工智能不可能成为人类为完成特定的科研任务所研发的工具，更不能期待其具有工具性，因此人工智能即使拥有自主性，并不当然取代自然人成为创作的主体，进

---

① Naruto v. Slater, 888 F. 3d 418, 420 9th Cir. (2018).
② Directive 2009/24, of the European Parliament and of the Council of 23 April 2009 on the Legal Protection of Computer Programs, art. 1.
③ Case C-5/08, Infopaq Int'l A/S v. Danske Dagblades Forening, (2009).
④ Case C-145/10, Painer v. Standard VerlagsGmbH, (2011).
⑤ See Robert C. Denicola, Ex Machina: Copyright Protection for Computer-Generated Works, 69 Rutgers University Law Review. 251, 283-286 (2016).

一步来说成为著作权的主体。第三，中国著作权法立法目的向来是鼓励创作和传播，以及鼓励促进文化与科学事业的发展与繁荣[①]。纵观其他国家著作权法抑或知识产权法的立法目的，表述不同，但核心意思都是鼓励创作和传播，以及促进产业与文化的创新的人。Ramalho教授指出："人类对于人工智能的技术贡献，是不可忽视的，不能随着技术的发展，人工智能具有自主性，而丧失创作主体资格。"[②]

（二）人工智能生成内容的权利归属

人工智能生成内容是否被评价为作品，可以观察人在人工智能生成过程中介入因素的大小，进而用思想与表达二分法以及现在独创性判断标准来界定。结合中国现行著作权法的立法精神和目的，著作权不能由非人类创作，作者的概念指向的是自然人，而不是算法或程序。那么，这些由人工智能生成的，具有潜在价值的文字、音乐、图画等生成内容意味着什么？对此，现如今可归为两种基本选择：第一，我们对现有的著作权法进行变通解释，以便让设计人工智能的程序员获得著作权，正如程序员本人所创作出来的作品一样；第二，修改知识产权法，将没有人类参与生成过程的"创造型人工智能"纳入调整范围。

坦率来说，上述两种选择各有利弊。创造型人工智能的设计者应该享有完全的知识产权法保护，这种观点确实有合理性，但也限定在一些场合中。诸如人工智能的拥有者抑或设计者，如上述所讲的"Dreamwriter"人类仅仅按下了写作的开关，一份新闻报道瞬间就撰写完成。拉尔斯通教授赞成此观点，他认为"如果任何人实施了影响最终的创新性作品在著作权法下被认定为具有独创性的关键输入的话，那么人工智能就足以创造一个可执行的著作权"[③]。因此，无论是谁，对人工智能"创作"一些独特的东西（something unique）的生成过程提供了输入，那么这个人都应该被认定为作者[④]。美国联邦法院Bleistein案中，法官认为"个性总是包含一些独特的东西。它甚至可以在笔迹中展现出来其独特性，而且即便是再平庸不过的艺术也有其不可酌减的东西，那就是一个人的独特性。正是这些东西使得他们受到版权的保护"[⑤]。以及在

---

① 参见《中华人民共和国著作权法》第2条。
② See Ana Ramalho, *Will Robots Rule the（Artistic）World？: A Proposed Model for the Legal Status of Creation Artificial Intelligence Systems*, 21 Journal of Internet Law. 1, 19—20 (2017).
③ See William T. Ralston, *Copyright in Computer-Composed Music: Hal Meets Handel*, 52 Journal of the Copyright Society of the U.S.A. 281—307 (Spring 2005).
④ 参见李琛：《论人工智能的法学分析方法——以著作权为例》，载《知识产权》2019年第7期。
⑤ Bleistein v. Donaldson Lithographing Co., 188 U.S. 239, 250 (1903).

智能写作软件生成报告的著作权分析——"腾讯诉盈讯案"引发的思考

Burrow案中，法院认为"作者是拥有独创性事物的人"①。换言之，只有人才能进行独创性活动，因为独创性是人类创作出来的事物与原来不同时才会被认定，而作者是能够创作具有独创性事物的人。一般情况下会有两类人声称自己是人工智能生成内容的作者，一类是人工智能的设计者，正如上文所分析的设计"Dreamwriter"的工程师；另一类则是利用人工智能创造出新的生成内容的用户。

国外学界和司法实践对人工智能生成内容的权利归属有不同看法。Bridy教授认为，通过将版权法中雇佣工作的范围进行扩大解释，即将利用人工智能进行"创作"也算其中，人工智能生成内容的版权归属于"雇主"②。而雇主一般包括设计者、人工智能公司、用户或者投资方，至于如何在上述范围确定雇主是何许人，只需要根据代理关系而确定③。对于计算机生成的作品，英美法系国家诸如新西兰④、英国⑤等都有特殊的规定，其明确规定著作权主体为"对作品作出必要安排的人"，根据相关司法实践，计算机生成作品的著作权主体被认为是设计者或者计算机公司。Ralston通通过"but for"原则进行解释，认为应当将人工智能生成内容的著作权给予那些利用人工智能去"创作"新作品或新介质的人⑥。亦有学者认为将人工智能所生成的内容送入公共领域，Clifford的结论是"用户主张享有作者身份是站不住脚的，因为用户根本没有构想过这个生成内容"⑦。正如现行法律所理解的，人工智能不是作者，也不能申请版权，因而没有人对人工智能生成内容主张权利，则只能进入共有领域，允许任何人去使用。

国内学者对于人工智能生成内容的权利归属问题主要从以下三个方面进行讨论。

第一种观点，以人工智能生成内容体现了自然人的意志并具有人格要素为支撑，认为人工智能生成内容理应被评价为作品，著作权归属以有约定按约

---

① Burrow-Giles Lithophraphic Co v. Sarony, 111 U. S. 53, 57-58 (1884).
② See Annemarie Bridy. *Coding Creativity*: *Copyright and the Artificial Intelligent Author*, 5 (2012) Stanford Technology Law Review, 26 (2012).
③ Cmty. for Creative Non-Violence v. Reid, 490 U. S. 730, 740-41 (1989).
④ 参见新西兰《版权法（1994）》第5条第2款.
⑤ 参见英国《版权，外观设计和专利法（1988）》第9条第3款.
⑥ See William T. Ralston, *Copyright in Computer-Composed Music*: *Hal Meets Handel*, 52 Journal of the Copyright Society of the U. S. A. 281-307 (Spring 2005).
⑦ See Ralph D. Clifford, *Intellectual Property in the Era of the Creative Computer Program*: *Will the True Creator Please Stand UP?*, 71 Tulane Law Review 1695, 1698 (1996-1997).

定，无约定按法人作品进行处理①。

第二种观点，以民法基本原理出发，认为人工智能生成内容乃一种孳息。其论证基础以日耳曼法中的"生产主义原则"与罗马法中"原物主义"为支撑点，来确定人工智能生成内容所产生的权利归属于人工智能的开发者、使用者或者设计者。传统著作权法上的作品关系是人创造物的关系，但人工智能本身属于人类所创造的物，进而人工智能生成内容根据性质来说乃"物生物"关系。通过民法学的解释，认为人工智能生成内容是独立于人工智能所产生的新内容，即知识财产孳息②。

第三种观点是以保护人工智能投资者的利益所提出的以邻接权的方式进行保护。人工智能因投资人的投入而创作出具有知识产权性质的生成内容，根据目的解释，著作权法的立法精神包括保护传播者的利益，人工智能的投资人亦属于传播者，对于保护投资人的利益也是著作权法的保护重点。根据劳动财产权说中的"额头出汗原则"，法律对于人工智能生成内容应当进行保护。邻接权的保护方式，将人类作品和人工智能的生成内容区分开来，来保护后者投资者的利益③。

从上述国内外司法实践以及学界讨论中可以看到，一致认为人工智能生成内容的权利归属不能归属其本身。对于人工智能生成内容的权利归属于设计者、使用者还是投资者存在分歧。应当对人工智能生成过程中人机关系黏合度的高低进行区分，换言之，人工智能生成内容是否体现人类的智力劳动，具体而言，须通过人类对人工智能生成的内容所经历的阶段中介入因素的大小而进行区分，体现在程序员或用户对生成内容的"控制"程度。上文已述，人工智能的生成过程分为三个阶段，即学习阶段、生成阶段以及内容的选择审查阶段，程序员的控制力体现在第一、第二阶段，用户的控制力体现在第二、第三阶段，下文将详细叙述。

1. 人机关系黏合度高的生成内容权利归属

人工智能生成内容的归属中，人机关系黏合度高低影响着生成内容的归属

---

① 主要观点参见熊琦：《人工智能生成内容的著作权认定》，载《知识产权》2017年第3期；易继明：《人工智能创作物是作品吗?》，载《法律科学》2017年第5期；徐小奔：《人工智能"创作"的人格要素》，载《求索》2019年第6期。
② 主要观点参见黄玉烨、司马航：《孳息视角下人工智能生成作品的权利归属——以民法孳息理论为视角》，载《河南师大学学报（哲学社会科学版）》2018年第4期；林秀芹、游凯杰：《版权制度应对人工智能创作物的路径选择》，载《电子知识产权》2018年第6期。
③ 主要观点参见罗施福：《论人工智能创作物的法化模式——基于私法角度的考察》，载《网络法律评论》2017年第2期；易继明：《人工智能创作物是作品吗?》，载《法律科学》2017年第5期；许明月、谭玲：《论人工智能创作物的邻接权保护——理论证成与权利安排》，载《比较法研究》2018年第6期。

智能写作软件生成报告的著作权分析——"腾讯诉盈讯案"引发的思考

问题，进言之人机关系黏合度高低具体体现在程序员或用户对生成内容的"控制"。即使是极其复杂的深度学习算法，也是人类的程序员和用户在编写算法的代码，决定需要什么样的生成内容，设置目标函数和其他参数，或以其他方式在塑造应用AI的创造性过程而产生的内容中发挥积极作用。这类人正在行使足够的控制权，从而使所产生的作品中所体现的"原始知识概念"[①] 实际上是人类的，而不是算法的概念。就像摄影师手中的相机一样，AI只是一个具有创造性视野的人所使用的创造工具，而不是一个有生命的有机体在展示自己的"原创知识概念"。因此，在这类情形下，再可以细分为两类人工智能生成内容，第一类是指以程序员控制生成过程的内容，第二类则是用户所控制生成过程的内容。

第一类生成内容的特点是，在人工智能生成过程的第一、第二阶段中程序员对算法做出的关键设计决定之一是何种模式最适合产生预期的生成内容。除此以外，程序员还执行了对目标函数的定义，算法的目标函数这一组成部分设定了算法的"目标"，并决定了输出的一般特征（例如风格以及题材等），除此以外，在决定算法可以生成内容之前，程序员还需要做出大量的决定，包括如何调整参数和数据，以及调整的程度。只有在程序员做出所有这些决定之后，算法才会被放行，以"自行生成相关内容"。

此外，即使程序员的最终决定和作品"创作"过程内的步骤非常复杂，其可能无法完全理解确切的过程，但其在创作的第一阶段所做的选择仍然强烈影响着算法的生成特征。如果算法的程序员或终端用户在生成内容后决定需要或希望进一步改变，他们亦可以在此时调整算法的参数或相关数据，以影响未来所生成的内容。换句话说，尽管算法在创作过程的后期阶段做了一些工作，但程序员或用户仍然可以通过"调整"参数对输出进行控制。如果将算法设想为一种工具，如照相机，那么人工智能生成内容的权利归属所面临的障碍就更容易被扫除。一个摄影新手可以拿起一台卡片机或者任意拍照的设备，随机挑一种拍摄模式，并有效地抓取到夏日荷花的照片，这张由新手拍摄的照片的可版权性并不比由完全了解相机软件实现的每一种特殊效果的专业摄影师拍摄的照片低。那么，对算法的使用与使用照相机、摄像机等创作性工具并无二致。也许是社会对科幻故事中的人形机器人的浪漫、拟人化的概念，使算法的自动过程感觉比真正的它们有意和周到，仿佛生成内容是它们真正的"选择"。如果创作的想法源自程序员，但该想法的可版权性表达是由人工智能直接生成的，

[①] See Burrow—Giles Lithographic Co. v. Sarony, 111 U. S. 53, 58 (1884).

那么人工智能生成内容能否作为程序员自己的表达？因为程序员选择了指导算法选择每个单词、情节转折和风格选择的参数和训练数据，因此该表达最终来自程序员。回到相机的比喻，人工智能生成内容的任何随机性或基于规则的"创造性"的生成方式，与使用相机的预选模式拍摄的照片的随机性或创造性是一样的。所产生的图像可能与摄影师最初的设想不完全一致，但它仍然来自他最初的选择，正如人工智能的生成内容来自程序员最初的选择。程序员在设计和校准算法时的选择为算法提供了其所有的"创造性"能力，算法没有能力主动创作内容。因此，算法更多的是人类程序员自己创造性思维的延伸，而不是一个独立的、自主的、能够具有原创性和创造性的存在。

虽然在人工智能生成过程中的某些步骤不为程序员所知或完全了解，算法的不可预测性使得程序员对输出的控制力不足，但不能否定程序员对创作过程的贡献，也不能阻止程序员成为创作过程的真正策划者。一个摄影新手在使用"人像"模式时，期望他的照片更加聚焦于人物而非景观，尽管他不了解这一过程的运作模式，即使摄影师不知道"人像"设置对所拍摄的照片会产生什么影响，但他还是拍出了一张可版权的照片。此外，即使算法中的不可预测性导致了随机性，一旦算法被释放以完成创作过程，程序员仍然可以调试后来的参数与模型，用以调整未来的产出。程序员通常保留了后来调整算法的权力，这意味着他可以继续对其输出进行控制。在此种情况下人工智能的"创作"过程仍在程序员控制范围内，因此基于人工智能运作的不可预测性而产生的无意的变化或意外的结果，其权利仍可以归于程序员。鉴于这种对输出的形式和创造性参数的实质性贡献和控制，很容易看出程序员是作为人工智能生成内容权利归属的明智选择之一。

第二类生成内容的特征则是，用户在人工智能生成的第二、第三阶段，拥有某些独特的品质并对该阶段有着强大的控制力。首先，用户最有资格将生成内容向市场推广，因此可能比程序员更有资格实现版权的目标，更符合中国著作权法的立法目的。毕竟，著作权的目的不仅仅是鼓励更多的作品被创造出来，还包括让它们被传播。如果作品放在不对外开放的私人图书馆里、存储的硬盘里，那就不能"促进文化与科学事业的发展与繁荣"，因为没有人能够接触并利用这些作品中的内容、知识等要素，亦不能从这些作品中找到灵感。因此，人工智能生成内容的权利主体，应当为不仅能够生产更多作品，而且能够在著作权的经济激励下传播这些作品的市场主体。其次，在某些情况下，用户可能极大地改变生成内容及其风格、题材等，为算法提供数据并重新设置或调试参数，甚至可能影响算法的运行方式。换句话说，提供给两个不同用户的同

智能写作软件生成报告的著作权分析——"腾讯诉盈讯案"引发的思考

一软件可能导致两套截然不同的输出，这取决于用户的创造性选择，而与程序员之前的选择无关。正如，歌手对同一首歌的理解不同，进而在演唱的时候重点亦不同。最后，用户在决定将哪些作品推向市场和传播，以及将哪些作品销毁或丢弃时，会对生成内容的选择和编辑做出额外的决定。由于算法的优势之一是其规模化运作的能力，因此产生了大量潜在的可版权作品，用户通常需要对产出进行策划，而不是用大量质量不一的作品充斥市场。这些选择代表了其自身的原创性和创造性。

由此可知，程序员以及用户对此类内容的生成过程具有极强的控制力，因此可以确定的是，人工智能"生成"内容的这种意图来源于程序员或者用户，并且这种意图来源是判断生成内容代表谁的创造力的关键因素。因此，即使人工智能以某种方式超过了人类创造内容的能力，但它们仍然只是放大了人类创作能力的工具。程序员创造了算法的创造能力，用户根据自己的创作意图修改并调试算法的创作方式，算法不会自己思考。任何"思考"的能力都来自它的代码，可以由程序员以及用户控制。即使索尼研发的 Flow Machines 是一个极具创造性的人工智能音乐软件，但也得根据用户其自身想要创建歌曲的风格、流派、类型以及选用何种和弦来生成符合用户所希望的音乐风格。哪怕是最复杂形式的 AI 也可能被工程师完善，被用户所调试来影响最后的生成内容，以创造更独特的作品，表现出明显的创造力，然而这种创造性仍然是程序员和用户的创造性选择的结果。

值得注意的是，第一类生成内容需考虑投资者与程序员之间的关系，简而言之即该类生成内容的权利归属问题。一般而言，在此种情况下，虽然生成内容体现的是程序员的意志以及创造力，但实际上体现的是投资者的意图。如"下一个伦勃朗"投资者，其希冀程序员可以设计出能够生成画家伦勃朗的风格内容的人工智能算法，由此算法所产生的生成内容是符合投资者的意图的，只是因为技术水平的能力由程序员代为设计并生成内容。因此在某种意义上说，此类生成内容更偏向于职务作品，至于权利归属，则需审视程序员与投资者之间的契约对此是否有约定，如无约定该生成内容的权利归属于投资者，但程序员仍对其享有著作人身权。

2. 人机关系黏合度低的生成内容权利归属

此类生成内容特征为，程序员或用户仅仅开启了人工智能程序，对生成过程以及对生成内容的审查选择方面不予干预，简言之，人工智能本身在没有人类的进一步指示下任由其"独自生成"内容。由此可见，此类生成内容中可以发现人类并不存在控制和要求人工智能生成某种内容的情形，仅仅存在一个按下"开始"按钮的行为,并没有体现出人类的意志与意愿,难以按照现行著作权法的立法精神将此类内容评价为作品予以保护。但任由此类生成内容进入公共领域会产生负面影响,比如,浇灭人工智能投资者的热情,打击人工智能设计者的热情。生成内容纳入公共领域,或不对其进行明确的权利归属,将难以有效地对人工智能所生成的内容而产生的利益进行分配,因此不能回馈至投资者甚至程序员,对人工智能的发展会产生一定的负面影响。

因此,应给予此类生成内容以邻接权的方式进行保护。邻接权的保护模式可以扫除因人机黏合度较低导致人类贡献程度较弱以及创造性过低的阻碍因素,并解决利益的分配以及生成内容的权利保护问题。原因在于以下几点:第一,邻接权的主体并不要求是作品的作者,邻接权人对生成内容的贡献程度低于作者对作品的创作性贡献,因此此类生成内容虽因人类贡献程度较小、控制力较弱的原因不宜授予著作权保护,但可以用邻接权的保护模式予以保护。第二,此类生成内容虽未体现人类的创作意图,但仍具有一定的价值。例如一个创作颜色的人工智能工具,在程序员设计好相关参数并运用到算法中之后,由算法自己生成各种各样的色块,在这些色块里可以发现与现有人类已发现的颜色是不同的色块,可以为绘画提供新的颜色,由此可见此类生成内容是具有一定价值的。第三,中国著作权法中,邻接权的保护模式核心是诸如作品、生成内容等具有一定价值的符号内容在传播过程中相关者的利益,在此相关者为人工智能的投资者和设计者。将此类生成内容予以邻接权保护,可以避免其因独创性较低难以评价为作品得不到保护,从而流入公共领域的情形。邻接权的保护模式可以使人工智能的投资者与设计者在人工智能生成以及传播过程中投入的金钱、时间、精力得到保护,在传播过程中的利益可以得到分配,使得投资者得到积极的影响,设计者得以激励,从而提升人工智能创作工具的艺术"创作"能力,鼓励人工智能的设计者继续去开发能够持续地、自主地生成新内容的人工智能。至于权利归属方面,同第一类生成内容一样,人工智能投资者与设计者往往是雇佣关系,需考察两者就生成内容的权利归属条款,如无约定,此类生成内容的邻接权归属于投资者。

四、结语

在新一轮科技革命和产业变革的浪潮中,人工智能从感知和认知两方面模拟人类智慧,赋予机器学习以及推断能力,在与5G通信技术、物联网以及云计算的协同下,成为能够真正改变现有人类社会生产工艺的科学技术。在市场需求拉动和国家政策的支持引导下,中国成为世界瞩目的人工智能摇篮,人工智能的投入使用不仅给企业带来了巨大的经济价值,而且在社会发展中贡献了重要作用。与此同时,人工智能技术也给法律、社会治理等领域带来全方位挑战,不仅体现在刑法、民法领域,尤其对著作权保护体系冲击更甚。所以,"我们要为这种变革做好准备,特别是要以一种正确的方式来看待这些人工智能"[①]。法律是技术发展的重要支撑,它建立了必要的机制,建立了技术发展所需的网络,并解决了危害和避免了不可预见的后果。它也有能力定义"适当的"标准和上述技术的使用,从而保护符合适当标准的市场参与者。

  人工智能主体资格、人工智能生成内容的性质以及是否受到著作权法的保护,实际上是人工智能无数深刻的知识产权法律命题中的一部分。无论人工智能走向何种阶段,厘清人工智能生成过程的定位,进而探究人工智能的权利主体性,最后讨论人工智能生成内容的权利归属,都是必要的。只要人工智能实际参与了生成内容的表达,根据人工智能与人的互动程度,评价为狭义著作权法意义上的作品,或评价为符号财产受邻接权保护,都是可行的方式。以上方式也可以避免人工智能生成内容进入公有领域,以致丧失了得到法律保护的机会。现行权利主体法律体系中,仍然以自然人为价值中心,版权保护只适用于人类创造的产品,这是国际公认的知识产权法原则。因此,应分析人工智能生成过程中人的参与程度以及作用大小,将著作权或邻接权的权利,归属于人工智能一起创作的使用者、设计人工智能的程序员、投资人工智能生产的投资者,将人工智能生成内容纳入著作权法并予以保护。

[①] 参见 [美] 瑞恩·卡洛、[美] 迈克尔·弗兰金、[加拿大] 伊恩·克尔:《人工智能与法律的对话》,陈吉栋、董慧敏、杭颖颖译,上海人民出版社2018年版,第3页。

《民法典》的溯及力问题研究

——兼评"民法典时间效力的若干规定"

宋晓旭　王洪平[*]

摘　要：文章从事前视角出发创造性地抽象出溯及既往有利于尊重当事人意思自治的原则，从事后视角出发对有利溯及原则的内涵和外延进行了批驳、厘清和重构。在法律行为中，原则上从事前视角出发，利用尊重当事人意思自治去判断新规溯及力问题。有利溯及作为例外，仅在意思自治出现问题时，具有否定意思自治的效果。而在非法律行为中，主要考虑是否符合有利溯及。在对新规溯及力的类型化分析中，将民事法律事实做法律行为与非法律行为的区分，以构成要件跨界的法律事实和法律效果跨界的法律事实为讨论重点，兼及瞬间性法律事实与持续性法律事实。构成要件跨界的法律行为中拓宽当事人意思自治空间的新法可以溯及既往。法律效果跨界的法律行为中涉及对双方的权利义务关系重新调整的，溯及与否要慎重把握。构成要件跨界的侵权行为中加重惩戒的新规，可根据行为人有无避免损害结果发生的可能来判断溯及力问题。效果跨界的侵权行为中减轻惩戒力度的，如果溯及适用新法会侵害受害人既得权则不应溯及。跨界的状态性事实中，新法缩短了期间的，对于依照旧法期间已经起算但尚未届满的情形一般不予溯及。

关键词：溯及力　有利溯及　意思自治　持续性法律事实

---

[*] 宋晓旭，烟台大学法学院2021级硕士研究生。王洪平，通讯作者，烟台大学法学院教授，吉林大学兼职教授，吉林大学财产法研究中心研究员。本文系河南省法学会民法学研究课题"集体经营性建设用地入市与土地整备联动的实现路径探索"［HNCLS（2023）44］的阶段性成果。

《民法典》的溯及力问题研究——兼评"民法典时间效力的若干规定"

一、问题的提出

随着《中华人民共和国民法总则》与《民法典》的先后实施，民法的溯及力成为实务之中的热点问题。为了保障司法实务中法律适用的统一，最高人民法院颁布《最高人民法院关于适用〈中华人民共和国民法典〉时间效力的若干规定》（以下简称《时间效力的若干规定》）并与《民法典》同步生效。在溯及力这一问题上，以司法解释的形式予以规制却"窥一斑难以见全豹"，关于民法溯及力的一般原则有待总结，不同情形下的新法溯及规则缺乏类型化的分析。

法的溯及力问题，即新法对于其生效前发生的行为和事件是否可以适用的问题。《立法法》第93条规定，以法不溯及既往为原则[1]，以溯及既往为例外。民法上亦遵从此原则，旨在保护民事行为主体的可期待利益。如何界定民法溯及既往的"原则"与"例外"的划分标准，才是问题的核心所在。

关于民法溯及力的基本原则，仅《立法法》第93条确立了有利溯及原则。《时间效力的若干规定》还达不到像别国的施行法的效力层级[2]，难以称之为溯及力基本原则的坚实立法依据。有学者认为《时间效力的若干规定》第2—4条为"有利溯及""有序溯及"和"重大公益溯及"这三大原则提供了文本依据[3]。此种基本原则的构建实际面临着不可回避的诘难[4]，在不同的法律关系中新法的溯及力问题更是缺乏类型化分析。本文将在区分法律行为与非法律行为的基础上抽象出其在溯及力问题上所依赖的原则，并将其涉及的具体情形予以类型化分析，这将有助于司法实践中法律适用的统一。

---

[1] 参见杨登峰、韩兵：《法不溯及既往原则的地位和适用的例外》，载《金陵法律评论》2009年第1期春季卷，第23—26页。

[2] 过渡条款是处理新旧法相关联的法律规范，解决新旧法衔接时是否及如何溯及适用新法，以及处理新法实行之下，依照旧法尚未终结的法律关系将如何适用法律的问题。处理新旧法的立法方式主要有以下几点。其一，通过订立附则的方式，即在新法的附则中表明新旧法的适用问题；其二，通过订立法律修正法的方式，新法修正旧法时在条文中顺便规定衔接适用问题；其三，通过订立施行法的方式，施行法与本法在体系上分别独立，但由于施行法往往滞后于本法而制定颁行。参见陈新民：《德国公法学基础理论》，法律出版社2010年版，第566页。

[3] 参见熊丙万：《论〈民法典〉的溯及力》，载《中国法学》2021年第2期。

[4] 该学者将所谓的"有序溯及"的指涉范围限于空白溯及与解释细化型新规溯及。其中的解释性规定本身就在旧法的文本含义范围之内，不将其纳入溯及力的考量范围似乎也并无不妥。无论是空白溯及还是细化型新规的溯及，均是针对新规与旧法之间关系而做出的一种形式分类，最终确定新法能否溯及适用于已经发生的法律事实，还需要依靠有利溯及并进行实质上的利益分析。但有利溯及的含义过于宽泛，尊重当事人意思自治与考虑当事人过错等因素被统统纳入有利溯及的考量范围。有利溯及能否顺畅地吸纳尊重当事人意思自治的内涵还值得质疑，其含义上可能会出现维护当事人的物质经济利益与尊重意思自治的冲突。而在有利溯及原则内部，溯及力的原则与例外的判断标准依然没有厘清。参见熊丙万：《论〈民法典〉的溯及力》，载《中国法学》2021年第2期。

二、民法溯及力的基本原则

萨维尼将法规范分为两种，即关于权利的取得的法规和关于权利的存在的法规。萨维尼所言的权利的取得①，涉及法律制度与人之关联，包括法律行为和部分非法律行为的指涉范围。法律行为是民事主体在既有法律框架之下为双方设定意定权利和义务的行为②，相应地在衡量新法能否溯及既往时，当事人自主意愿的实现程度、对于法律更改的预见可能性大小等因素是应该予以重点考虑的。非法律行为的部分法律效果由法律直接规定，并非纯粹私法自治的范围，经常默许公权力进行干涉。但公权力的扩张通常伴随着私人自治空间的收缩③，一旦出现过分侵蚀私人权益的状况应阻止新法溯及既往。而涉及权利存在的法规关涉一个法律制度的存在与否，新法颁行一般会即行适用，几乎没有私人置喙的余地，并非本文讨论的重点。

笔者认为应在区分法律行为与非法律行为的基础上进行原则的提炼。法律行为中，以尊重当事人意思自治为判断有无溯及力的原则，有利溯及作为例外仅有否定意思自治的效果，而在非法律行为中，主要考虑是否符合有利溯及。从规制法律行为的法规，到规制非法律行为的法规，公权力干预的力度越来越大，在新规溯及力的判断标准上也越来越宽松④。

（一）有利溯及原则

1. 对"有利溯及"的批驳

有权威观点以《立法法》第 93 条但书为实证法依据，认为"有利溯及"

---

① 权利的取得即法律制度与权利人相关联的法规，由于权利一经获得即成为既存权利，溯及适用就会影响到权利人的权利状态，尤其溯及适用新法有害于既得权时，是难以容忍的，所以关于权利取得的法规，以不溯及既往为原则，并应对具体的法律关系展开讨论。而权利存在的法规是关涉一个法律制度存不存在的法规，通常是对整个法律制度予以修正，并不同于涉及权利取得的法规对于权利人的影响是个案的，通盘设计之下，无需对个人的权利状况予以特别考虑，即可以为溯及的规定。这些法律制度超越了纯粹法的范围，具有政治性和道德性，不断拓宽此类法律的效力范围是其本质。涉及的具体法律关系包括人身自由、不动产所有权自由以及两性关系等。参见李晓芬、符晓：《我国民法溯及力问题探讨》，载《公民与法（法学版）》2013 年第 6 期。
② 参见杨代雄：《法律行为论》，北京大学出版社 2021 年版，第 2 页。
③ 参见李海平：《论基本权利对社会公权力主体的直接效力规制》，载《政治与法律》2018 年第 10 期。
④ 规制法律行为的法规以溯及既往应尊重当事人的意思自治为原则，兼及对特殊利益群体的保护、不损害既得权等有利溯及原则中的内容，规制非法律行为的法规则以有利溯及为原则和底线，而涉及权利的存在的法规涉及制度、体制、人身自由等根本性问题，即行适用，基本不考虑新规对具体的法律关系的影响。参见李晓芬、符晓：《我国民法溯及力问题探讨》，载《公民与法（法学版）》2013 年第 6 期。

原则由此确立下来[①][②]，认为《时间效力的若干规定》第2条但书更是对此予以进一步的确认和重申[③]。但问题在于《立法法》第93条以刑事法律为规范的典型，武断地将"有利溯及"作为判断民事法律溯及既往的一条原则或者标准几乎没有帮助，对于判断民法溯及力标准的争议也从未间断。

笔者认为在民法上不区分具体情形，大而化之地谈"有利溯及"是一个伪命题。公法上尚有有利于相对人一方的价值取向，而民法上更多的是平等的民事主体之间进行的交往活动，在利益权衡上各方主体利益状态往往此消彼长[④]，法律对各方利益的保护也无先后优劣之分[⑤]。有的观点主张采用"从旧兼从轻"的标准，笔者认为不妥，"从旧兼从轻"为刑法上的理论，民法上无谓轻重可言[⑥]。亦有说法称"新法优于旧法"，何为优于，基于同样的道理，粗略地从"利与不利"的分析角度并不能探寻到其真正的意义所在[⑦]。

2. 有利于维护意思自治是否即为"有利"

何为"有利"，有学者从法经济学角度对此做出解读[⑧]。其将"有利溯及"解释为有助于维护当事人在缔约时的意思自治就是"有利"，同时在对"有利溯及"的展开中还混杂了有利于无过错方即"有利"等判断标准。这使得"有利溯及"成为一个大口袋，几乎任何有关溯及力的判断标准都可以容纳于所谓的"有利溯及"原则之下。而实质上有利于无过错方即"有利"与尊重当事人在法律事实发生时的意思自治即"有利"的观点有很大不同。即使认可将维护当事人在缔约时的意思自治作为一项标准去判断新法溯及力，也并不意味着从该角度赋予"有利溯及"以新内涵就是最为妥当的做法。

[①] 有利溯及既往被世界各国和地区普遍承认，也是我国《立法法》唯一认可的正当溯及既往的规则。参见房绍坤、张洪波：《民事法律的正当溯及既往问题》，载《中国社会科学》2015年第5期。

[②] 参见郭锋主编：《最高人民法院〈民法典时间效力司法解释〉理解与适用》，人民法院出版社2021年版，第31页。

[③] 参见熊丙万：《论〈民法典〉的溯及力》，载《中国法学》2021年第2期。

[④] 有学者甚至根据溯及既往对当事人利益状态的影响，将溯及既往的类型分为"有利溯及"与"不利溯及"。参见胡建淼、杨登峰：《有利法律溯及原则及其适用中的若干问题》，载《北京大学学报（哲学社会科学版）》2006年第6期。

[⑤] 参见朱力宇：《关于法的溯及力问题和法律不溯既往原则的若干新思考》，载《法治研究》2010年第5期。

[⑥] 参见谭启平、应建均：《民法总则与民法通则诉讼时效期间制度的过渡与衔接》，载《人民法院报》2017年11期。

[⑦] 民法溯及力的基本原则与刑法的溯及原则有很大不同。民法中法律行为是否溯及适用新法，需考虑是否会影响当事人所预设的法律效果，刑法之中并不存在当事人意思自治。民法中虽存在"有利溯及"，但仅在能区分利益保护先后的状况之下才有适用的空间，一般情况下，对各方民事主体之间并不存在倾斜性保护，而刑法中存在保护被告的立场。参见熊丙万：《论〈民法典〉的溯及力》，载《中国法学》2021年第2期。

[⑧] 有法经济学者认为新法溯及既往有助于维护当事人在缔约时的意思自治的，就是"有利"，当事人是对自身利益最好的支配者，当事人根据意思自治所做出的安排就是最好的安排，就是最具有经济性和效率性的安排。参见熊丙万：《论〈民法典〉的溯及力》，载《中国法学》2021年第2期。

原因在于，其一，"有利"的表述极易让人混淆"对当事人有利益"与"尊重当事人意思自治才是有利"的观点。毕竟经济性与效率性也是民商事活动中所追求的目标之一，加之公法上有利于一方当事人的观念极易套用在民法溯及力的判断之中，也就使得对"有利"的误用变得无可厚非①。法经济学者们之所以认为应赋予"有利溯及"以"有利于维护当事人意思自治"的内涵，也是因为从经济分析的角度，当事人意思自治得以尊重才是成本最低的、最具经济性的，才是最"有利"的。此解释方式的动因仍然是经济利益，而不是以尊重当事人意思自治为出发点②。在此逻辑中，意思自治被当作了手段而非目的，但在民事法律行为中，意思自治居于绝对核心地位。虽然一般情形之下，理性的当事人会做出最符合自己经济利益的选择，但即使客观上某结果对当事人不利益，当事人仍然有自主选择利益与不利益的机会。把纯粹的经济物质上的利益与维护意思自治相混淆，这容易导致在判断应否溯及既往时出现价值取向上的偏差③。

其二，传统的"有利溯及"（所谓的有利于保护民事主体合法权益，更有利于维护社会和经济秩序等表述）采用事后评价溯及既往是否对当事人有利益的事后视角，而溯及既往是否有利于尊重当事人在法律事实形成之时的意思自治，是典型的事前视角。在将某民事法律行为诉诸司法时，该法律行为往往早已存在基于意思自治所预设的法律效果。尊重意思自治的溯及原则，即观察法律事实发生时当事人之间的利益状态并予以尊重。而有利溯及是从事后视角出发，平衡各方当事人的利益。将尊重意思自治的理念纳入有利溯及原则，在适用上很容易出现错乱。在针对法律行为的新规溯及力判断中，原则上应当采用事前视角。尊重当事人在法律事实发生时的意思自治，意思自治产生利益失衡等问题时，才应该用事后视角去审视，是否符合有利溯及原则的内涵，是否有

---

① 参见朱力宇、孙晓红：《论法的溯及力的若干问题——关于法律不溯及既往的争议、实践、反思与主张》，载《河南省政法管理干部学院学报》2008年第1期。

② 在市场经济下，基于经济人的假设，每一主体都存在使交易对自己利益最大化的动机，这一动机加上交易的自由，能使资源流入发挥其最大利用价值的主体手中，同时资源提供方的生产成本最低，资源从而得以合理配置。从法经济学角度看来，正是基于这一原因，意思自治和合同自由有其正当性。此逻辑中是资源合理配置的结果赋予合同自由以正当性，而非合同自由本身的正当性即不需要证成。参见［德］海因·克茨：《德国合同法》，叶玮昱、张焕然译，中国人民大学出版社2022年版，第9页。

③ 例如《民法典》总则编新增第三人欺诈制度，如果从维护弱势一方的"利益"的角度出发，即受欺诈方只有出现财产损失的情况下才有必要赋予其撤销权，那在受欺诈方并没有损失甚至获利的情况下，第三人欺诈制度溯及适用至《民法典》总则编生效之前的法律行为就失去了正当性，因为该笔交易并不存在利益失衡，也就没有溯及适用新法予以矫正的必要。然而从维护当事人真实意思的角度出发，即使该交易使得受欺诈方获得利益，受欺诈方仍然可以欺诈行为使得该交易的达成违背其真实意思为由主张撤销，很显然后者才是此条款的真正意图。参见黄薇主编：《中华人民共和国民法典总则编释义》，法律出版社2020年版，第392—393页。

必要溯及适用新法来达到保护特殊利益群体、矫正失衡的利益状态等目的。

其三，以"利益"为内涵的"有利溯及"原则，即从事后视角出发去判断溯及既往是否有利的思想，在非法律行为以及能够区分利益保护先后的法律行为之中，仍有发挥作用的空间。"有利溯及"在诞生之初就是以刑事法律等公法为规范原型，民法上的非法律行为与公法的价值取向更为靠近，在溯及力的判断上应主要依据有利溯及进行判断①。即使在法律行为领域，在能够区分利益保护先后的场合之下，"有利溯及"仍然有适用空间②。如上所述，确实不宜让"有利溯及"之旧壶再装"尊重当事人意思表示"之新酒，但这并不意味着"有利溯及"已完全无立锥之地。

3. 对"有利溯及"原则的重构

既然传统"有利溯及"原则之"荼毒"已将"利"的观念塑造得深入人心，不妨顺势而为。"有利溯及"之"利"就是从事后视角出发来分配和调整各方当事人的利益状态，这虽然从最原始的观念出发，却避免了对于"利"的概念的混淆，至于溯及既往需有利于维护意思自治的理念已在后文中重新构建③。

何为"有利"？之所以生发此种疑问，是因为各方主体利益对峙，人多"利"少，就具有厘清利益状态并一较高下、做出取舍的需要。由于将有利溯及定位为事后视角，原则上其主要以非法律行为为规制的典型，以下对公益溯

---

① 在非法律行为领域，主要考虑有利溯及原则，《民法典》第184条规定的紧急救助条款排除了紧急救助人致受助人损害的民事赔偿责任。这一新规旨在缓解当前的人际冷漠现象，鼓励互助互爱，关涉重大的社会公益。有利于维护重大公益属于有利溯及原则的内涵之一，紧急救助条款溯及适用的根据即在于符合有利溯及原则。参见熊丙万：《论〈民法典〉的溯及力》，载《中国法学》2021年第2期。

② 比如以《民法典》第497条为例，该条新增的不合理地限制对方主要权利的格式条款无效的规定，也应当具有一定的溯及力。合同的内容的确是双方意思自治的效果，原则上应当适用维护当事人意思自治的溯及力判断规则，即适用合同订立时的规定，《民法典》第497条没有溯及力。但由于提供格式条款往往处于强势地位，对方难免存在信息差，难以做出最符合其利益状态的意思表示，或者明知该条款不公平但不得不接受此种不合理的限制，因此在完全意思自治的条件下导出了个案中不公平的结果时，违背公平原则，不宜再适用维护当事人意思自治的溯及力判断规则，而应适用有利溯及原则，有利于处于不利状态的一方当事人，矫正失衡的利益关系。参见刘智超诉同方知网（北京）技术有限公司买卖合同纠纷案，载《最高人民法院公报》2020年第1期。

③ 有学者在有利溯及原则的展开中，提及了单方法律行为中有利于当事人自主意愿的实现，双方法律行为中促进意定交往目标的实现、促进合同有效、矫正失衡的利益关系的观点，但此处有利溯及的内涵可能有所不同，促进自主意愿、意定交往目标的实现均属于有利于尊重当事人意思自治可溯及既往的原则，仅矫正失衡的利益状态是与之重合的内涵。本文中的有利溯及从公共利益与私人利益处于对立状态时，总结出利于公益而不损害私益的可溯及既往、有利于重大公益的可溯及既往、带有惩罚性质的责任条款不可溯及既往的适用规则，在法律行为中总结出对特殊利益群体保护的条款可溯及既往、溯及既往不损害既得权等内涵。有利溯及仅仅在能够区分利益保护先后的场合下，才能对各方利益状态做出"利于"或"不利于"的取舍，这是有利溯及本身的应有之意。在适用上维护事前的意思自治应当作为原则，在需要有利溯及去事后矫正失衡的利益状态时，才有适用的必要。这是将维护意思自治等理念统纳入有利溯及原则中，在适用上无法达到的效果。参见熊丙万：《论〈民法典〉的溯及力》，载《中国法学》2021年第2期。

及的阐述即主要关涉到此部分。对于法律行为，在意思自治出现问题时也会予以适用，主要包括下文在双方法律行为的有利溯及中讨论的有限情形。

4. 在非法律行为中的公益溯及

至于公权力与私权利的对决中，有利溯及具体该对哪一方有利？公共利益与私人利益之间并非零和博弈，存在增进双方利益的溯及，但当部分个人的利益站到公共利益的对立面时，"有利溯及"应有所决断。民商事法律是维护私人利益之法；有利溯及以适用于公法领域为典型，按其在公法上的立场，也是维护私人利益免遭公权力过度侵蚀。民法学界也大多认可有利于私人利益即为"有利"[1]，笔者认为将有利溯及解释为有利于维护重大公共利益才是有利溯及中的"有利"。

其一，如此处理符合私法上处理法律问题的逻辑。公权力在公法与私法中的地位和角色不同，决定了有利溯及在公法和私法之中应有不同的含义。公法中以公权力介入为常态。法律适用和保护对象上对私人利益有所倾斜是为了与之平衡，避免公权力违背维护公共利益的初衷。而私法上以崇尚意思自治为原则，以公权力干预为例外。从功能主义的立场出发，在私法的语境之中将有利溯及塑造为在例外情形之下对公共利益的维护即为有利，在体系上更为贯通。也符合私法以追求私人自由为本位，为避免过度自由与无序竞争，在价值取向上辅之以维护公共利益来平衡的思路。

其二，即使凭借有利溯及向民事主体施惠也需要正当理由。在法律行为之中，意思自治受到保护即可，哪怕无端施惠，民事主体也可予以拒绝。更何况有利溯及更多是适用于事后对利益的权衡与分配，即使该方民事主体受惠，难保对方利益不受损[2]。

其三，其实在主张从有利于维护公益的立场解释有利溯及的有限情形之下，部分私人的利益已经站到了公益的对立面，该部分私人利益可能已经由于其悖俗的行为失去了让法律予以平等保护的机会[3]。

---

[1] 参见朱力宇：《关于法的溯及力问题和法律不溯既往原则的若干新思考》，载《法治研究》2010年第5期。

[2] 例如《民法典》对保证期间作出了调整，保证合同的保证期间约定不明，而《民法典》生效实施时旧法规定的两年期间未届满的情形，即使是溯及适用六个月的新法规定，看似是减轻了保证人的责任，孰知这将损害债权人的利益。《时间效力的若干规定》27条所作的缩短期间不溯及既往的解释更为合理。

[3] 比如《时间效力的若干规定》第6条规定："《中华人民共和国民法总则》施行前，侵害英雄烈士等的姓名、肖像、名誉、荣誉，损害社会公共利益引起的民事纠纷案件，适用《民法典》第185条的规定。"侵权人违背崇德向善的优良传统和善良风俗，侵害英雄烈士的权益，损害社会公共利益，应当就其侵权行为承担责任。

（1）利于公益而不损害私益的可溯及既往。

首先，公共利益与私人利益之间并非完全对立，存在既能增进公共利益又有助于维护私人利益的情形，此类情形在不损及既判力的权威，不害及法的安定性的情况之下，可以溯及既往是毋庸置疑的①。其次，还存在有利于部分当事人的利益而不损害他人利益的情形，此种情形可存在于法律行为之中，出于体系性在此处提及②。

（2）有利于重大公益的可溯及既往。

在溯及力的问题上，应允许涉及重大公益的法律溯及既往，即使轻微地影响到私人利益③。例如《时间效力的若干规定》第6条将侵害英雄烈士的名誉权应承担民事责任的规定赋予溯及既往的效力，有利于弘扬社会正气、促进社会和谐，尊重历史，崇敬英烈，具有极高的社会效益。虽然不利于侵权方，但其违背了崇德向善的优良传统和善良风俗，已失去让法律平等保护的必要。值得提及的是，与《民法典》第185条并列的第183条的见义勇为条款，第184条的自愿实施的紧急救助行为，基于同样的理由也可以溯及适用④。

但为防止以维护公共秩序为名，不当溯及既往限制个人自由，仅在有充足的必要时才可溯及适用新法。公共秩序急迫地需要限缩个人自由，且溯及既往地限制个人自由有助于维护公共秩序时方可溯及，也并非所有的个人自由均可牺牲，人身权原则上不可，财产权的牺牲须以维系公共秩序所需为必要⑤。

（3）带有惩罚性质的责任条款不可溯及既往。

承认为维护重大公益时可让处于对立面的私益让步，并不意味着无限度的容忍。民法是维护私人自治之法，在溯及力问题上限制公权力过度扩张是其应有之义。笔者认为在以私人自由为基础的民商事领域中，法无禁止即自由，新法溯及既往，该法律事实由法律允许变为禁止的，就不应溯及至新法生效前已经完成的法律事实。该法律事实由较轻的惩罚变为较重惩罚的，也不该溯及，

---

① 如《民法典》新增离婚冷静期制度，既有利于减少在考虑不周的情况之下所造成的家庭破碎、促进社会和谐，又利于当事人平复心情、谨慎决策。
② 如《民法典》总则编中新增的意定监护人制度，赋予完全民事行为能力人在自己丧失或部分丧失行为能力之前选择监护人的权利，扩大了监护人范围，溯及既往有利于在监护人的选择上充分发挥意思自治，促进意定监护人更好地履行监护之责，并不害及他人利益。参见黄薇主编：《中华人民共和国民法典总则编释义》，法律出版社2020年版，第78页。
③ 公民为维护自身自由而让渡出部分权利给公共机构，由公共机构来维系公共秩序的稳定，保障公民个人自由的实现，公权力由之形成。当维护公共秩序所带来的利益远远大于个人利益时，适度地牺牲部分个人利益以换取公共秩序稳定的做法，因公共秩序对于保障个人自由的极端重要性，以及公民在公权力形成之初让渡权利的允诺，而获得其正当性。
④ 参见熊丙万：《论〈民法典〉的溯及力》，载《中国法学》2021年第2期。
⑤ 参见房绍坤、张洪波：《民事法律的正当溯及既往问题》，载《中国社会科学》2015年第5期。

承认旧法之下对该法律事实的惩戒既已为足①。民法中的惩罚性赔偿已经超越了填平规则,具有与公法更为接近的惩戒性质,与民法上的鼓励交易、损害填平等理念有很大不同。

有利于维护公共利益而不损害私人利益时,可以溯及既往;为维护重大公共利益而轻微地影响到私人利益时,需谨慎溯及;带有惩罚性质的责任条款不可溯及既往。不难看出,这在有利溯及对非法律行为的适用上,构造出了一个从可以溯及到谨慎溯及,再到禁止溯及的较为严密的梯度。

5. 在双方法律行为中的有利溯及

在法律行为中,民事主体的利益状态往往此消彼长,为防止厚此薄彼,法律对其保护亦无先后优劣之分,但在能够区分利益保护先后的情形下,有利溯及仍有发挥作用的空间。在单方法律行为中存在对施惠之人的倾斜性保护,但主要表现为对行权之人意思自治范围的拓宽,置于后文中的溯及既往有利于维护当事人意思自治的原则中予以详述。在双方法律行为中,存在既得权与期待权时,对既得权的保护优先于期待权,兼顾对某些特殊利益群体的保护,由于一方的不当行为使双方利益状态失衡时,通过有利溯及原则予以矫正。

(1) 对既得权的保护优先于期待权。

在双方法律行为之中双方利益相左,而法律又无利益保护的先后之分时,倒不如进一步细化其利益状态,将溯及力的取舍具体化为既得利益与可期待利益的比较,似在实务上更有可取之处②。既得权即在新法生效之前,当事人已经确定的可以获得的利益③,而期待权为尚未获得某种权利但是该权利有受法律保护的期待和可能。溯及适用新法不可剥夺旧法实行之下民事行为主体所获得的既得利益,是判断新法溯及与否的重要标准④。《最高人民法院关于适用

---

① 如《民法典》第1185条新增侵犯知识产权的,可能要对被侵权人承担惩罚性赔偿的条款就不宜溯及民法典生效之前所完成的侵权事实。

② 司法实践中存在对物期待权理论的应用,包括所有权保留买卖中的买受人、商品房消费者权利、不动产买受人权利以及预告登记人的权利等,少有直接利用既得权与期待权的观点来说理论的。实际在《最高人民法院关于适用〈中华人民共和国民法总则〉诉讼时效制度若干问题的解释》以及《时间效力的若干规定》中,规则确立的背后还是体现了既得权优于期待权的价值衡量。

③ 美国联邦最高法院在面对民事法律的溯及力问题上,曾出现过既得权理论。既得权理论可以上溯至洛克的理论,依据洛克的政府论,政府必须保障人民获得财产权利,保障人民的财产现状不受法律的侵害。依既得权理论,法不溯及既往就旨在保护人们的既得权。参见朱力宇、孙晓红:《论法的溯及力的若干问题——关于法律不溯及既往的争议、实践、反思与主张》,载《河南省政法管理干部学院学报》2008年第1期。

④ 参见[德]弗里德里希·卡尔·冯·萨维尼:《法律冲突与法律规则的地域和时间范围》,李双元、张茂等译,法律出版社1999年版,第206页。

《中华人民共和国民法总则》诉讼时效制度若干问题的解释》① 中对于《民法典》总则编中变更的普通诉讼时效期间的溯及力的规制为此提供了很好的说明②。

(2) 对特殊利益群体的例外保护。

在新法之中存在对于特殊利益群体予以保护的立法意旨时，应例外承认此类特殊人群的可期待利益，承认此种情形之下新法具有溯及力。此举虽可能造成对个别民事主体的既得利益的剥夺，但出于对各方权利义务的平衡，确实值得对一般规则做出突破。此点以《民法典》总则编中新增的第190条和第191条中对于特殊诉讼时效期间起算点的规制为典例。《民法典》总则编之所以对此类情形设置特殊的诉讼时效期间起算点，是出于对无民事行为能力人和限制民事行为能力人给予特殊保护的目的，不承认新法的溯及力将不利于对此类特殊人群的保护，甚至有使新法的立法意旨落空之虞③。

(3) 悖俗行为导致利益状态失衡的情形下的特殊对待。

自由逐利的市场中不乏弱肉强食，任由市场主体自由竞争，极易出现处于优势地位者采取不正当的手段牟取利益、转嫁损失的状况。当出现欺诈、胁迫、故意侵权等情形时，不当行为者的过当的行为，或剥夺、限制了对方当事人做出意思表示的机会，或损害了他人的固有权益。若再不对双方已经出现问题的意思自治施加干预，将严重背离自由、公平的理念。此时对不当行为者的相对方的倾斜性保护就因此获得了正当性。比如《民法典》调整了受胁迫结婚的受胁迫方所拥有的婚姻撤销权的除斥期间，《时间效力的若干规定》第26条

---

① 《最高人民法院关于适用〈中华人民共和国民法总则〉诉讼时效制度若干问题的解释》第2条规定："民法总则施行之日，诉讼时效期间尚未满民法通则规定的二年或者一年，当事人主张适用民法总则关于三年诉讼时效期间规定的，人民法院应予支持。"第3条规定："民法总则施行前，民法通则规定的二年或者一年诉讼时效期间已经届满，当事人主张适用民法总则关于三年诉讼时效期间规定的，人民法院不予支持。"

② 以《民法典》总则编中的普通诉讼时效期间的溯及力为例，在《民法典》总则编生效时，依照旧法已经起算且两年诉讼时效期间已经届满的，对债务人一方而言，其已拥有了既得的抗辩权，而债权人基于《民法典》总则编施行所拥有的诉讼时效期间予以延长的可期待利益尚不确定。此种情形之下，不应使《民法典》总则编溯及既往剥夺债务人已经拥有的抗辩权，即此时新法不应具有溯及力。而《民法典》总则编生效时，《民法通则》中规定的两年诉讼时效期间尚未届满的，则不应做相同处理。因旧法的时效期间尚未届满，债务人尚未取得时效抗辩，此时的时效抗辩对其来说是个期待权，而债务人对尚未取得的时效抗辩的期待随时可能因为债权人的积极行权而发生中断，具有不确定性，即使让《民法典》总则编中新规定的三年诉讼时效期间溯及既往，也很难说是恶化其利益状态。

③ 如为保护胎儿利益，《民法典》总则编新规定涉及遗产继承、接受赠与等胎儿利益保护的，承认胎儿具有民事权利能力，也应承认该条款的溯及力。

也肯定了其溯及力①。又如，《民法典》总则编新增的第三人欺诈制度，溯及既往有利于对受欺诈方的保护。

当在法律行为中出现对特殊利益群体予以保护的情形时，利益衡量的天平不问理由地向其倾斜，有时候是罔顾相对人利益的。而在既得权与期待权的利益状态的对决中，虽然优先保护既得权，但并非对于拥有期待权的利益状态不加考虑，优先保护既得权是慎重地衡量双方利益状态的结果。至于悖俗行为导致利益状态失衡的情形中，悖俗行为者的过错为对其相对人的倾斜性保护提供了正当性。从涉及特殊利益群体保护的情形中的不问相对人有无过错、不问其利益状态，都对特殊群体加以保护，到在双方均无过错的情形之下，细分其利益状态，对既得权的保护优先于期待权，再到出现悖俗行为时，保护无过错方利益以矫正失衡的利益关系，在利益天平该向哪一方倾斜才符合有利溯及的判断之中，过错的参与程度越来越大。

当出现以上特殊情形时，依据有利于保护某一方的思想，做出了新法溯及与否的判断，但这并不意味着有利溯及是个普遍适用的原则。特殊情形下的倾斜性保护只是个例，各方利益主体自由平等地参与竞争才是常态。如果没有出现利益失衡的状况，或者利益失衡还没有严重到需以法律来加以调整，即使新法规定的更为合理，也不该人为地使新法加以溯及。以《民法典》第686条为例，将保证方式无约定即推定为连带保证的旧规更改为无约定即推定为一般保证，尽管新规更为合理，也不能构成其溯及既往的理由②。有观点认为此条款溯及适用则会损害当事人的利益预期，因而不宜溯及适用③，应值赞同。

---

① 《民法典》将受胁迫结婚的受胁迫方所拥有的请求人民法院撤销婚姻的权利的，自结婚登记一年内提出，改为自胁迫行为终止之日起一年内提出。通过改变起算点，更合理地保护了受胁迫方的婚姻自由权，避免了受胁迫方可能因为胁迫行为的持续性而无法行使权利，使行权期限徒过的情形。由于胁迫方的不当行为本身就对受胁迫方造成了损害，溯及适用从挽救被胁迫人的角度来说只是及时止损。

② 《民法典》将保证方式无约定即推定为连带保证的旧规更改为无约定即推定为一般保证的条款，该条款有利于保护保证人利益，一般保证之下，保证人有先诉抗辩权，能保证其利益状态至少不会比债务人更差。该条款也更符合法理：保证人没有理由处于比债务人更坏的法律地位，债务人才是借贷关系的相对人。况且连带保证相较于一般保证，是一种债务人与保证人之间关系更为紧密的保证方式，当事人之间如果没有约定为关系更为紧密的保证方式，法律应推定其关系更为疏松，才是合理的，毕竟以陌生人为主的市场环境才是私法予以规制的原型。虽然新规更为合理，但这并不构成事后去干预当事人利益状态的理由。一方面，法律规定只是为当事人建立权利义务关系提供博弈的出发点，当事人仍有自由地调整双方利益状态的空间，事后呈现的结果，往往是缔约时双方实力状态对比的产物。旧法之中保证方式无约定即推定为连带保证，更符合债权人的利益，但保证人仍可争取在合同中约定为一般保证或者要求债务人为自己提供反担保；新法实行之下，在借贷关系中处于强势地位的债权人仍可争取约定为连带保证或要求债务人另行提供担保物。另一方面，如果溯及既往会损害当事人基于旧法的利益预期。

③ 参见熊丙万：《论〈民法典〉的溯及力》，载《中国法学》2021年第2期。

（二）法律行为中的溯及既往有利于维护意思自治的原则

意思表示是法律行为的核心，意思自治原则也是民法的一项基本原则，但将"有利于维护法律事实发生时的意思自治"作为一项溯及力原则并不常见。在民法溯及力问题上，此理念作为一项独立的原则有其正当性。从判断新法溯及力的视角来看，维护当事人意思自治原则从尊重当事人利益状态的事前视角，有利溯及从矫正失衡利益状态的事后视角出发，形成观察溯及力问题的更为全面的视角。从功能来看，维护当事人意思自治，应当作为独立于有利溯及的一项原则。在法律行为之中，有利溯及只有在当事人意思自治出现问题，不能适用维护意思自治的原则时，才有适用的空间。这是在民法溯及力问题上，将尊重当事人意思自治的内涵纳入有利溯及原则之中所不能达到的效果。将维护意思自治解释为有利溯及的主要内涵，从契约严守的角度还存在，即使在特殊情形下也无法否定意思自治的诘难[①]。

以下对维护意思自治原则的展开中，讨论了尊重当事人真实意愿的新规与矫治型法律条款。其大多都表现为公权力的收缩和对私人意思自治空间的拓宽，溯及适用大多符合当事人的意思自治并有利于当事人的真实意愿的实现，此种条款的溯及力也因此而获得正当性。

1. 尊重当事人的真实意愿

如果新法拓宽了当事人意思自治的空间，赋予了当事人更多的选择权，有助于当事人实现其真实意思，那使新法溯及既往就是符合当事人意愿的。施惠型的单方法律行为中，对于施惠之人而言，为他人赋权意味着对自己纯粹利益的减损，法律为避免其考虑不周对自身造成损失，赋予施惠人以充分自由。《时间效力的若干规定》第 15 条肯定了打印遗嘱作为一种法律认可的遗嘱形式，使当事人在遗嘱形式上有更多的选择。《民法典》第 1142 条规定一律按照时间先后来确定数份遗嘱的效力，避免了被继承人在丧失自由行动能力时，再想要更改公证遗嘱只能以公证遗嘱的方式，而受制于自身的行动能力又不能成行的状况。《时间效力的若干规定》第 23 条也肯定了《民法典》第 1142 条的溯及力[②]。

[①] 有观点认为非持续性法律事实所引发的持续性法律关系中，法律事实本身通常只发生在《民法典》施行前。不能简单推定或要求当事人根据新法来调整法律事实发生时的预期。比如出租人订立合同时难以预见《民法典》新增的优先承租权，即不应溯及既往。笔者认为以上观点是坚持意思自治作为有利溯及内涵的结果，无法在存在对特殊人群的利益保护等情形下与维护意思自治做出妥当处理，也与《时间效力的若干规定》第 21 条相悖。长期性的租赁合同仅仅因为缔约事实发生于《民法典》生效之前，而无法援用《民法典》新增的优先承租权，这不太妥当。参见熊丙万：《论〈民法典〉的溯及力》，载《中国法学》2021 年第 2 期。

[②] 参见熊丙万：《论〈民法典〉的溯及力》，载《中国法学》2021 年第 2 期。

对于权利行使型的单方法律行为，也存在对于行权人意思自治的维护，主要表现在使其行权方式趋于便利化，以形成权的行使为其典型。比如《民法典》解除制度中新增的第 565 条第 2 款①，《时间效力的若干规定》第 10 条肯定了该条款的溯及力。

在双方法律行为中对意思自治的保护主要表现在，站在事前视角让当事人就双方的利益关系充分协商；以及在民事法律行为发生以后，尽量去还原当事人之间的真实意思或将再协商的机会交还到当事人手中。前者如《民法典》总则编中新增的意定监护人制度②，后者如《民法典》第 533 条对情势变更条款的更改③。

2. 矫治型法律溯及既往

矫治型法律即按照旧法，民事法律行为将归于无效，而新法溯及适用时，却能使之有效④。当新法属于该种法律类型时，就承认新法的溯及力。《合同法司法解释一》第 3 条将其作为法院溯及适用新法的规则予以条文化。《时间效力的若干规定》第 8 条也为此提供了实证法依据。从尊重当事人意思自治而言，新法的溯及适用弥补了法律行为的瑕疵，使之有了正当化的基础。法律行为是当事人之间的意思自治，而对法律行为效力的评价是国家意志对私人自治的干预，有效溯及恰恰意味着国家干预的减少，意思自治空间的扩大⑤。让合同自始的有效是符合当事人预期的，即使部分当事人事后出于利益的考虑，拒绝承认当时的合意，但各方都应该信任合同在订立时即对各方具有了拘束力，并在此预期下开展活动。

《时间效力的若干规定》第 7 条肯定了《民法典》将流质流押条款所作变更后的溯及力，依照旧法，流质流押条款被认为是无效条款，理由是违反清算

---

① 《民法典》解除制度中新增的第 565 条第 2 款规定，以诉讼或仲裁的方式请求解除合同的，自起诉或仲裁申请书副本送达对方时合同解除。合同的解除权本就是单纯形成权，通知对方即可发生合同解除的法律效果，即使是行权人以提起诉讼的方式行使权利，也不应使解除权的发生机制变得更加复杂，该条款实际将合同解除权的形成权属性贯彻得更加彻底。在《民法典》实行之前，被解除方并没有起诉状副本送达时即可发生合同被解除的预期，这时适用新法，似有侵害其预期利益之嫌。但被解除的一方当事人本就因对方拥有形成权而权利义务处在不确定状态，即使解除权人直接向其作出通知，亦可发生合同解除的法律效果。

② 《民法典》总则编中新增的意定监护人制度，即在不损害他人利益的情况下，赋予了完全民事行为能力人在自己丧失或部分丧失行为能力之前，通过与其近亲属等协商确定自己的监护人的权利，由自己意定的监护人嗣后履行对自己的监护之责。

③ 《民法典》第 533 条将因情势变更受不利影响的一方当事人的救济方式塑造为前置的再协商义务与请求法院变更、解除合同兜底相结合的模式。与其直接诉请法院变更或解除合同，不如将就变更后的基础条件结合双方的利益状态予以再次协商的机会交还到当事人手中，当事人才是自身利益的最好决策者。

④ 参见房绍坤、张洪波：《民事法律的正当溯及既往问题》，载《中国社会科学》2015 年第 5 期。

⑤ 参见黄白：《民法总则的溯及力问题探析——以法的可预见性为视角》，全国法院第 29 届"法院改革与民商事审判问题研究"学术讨论会会议论文。

程序。《民法典》将其更改为，约定为流质流押的，只能就质押财产优先受偿，将无效的条款变更为只承认发生一般质押的法律效果。其逻辑是，双方当事人追求的是债务人不履行到期债务时，质押财产归债权人所有的法律效果，虽然对债权人最为有利的直接将质押物收归己有的目的未能实现。不过退而求其次，使其发生如同一般抵押质押的法律效果[1]，相较于使流质流押条款直接无效[2]，显然是更符合当事人真实意愿的。

然而矫治型法律溯及既往或称有效溯及，不仅指溯及适用新法使法律行为由无效变有效，凡是溯及既往出现效力位阶提升的，都在有效溯及的指涉范围之内[3]。与矫治型法律溯及既往相关的问题是，纠正旧法原有缺陷的新法是否可以溯及既往。不少观点认为，旧有法律秩序即使有缺陷或者存在不公正之处，却也是立法者没有尽到审慎义务或者其前瞻性不足所导致的，民事主体本身就是旧法原有缺陷的受害者，更不应再使其承受新旧法更替所带来的苦果[4]。笔者大致同意该观点，尤其在私法之中，法律的初始配置合适与否，可能并不会对当事人的实际利益状态产生如想象中那么严重的影响，当事人完全可以通过意思自治达成一个最有效率的方案。在事后没有出现严重的利益失衡时，法律不宜再从事后视角，对当事人之间既有的利益状态再行干涉。相反，立法者认为最妥帖的利益安排，可能在千差万别、利益诉求各异的交易场合之下，并不符合当事人的想法和预期。

三、溯及力基本原则在类型化分析中的展开

笔者认为纯粹溯及与不纯粹溯及的界分，为溯及力问题的类型化分析，提

---

[1] 参见最高人民法院民事审判第二庭编著：《〈全国法院民商事审判工作会议纪要〉理解与适用》，人民法院出版社2019年版，第308页。

[2] 物权法时代，流质流押条款属于无效条款（《最高人民法院关于适用〈中华人民共和国担保法〉若干问题的解释》第57条规定："当事人在抵押合同中约定，债务履行期届满抵押权人未受清偿时，抵押物的所有权转移为债权人所有的内容无效。该内容的无效不影响抵押合同其他部分内容的效力。"）。而民法典时代，流质流押条款，不能被直接认定为无效，更不能认定该质权无效。只是从合同的角度来看，在符合质权实现条件时，即债务人到期未履行债务的，不能产生该约定的法律后果，即质权人不能取得该标的物的所有权，质权人得就该标的物在其担保范围内的债权优先受偿。参见最高人民法院民法典贯彻实施工作领导小组主编：《中华人民共和国民法典物权编理解与适用（下）》，人民法院出版社2020年版，第1183页。

[3] 比如《民法典》总则编降低了限制民事行为能力人的年龄限制，八周岁的未成年人所从事的非纯获利益的法律行为和不与自己年龄智力相适应的法律行为，由旧法的无效，溯及适用新法变为效力待定，这仍有依据有效溯及而使新法溯及既往的必要。

[4] 参见黄白：《民法总则的溯及力问题探析——以法的可预见性为视角》，全国法院第29届"法院改革与民商事审判问题研究"学术讨论会会议论文。

供了一个出发点①。即对已经完成的法律事实，原则上应禁止新法溯及适用，原因在于在新法实施之前其利益状态就已经固定；而对于尚在形成之中的法律事实和法律事实虽然已经形成但法律关系仍在持续之中的，原则上许可溯及。对于该部分法律事实，溯及既往或是有助于当事人意思自治的维护，或是符合有利溯及之下所涉及的价值目标。以下在对各种类型的法律事实进行分析时，也应从法律事实是否已经完成，即利益状态在新法施行之前是否已经固定，法律关系是否处于持续之中等角度展开。

新法颁布之前法律事实已经完成，适用旧法毫无疑问。不过也存在法律事实已经完成，但新法与旧法规定不一致，新法生效后才引发纠纷的，上述纯粹溯及中已提及，此种情况以不溯及既往为原则，仅在有限情况下才予以溯及。比如涉及对特殊利益群体的保护（例如性侵未成年人的，《民法典》规定了新的诉讼时效期间起算点）、涉及重大公益的维护（如《民法典》新增的侵害英烈人格权的追责、见义勇为条款、好意同乘条款）。新法颁布之后法律事实才发生，适用新法也毋庸置疑。问题在于新法颁布时，法律事实尚在形成之中（如一方发出要约，对方还未承诺，在承诺期间新法生效）和法律事实虽然已经形成但尚在持续之中的（如租赁关系已经形成，新法的颁行正处于租赁期间，租赁关系一直持续）这种跨界行为的法律适用问题。

除了构成要件跨界的法律事实与法律效果跨界的法律事实值得讨论之外，还有两种极为特殊的法律事实值得关注。法律事实按照其发生与持续的时间的长短可区分为瞬间性的法律事实（比如合同解除权的行使自解除的意思表示到达对方时即发生效力）和持续性的法律事实（如持续性侵犯他人知识产权的行为，侵权行为可能一直在持续并跨越新法和旧法）。瞬间性的法律事实的特殊之处就在于持续时间极短，发生在新法生效之前即适用旧法，发生在新法生效之后即适用新法，恰好在新旧法衔接时发生的很少见。即便恰好跨越新旧法衔接时期，当事人也有迅速调整使之适应新法的应对能力，也应该去积极地适用新法。此时既然新法已经生效，民事主体积极地在民事活动中适用新法，或者

---

① 德国学界在法律的溯及力的问题上，通常将溯及力划分为纯粹溯及与不纯粹溯及。纯粹溯及是指法律将其规范的效果延伸到法律公布前已经完成的事件与权利上，且原则上禁止新法溯及既往，例外情况下才允许溯及适用新法。例外情况被严格地予以限制，只有在有限情形下，才例外地承认新法的溯及适用。不纯粹溯及是指法律事实与法律关系在新法生效之后，依然处于延续状态的，新法可规范依照旧法所成立之法律关系，原则上许可对处于延续状态的法律关系溯及，例外情况之下才不许溯及。如此划分的益处在于，从刑法的绝对禁止溯及既往到纯粹溯及的原则上禁止，例外许可，再到不纯粹溯及的原则上许可，例外禁止，对于溯及力问题形成了一个逐渐宽松化的梯度，对于受法不溯及既往原则约束的主体，形成了一个明确的指针。可诉病之处在于纯粹溯及与不纯粹溯及之间的界分标准十分模糊，除了少数典型的案件，对于复杂的法律案件往往很难以归类，其实用性较差。参见陈新民：《德国公法学基础理论》，法律出版社2010年版，第561页。

积极地调整法律行为使其符合新法的要求,这对个人来说并非过高的要求。

本文所指的持续性的法律事实是包含构成要件跨界的法律事实的,其特殊之处在于其处理方式,不同于简单的溯及适用新法和不溯及既往,会涉及分段适用新法和旧法①。在以下关于持续性的侵权行为、双方法律行为的讨论中会涉及。后文对各类法律事实的分析中,以构成要件跨界的法律事实和法律效果跨界的法律事实为讨论重点,兼及瞬间性法律事实与持续性法律事实。

(一)法律行为中跨界的法律事实的新规溯及

1. 权利行使型的单方法律行为的新规溯及

法律行为分为单方法律行为、双方法律行为与多方法律行为,单方法律行为中的有相对人的单方法律行为又存在施惠型的单方法律行为与形成权行使型的单方法律行为。形成权行使型的单方法律行为由于行权方式的特殊性,要么意思表示自到达对方时发生法律效力,即单纯形成权(如合同解除权、效力待定的法律行为中的追认权、选择之债中的选择权、意定代理权的授予等),要么直接向法院、仲裁机构表达其意思表示,即形成诉权(如合同撤销权的行使,虽然合同是否撤销由法院判定,但从行权的角度来说,其已实施完毕)。其时间跨度很短,几乎不太可能存在跨界的情况,属于瞬间性的法律事实,以行为发生于新法生效之前还是之后来判断法律适用情况。出现极为罕见的实在难以区分时间节点的情形,适用新法即可,要求当事人积极调整其行为以符合新法的要求,也并不算是严苛。

由于权利行使型的单方法律行为行权方式便捷、存续时间短,不是跨界的法律事实反而是新法生效前已经完成的瞬间性法律事实的溯及问题,才是观察的重点。此部分借助有利溯及和溯及既往有利于维护当事人意思自治的原则进行实质分析,一般可得出妥当的结论②。

2. 施惠型的单方法律行为的新规溯及

施惠型的单方法律行为多表现为构成要件跨界的法律事实,在遗嘱、遗赠中属于法律效果跨界的情形比较少见。除非继承、遗赠等已经开始,而一旦开始,遵从施惠之人的意愿是此类法律事实在法律适用上的重要价值取向。只要施惠人的意愿是正当的、不悖俗的,一般即适用旧法。因此,对于施惠型的单

---

① 参见杨登峰:《何为法的溯及既往?在事实或其效果持续过程中法的变更与适用》,载《中外法学》2007年第5期。
② 以合同解除权的行使为例,《时间效力的若干规定》第10条肯定了以起诉方式解除合同的解除权行使方式适用于《民法典》生效之前以诉讼或仲裁的方式请求解除合同的情形。既然承认该条款可溯及适用于《民法典》施行前的以诉讼方式主张解除合同的行为,更没有理由否定该条溯及至恰好在《民法典》生效的时间点上实施的该行为。

方法律行为是以构成要件跨界的法律事实作为讨论重点的。

《民法典》新规对于施惠型的单方法律行为的规制以拓宽施惠人意思自治空间、保护其表意自由为主要方向，如《民法典》第 1142 条，前已述及。即新规对于施惠型的单方法律行为，不论是新创某条款弥补漏洞，还是对既有法律做出更改，基本都会落入构成要件跨界的法律事实的范畴。只要有助于保护当事人意思自治又不侵害相关人既得利益，可溯及适用新法。

3. 构成要件跨界的双方法律行为的新规溯及

双方法律行为的成立需要双方互相交换意思表示以达成合意，甚至需要多次地磋商，法律行为的履行、终止也都需要一个过程，数笔连续性的交易则更为复杂。合同可分为一时性的合同与继续性的合同，一时性的合同中以构成要件跨界的法律行为和法律效果跨界的法律行为为讨论重点，继续性合同作为持续性法律事实的一种也应该作独立观察。

（1）涉及对合同订立规则完善的新规的溯及力。

构成要件跨界的法律行为即新法生效时尚在形成之中的法律事实。由于新法生效时法律事实尚在形成之中，当事人具有积极地调整其行为，以使其符合新法之要求，并受到新法保护的可能，一般即应溯及适用新法。新法对构成要件跨界的法律行为的规制涉及对合同的订立规则的完善，此类新增或细化规范几乎不涉及民事主体的实质性权利，可以溯及适用①。

（2）涉及对合同效力规制的新规的溯及力。

新法对构成要件跨界的法律行为的规制还涉及对合同效力的规制，一种是提升效力状况的，根据有效溯及原则，一般是可以溯及既往的。《民法典》中存在对民事主体的民事行为能力予以提升进而提升合同效力状况的条款②，还存在大量直接对私人自治空间予以放宽的新规③。由于以上条款溯及适用会提升合同效力状况，放宽当事人自治空间，应对其溯及力予以承认④。

---

① 《民法典》对《合同法》的要约到达与撤回、意思表示的到达与合同条款的解释等规则作了补充细化，新增以数据电文形式订立合同的视为以书面形式订立合同以及在网络购物中以提交订单的形式成立合同的情形，明确了在面临重大灾情时，负有做出承诺义务的人有强制性缔约义务等。

② 《民法典》总则编将限制民事行为能力人的年龄下限由十周岁降低至八周岁，意味着在《民法典》生效后，八周岁的未成年人所从事的与其年龄、智力、健康状况相适应的民事法律行为即为有效。

③ 如承认报批义务条款提前生效，又如旧法之下抵押人未经抵押权人同意不得转让抵押权，而《民法典》第 406 条将其更改为抵押人可以转让抵押权，只是应当及时通知抵押人。

④ 值得讨论的是《民法典》第 496 条构成对《合同法司法解释（二）》第 9 条的更改，格式条款制定方违反重大条款的提示说明义务，对方可以主张该条款不成为合同的内容，而非旧法之下的可撤销。由于格式条款制定方未履行提示说明义务，对方未注意、未理解该条款，使得该条款未经双方合意，意思表示未成立，而非成立之后存在可撤销事由。从此种程度上来说，退回到意思表示形成阶段去看待此问题，恰恰是尊重当事人意思自治的表现。《时间效力的若干规定》第 9 条肯定了该条的溯及力。

4. 法律效果跨界的双方法律行为的新规溯及

（1）促进合同履行的新规具有溯及力。

在效果跨界的法律行为中存在两种比较典型的新法规制方向，一种是促进当事人在法律关系形成时真实意愿的实现，另一种是调整权利义务的配置。第一种可溯及《民法典》生效时合同已经成立但法律关系尚在持续之中的合同①。关于合同履行中的条款大多都属于在当事人没有约定时的补充性规定，当事人没有就相关事项做出特别约定的才适用②。

（2）调整法律关系内容的新规溯及。

①改变合同目的的新规溯及。

还有部分新规并非对当事人在法律行为成立时的意愿不作修改的予以维系和促进，而是可能打破了既有的权利义务配置。对处于履行过程中的法律关系予以变动的条款，根据其规范作用可划分为两类，一类是合同在履行过程中出现了不能完全实现合同目的的状况，需要对双方的权利义务关系予以调整。此类规范中又分放宽意思自治的空间由当事人去予以调整，和由公权力去介入两种方案。法律行为领域以私人自治为常态，公权力干预为例外，一般扩大了意思自治空间的规范是可以溯及既往的。而强调由公权力介入的规范，溯及与否要慎重把握，以不溯及既往为常态，只有在出现有利溯及等有限情形下，才可以溯及。

前者（在履行出现状况时放宽意思自治的空间由当事人去调整）以情势变更条款为典型，又如《民法典》总则编将欺诈等可撤销、可变更的行为更改为可撤销的法律行为，看似是剥夺了受损害方请求可变更的权利，实际上是缩小了法院在此类行为中的自由裁量权。而后者典型的是《民法典》新增的第520条第2款的合同僵局打破制度③。

---

① 如《民法典》合同编通则中就新增和完善了不少促进双方权利义务的履行的条款，如在合同的履行一章中完善了连带债权连带债务的规定、第三人代为履行制度、在双方无约定时履行的质量标准、履行债务的承担等，新增选择之债的行使，等等，合同的保全以及合同的变更和转让也都完善了相关制度，合同编新增保理合同，物业服务合同等等。

② 此处可能产生的疑问是，溯及适用《民法典》新规是否超出当事人在不约定即适用旧法的预期。其实《民法典》此章节中的新规几乎不存在与旧法相冲突的，大多是进行的完善和增补，完全新增的保理合同、物业服务合同等，也是对成熟的交易模式的成文化。但如果出现促进合同履行的新规与旧法相冲突的，其溯及力应谨慎把握。笔者认为促进合同履行的方向符合当事人的预期，此时如果背离了当事人适用旧法中递补性规范的预期，可能难谓妥当。

③ 《民法典》新增的第520条第2款的合同僵局打破制度中，在出现合同不能履行等的情形时，如果一方还固守合同，不允许另一方以承担违约责任为代价而退出合同关系，可能对于对方来说将付出巨大的成本，对于公共资源来说也是一种浪费。在此种情形之下，另一方已经没有合同退出机制可以援用，合同关系的持续也已陷入僵局，由公权力予以干预已经是穷尽所有途径别无他解之策，例外的允许其溯及既往以使各方从合同关系中解脱出来。《时间效力的若干规定》第11条肯定了《民法典》第520条第2款可以溯及适用至法律效果跨界的法律行为。

②改变双方利益状况对比的新规溯及。

另一类规制履行过程中的法律关系的规范，根据其规范作用划分出来的第二类是对当事人的权利义务关系予以调整的。例如狭义无权代理中新增的善意相对人在法律行为未被追认时对行为人的赔偿请求权、租赁合同中新增的承租人的优先承租权等。此类条款由于涉及当事人的利益状态对比，在溯及既往的问题上需谨慎把握。在可能涉及对一方出现悖俗行为导致利益关系失衡、特殊利益群体的保护等符合有利溯及原则和尊重当事人意思自治原则的情形下，才可以溯及既往①。

5. 继续性合同的法律适用问题

关于继续性合同，是持续性法律事实的一种，《时间效力的若干规定》第20条采取了分段适用的规制方式，《民法典》施行前的合同争议适用旧法，《民法典》生效后的争议适用《民法典》规定②。

笔者认为如此一来该条规定规制的对象甚广，在订立合同之时即能够确定标的总量和履行效果的合同和继续性供给合同、继续性交易等在合同订立时不能确定最终履行效果的合同，应分别考虑以使问题稍加明晰。在一定期限内持续履行的合同和分期履行的一时性合同，由于合同订立之时就由当事人通过意思自治确定了法律效果，在判断法律适用问题上应按照上文法律效果跨界和法律行为跨界的判断思路，尽量尊重和维护当事人在法律行为发生时的意思自治。而继续性供给合同和继续性交易可分段适用，可以将法律事实予以切割，《民法典》施行前的合同争议适用旧法，《民法典》生效后的争议适用《民法典》的规定；也可以将其视为数笔交易，各笔交易适用其发生、存续时存在的法律，如果恰好有某笔交易发生了法律行为或法律效果的跨界，则按照法律行为跨界或法律效果跨界的处理方式来判断法律适用问题。

（二）非法律行为中跨界法律事实的新规溯及

观察非法律行为中跨界法律事实的溯及力，仍然需要继续区分构成要件跨界的法律事实与法律效果跨界的法律事实，兼及持续性法律事实，以下将对侵

---

① 以《民法典》第171条为例，狭义无权代理中的善意相对人在法律行为未被追认时，对行为人有履行请求权和赔偿请求权，虽然将此条款溯及既往会影响行为人的预期，但鉴于行为人的可责难性，即使溯及适用该新规，利于维护法的正义价值，符合有利溯及。

② 继续性合同包括固有的继续性合同（即保管、租赁、雇佣等在一定期间内持续履行的合同）、继续性供给合同（即约定在一定期间内一方持续地向对方供应定量或不定量之物，合同的履行内容和结果直至合同履行完毕后才确定下来）、继续性交易（如企业之间的多笔交易在相同当事人之间反复进行），而《时间效力的若干规定》第20条规制的对象包括但不限于继续性合同，还包括分期履行等特殊的一时性合同。参见郭锋主编：《最高人民法院〈民法典时间效力司法解释〉理解与适用》，人民法院出版社2021年版，第236−238页。

权行为与状态性事实的新规溯及问题展开讨论。由于非法律行为几乎不涉及当事人的意思自治，维护当事人意思自治原则在以下讨论中很少适用，而由于侵权事实等更多体现为从事后视角出发去平衡当事人之间的利益关系，主要考虑有利溯及原则。

1. 跨界的侵权行为的新规溯及

规制侵权行为的新规主要表现为三种情况。一种是相较于旧法，加重了对行为人的惩戒力度。包括以前不予追究侵权责任的，现在出于维护公益等目的开始追究（如新增侵害英烈人格利益的，由近亲属或公诉部门追诉）；降低了成立侵权责任的要件要求（如主观上从过错责任到无过错责任）；直接规定了超越填平原则的惩罚性赔偿责任（如新增《民法典》第1185条故意侵害知识产权，严重的将导致惩罚性赔偿责任，又如新增《民法典》第1232条环境侵权的惩罚性赔偿责任）。另一种是减轻了对行为人的惩戒力度，包括提高成立侵权责任的要件要求、减轻责任形式（如《民法典》第1189条将受监护人委托监护被监护人时，被监护人实施侵权行为而受委托人有过错的，受委托人的连带责任更改为与其过错相应的责任）等。还有一种属于事后平衡损失的规范（如《民法典》新增无偿搭乘、高空抛物中各方主体的责任）。①

侵权行为中构成要件跨界的法律事实，具体指侵权行为在新法实施时尚未实施完毕，损害后果有可能已经发生或部分发生或没有发生②。而法律效果跨界的侵权行为指侵权行为已经实施完毕而损害后果的发生具有迟滞性（如对处于母体之中的胎儿的身体健康造成侵害的，有些隐性伤害需待其脱离母体才会有所显现）。后者虽然损害结果的显现具有滞后性，但已无避免之可能，前者仍具有避免损害结果的可能，侵权行为是否形成、对受害人利益损害至何种程度尚不确定。持续性法律事实具体指持续性侵权行为（如持续性以同一形式多次侵犯他人知识产权）。

一般属于空白填补型的平衡损失的规范，可以溯及适用至构成要件跨界的侵权行为和法律效果跨界的侵权行为。如新增的《民法典》第1217条好意同乘、《民法典》第1177条自助行为等，是对原有的法律漏洞的填补。如果不承认其在跨界的侵权行为中的适用，则不免需要从习惯、指导性案例、规章等下

---

① 参见杨立新：《民法典侵权责任规则溯及既往效力规定之解读》，载《人民法院报》2021年1月14日，第5版，第3页。
② 本案中被告陈某意的侵权行为主要发生在抖音平台，自2020年8月16日注册侵权账户，至2021年5月27日收获65000名粉丝，该时间段内侵权行为一直持续，是典型的构成要件跨界的侵权行为，法院援引《民法典》规范作为裁判依据是合适的。参见温州市鹿城区人民法院（2021）浙0302民初6783号民事判决书。

位法当中寻求说理依据，而《民法典》中的此类新规本身可能就是从实践中提炼出来①。完全可以在裁判理由中援用此类新规②。而其他加重或减轻对行为人的惩戒的条款，其溯及力需区分构成要件跨界和效果跨界两种情形进行分析。

(1) 构成要件跨界的侵权行为的新规溯及。

在构成要件跨界的侵权行为中，加重惩戒尤其是新增的超越填平规则的惩罚性赔偿责任条款，可根据在具体的侵权情形中，行为人有无避免损害结果发生的可能，来判断溯及力问题。如果新法生效时侵权行为尚在实施之中，新法对该侵权行为做出了更为严厉的惩戒，行为人具有了损害结果发生后将受到更严厉的惩罚的预期，而此时存在避免全部或部分损害事实发生的可能，但其罔顾新规，继续将侵权行为实施完毕的，应溯及适用新规，对其施加更严厉的惩戒措施。而如果其在具有了将受到更为严厉的惩罚的预期之后，积极避免损害结果全部或部分发生的，应全部不予溯及或视情况部分溯及。相反，如果在新法生效时，行为人已经没有避免损害结果发生的可能，而新法又加重了对其侵权行为的惩戒力度的，即不应溯及适用新法。

此规则应可以适用于以过错责任原则（包括过错推定）为归责原则的侵权行为，体现了在溯及力问题上对行为人主观状态的尊重。在以无过错责任原则为归责原则的侵权行为中，此规则亦可以适用，但表现形式并不相同。不同于过错归责原则中对主观状态的考虑，无过错原则之下更注重损害结果的发生与否及其严重程度。只要行为人在新法生效后预见到加重的惩罚后果，终止侵权行为或采取其他措施有效地避免了损害结果的发生，就不会有侵权责任，不符合侵权的构成要件。但新法加重对侵权人的惩戒，尤其是新增的惩罚性赔偿责任条款，往往是出于维护公益（如新增的环境侵权的惩罚性赔偿责任）或者涉及对特殊群体利益保护。如果只是避免了部分损害事实的发生或者没有避免的，还是应当溯及或部分溯及适用新规。

而相较于旧法减轻了惩戒力度的，恰恰与以上讨论相反。适用过错责任的归责原则的侵权行为中，积极地去避免全部或部分损害结果的发生，才全部或

---

① 例如，《民法典》1217条立法中即参考贵州省高级人民法院（2016）黔民再55号民事判决书，审理法院认为，好意同乘是一种应当倡导的友好互助的情谊行为，驾驶人并未收取报酬，基于公平原则，应当减轻驾驶人责任。参见郭锋主编：《最高人民法院〈民法典时间效力司法解释〉理解与适用》，人民法院出版社2021年版，第219页。

② 例如，北京互联网法院对"凌某某诉北京微播视界科技有限公司侵权"一案裁判说理过程中参照适用了《民法典》第1032条和第103条第3款。参见北京互联网法院（2019）京0491民初6694号民事判决书。

部分地溯及适用新法，反之则不溯及。适用无过错责任原则作为归责原则的侵权行为中，没能避免损害结果的，不溯及适用新法，避免了损害结果的，不构成侵权行为①。

（2）效果跨界的侵权行为的新规溯及。

关于效果跨界的侵权行为，《时间效力的若干规定》第24条规定："侵权行为发生在民法典施行前，但是损害后果出现在民法典施行后的民事纠纷案件，适用民法典的规定。"笔者部分同意此观点。侵权行为实施终结而损害事实的发生具有滞后性的，本身损害结果已经没有避免可能性，不管是以过错责任原则作为归责原则的侵权行为还是遵循无过错责任原则的侵权行为，在新法相较旧法加重惩戒力度的场合都可以溯及适用新规。既使侵权人在旧法之下对自己实施侵权行为有承担较轻责任的预期，也不存在保护其可预见性的正当性②。而在新法较旧法惩戒力度减轻或者侵权构成要件更为严格的情形之下，可能会有损害受害人的利益预期之虞，应限制其溯及力，仅在维护公共利益等符合有利溯及的情形下才可溯及适用③。

（3）持续性侵权行为的法律适用问题。

持续性侵权行为即某侵权行为多次持续性发生，此种持续性侵权行为可分割为多个单一的侵权事实予以处理。以排放污水的环境侵权为例，侵权行为发生在《民法典》之前并造成相应损害结果的，适用旧法的赔偿标准，而发生在《民法典》施行之后的，适用新法并可能被追究惩罚性赔偿责任。某一侵权行为恰好发生在《民法典》生效的时间节点上的，根据如上效果跨界和行为跨界的侵权行为的处理方式进行处理。

2. 跨界的状态性事实的新规溯及

此处的状态性事实主要讨论诉讼时效期间、除斥期间、保证期间，有利溯及是贯穿该部分的重要原则。

（1）对期间的起算点予以规制的新规溯及。

---

① 例如，在《民法典》中新增第1185条侵害知识产权的惩罚性赔偿请求权，如果在《民法典》生效时，侵害知识产权的行为尚处于实施阶段，如大量侵犯他人专利的产品已经生产出来而未经销售或只销售了部分的，如果能终止其侵权行为，将不再溯及适用《民法典》第1185条的惩罚性赔偿。

② 以侵害在母体中的胎儿的身体健康为例，其损害结果可能在数十年之后才显现出来，如果恰逢新法更改，不适用对受侵权人保护力度更大的新法而适用旧法，而伴随着物价上涨、经济水平提升，数十年前的赔偿标准可能难以保障受人能够得到救济。

③ 例如，《民法典》第1252条中建筑单位和施工单位对建筑物倒塌致人损害的归责原则由无过错责任调整为过错推定。有观点认为建筑施工发生在《民法典》施行之前，《民法典》施行后发生倒塌的，可以根据《时间效力的若干规定》第24条确定法律适用问题，可以适用《民法典》的第1252条。笔者认为不妥，即使旧法之下对侵权人的侵权行为配置了过于严苛的归责方式，立法上的不妥也不应由当事人去承担不利后果。其侵权行为已经实施完毕，损害后果也已不可避免，被侵权人的利益预期应该受保护。参见熊丙万：《论〈民法典〉的溯及力》，载《中国法学》2021年第2期。

新法对期间起算点的规制相较于旧法有可能推后,也有可能提前。由于提前起算往往不利于行权人行使权利,一旦作如此规定,应不允许其溯及既往,正因为如此规定不利于权利人行权,几乎没有这样的立法例。但是存在旧法没有规定起算点,由新法予以规定的情形,由于当事人对此没有预见,应自新法生效时,起算新法中新增的期间[①]。

出于对行权人的保护,新法与旧法相较,对期间的起算点规定得更为靠后的,一般溯及适用新法的规定。《民法典》中不乏通过对期间的起算点予以控制的条款,以实现对特殊群体的保护或矫正因悖俗行为导致的利益失衡。比如《民法典》将普通诉讼时效期间的起算点由《民法通则》中的自权利受到损害之日起,更改为自权利受到损害和知道义务人之日起起算[②]。如果按旧法期间已经起算但尚未届满,新法规定了新的起算点,尤其是出于保护特殊群体的利益等立法目的,应溯及适用新法。有观点甚至认为出于保护弱势群体等目的,即使按照旧法规定的起算点已经起算并届满的,也应溯及适用新法的起算点重新起算。笔者认为既然按旧法期间已经起算且已经届满的,既有的利益状态已经稳定,就不宜再溯及适用新法。

(2) 对期间长短予以变动的新规溯及。

新法对旧法中的期间予以变动的,包括延长和缩短两种状况,原则上予以延长的可以溯及适用至期间已经起算但尚未届满的情形,这与最高院在司法解释[③]中的立场一致[④]。新法相较于旧法,缩短了期间的,原则上则不溯及至期

[①] 例如,《民法典》第564条第2款创新性地对解除权的除斥期间予以规定,即"自解除权人知道或应当知道解除事由之日起一年内不行使的,解除权消灭"。由于旧法之中不存在对该除斥期间的规定,当事人没有任何预见,至《民法典》作如此规定,当事人才得以明确行权期间,因此自《民法典》生效之日起算该期间。

[②] 例如,《民法典》第190条将未成年人对其法定代理人的请求权的诉讼时效期间起算点规定为法定代理终止之日,第191条将遭受性侵害的损害赔偿请求权的诉讼时效期间起算点规定为未成年人年满十八周岁之日。又如《民法典》第1052条将受胁迫结婚的请求撤销婚姻的除斥期间的起算点由《婚姻法》规定的自结婚登记一年内提出,改为自胁迫行为终止之日一年内提出,避免由于胁迫行为的持续而导致权利人无法行权而除斥期间徒过。这使时效期间的起算与诉讼时效的价值相协调。参见郭明瑞:《关于民法总则中时效制度立法的思考》,载《法学论坛》2017年第1期。

[③] 《最高人民法院关于适用〈中华人民共和国民法总则〉诉讼时效制度若干问题的解释》第2条规定:"民法总则施行之日,诉讼时效期间尚未满民法通则规定的二年或者一年,当事人主张适用民法总则关于三年诉讼时效期间规定的,人民法院应予支持。"第3条规定:"民法总则施行前,民法通则规定的二年或者一年诉讼时效期间已经届满,当事人主张适用民法总则关于三年诉讼时效期间规定的,人民法院不予支持。"

[④] 例如,《民法总则》将普通诉讼时效期间由《民法通则》规定的两年延长至三年,如果《民法典》总则编生效时,诉讼时效期间尚未满《民法通则》规定的两年的,此期间再延长一年,即按《民法典》总则编中规定的三年计。《民法典》对于短期诉讼时效期间的取消,也意味着,在《民法典》总则编生效时尚未满《民法通则》规定的相应的短期诉讼时效期间的,即应按《民法典》中的三年计算。但如果在《民法总则》生效时,诉讼失效期间已经届满,另当别论。如果权利人长期地不主张或行使自己的权利,对方合理地认为权利人不再行使他的权利时,这种权利就可能失效。参见[德]卡尔·拉伦茨:《德国民法通论》(上),王晓晔等译,法律出版社2003年版,第309—310页。

间已经起算但尚未届满的情形，即应沿用旧法之下的较长期间，以保障不损害当事人的期间利益[①]。

四、结语

在遵循法不溯及既往的前提下，将民法溯及力的基本原则提炼为有利溯及原则和溯及既往有利于尊重当事人意思自治原则。法律行为中，原则上从事前视角出发，利用尊重当事人意思自治原则去判断新规溯及力问题。有利溯及作为例外，仅在意思自治出现问题时具有否定意思自治的效果。而在非法律行为中，主要考虑是否符合有利溯及。有利溯及在内涵上包括，在公益与私益立场相对时，为维护公益可溯及既往；在平等的民事主体之间能够区分利益保护的先后时，对既得权的保护优先于期待权，兼顾对某些特殊利益群体的保护和对悖俗行为导致利益状态失衡的矫正。溯及既往有利于尊重当事人意思自治的原则包括，尊重当事人在法律事实发生时的真实意思表示，矫治型法律可溯及既往等内涵。

在对新规溯及力的类型化分析中区分法律行为与非法律行为，以构成要件跨界的法律事实和法律效果跨界的法律事实为讨论重点，兼及瞬间性法律事实与持续性法律事实。构成要件跨界的法律行为中拓宽当事人意思自治空间的新法可以溯及既往。法律效果跨界的法律行为中涉及对双方的权利义务关系重新调整的，溯及与否要慎重把握。构成要件跨界的侵权行为，加重惩戒的尤其是新增的惩罚性赔偿责任条款，可根据在具体的侵权情形中行为人有无避免损害结果发生的可能来判断溯及力问题。效果跨界的侵权行为中，在新法相较旧法加重惩戒力度的场合可以溯及；减轻惩戒力度的，如果溯及适用新法侵害受害人既得权的则不溯及。关于跨界的状态性事实的新规溯及问题，如果按旧法，期间已经起算但尚未届满而新法规定了新的起算点，尤其是出于保护特殊利益群体等立法目的，应溯及适用新法。延长期间的，可以溯及适用至期间已经起算但尚未届满的情形；缩短了期间的，对于依照旧法期间已经起算但尚未届满的情形一般不予溯及。

[①] 例如，《民法典》第692条将保证期间约定不明的，保证期间为主债务履行期限届满之日起两年的规定更改为，保证期间约定不明的，如同没有约定一样，按照六个月的期间计算。《时间效力的若干规定》第27条肯定了在《民法典》施行时，保证期间约定不明确的，已经按旧法中的两年期间起算但尚未届满的情形，仍可按两年计算保证期间，即《民法典》对保证期间的缩短不具有溯及力。

债与合同法论

《民法典》第585条违约金类型化的质疑与修正

李 杰*

> **摘 要**：《民法典》第585条未明确约定"违约金"的类型。学说尝试了诸多解释路径类型化违约金，但无论是赔偿性违约金说、惩罚性违约金说还是单一说，均存在法律适用困境。主流观点以功能不同为标准，将违约金区分为赔偿性违约金和惩罚性违约金，然上述区分实属伪类型化。《民法典》第585条中的违约金既不是赔偿性违约金，也不是惩罚性违约金，但这并不影响违约金所具有的补偿和压力功能。违约金补偿功能着重于结果控制，压力功能着重于行为控制。压力功能中，施压的对象不仅是违约方，也包括守约方。违约金压力功能的发挥有赖于违约金制度与其他救济制度的整体设计。违约金的压力机制源于约定金额的确定性与可能被支持金额的不确定性，即违约金金额的确定性和因调增、酌减制度所致金额的不确定性。不确定金额之所以能被裁判机构最终确定，离不开法定赔偿制度中诸如不可预见、减损等规则的协同。
>
> **关键词**：《民法典》第585条 违约金 赔偿性 惩罚性 压力功能

一、第585条违约金类型的解释路径与质疑

（一）违约金类型的解释路径

《民法典》第585条是关于约定违约金及调整的规定，是对原《中华人民

---

* 李杰，北京炜衡（成都）律师事务所高级合伙人，中山大学法学理论与法律实践中心研究员，西南民族大学法学院兼职教授。本文系国家社科基金一般项目"法检体制改革中的差异化问题研究"（21BFX181）的阶段性成果。

共和国合同法》(以下简称《合同法》)第 114 条规则的承继和完善。中国违约金制度始终未采取类型化区分的立法模式,而学界对违约金类型化构建了诸多解释路径,众说纷纭,莫衷一是,主要有赔偿性违约金说、惩罚性违约金说和其他学说。

1. 赔偿性违约金说

赔偿性违约金说系主流学说,其认为,《民法典》第 585 条第 1 款规定的违约金是指损害赔偿额的预定,也称赔偿性违约金。第 585 条第 2 款规定了违约金的调整,该款主要适用于赔偿性违约金[①]。亦有观点从该条所具备的功能分析,认为从第 585 条第 2 款的违约金酌减出发,可以认为本条规定的违约金最重要的功能是填补损失,不强调惩罚功能,故惩罚性违约金不受本条规范[②]。

2. 惩罚性违约金说

惩罚性违约金说视《民法典》第 585 条中的违约金类型为惩罚性违约金,其认为赔偿性违约金的实质是损害赔偿总额的预定,而惩罚性违约金才是真正的违约金[③]。该观点论证的基点是将"赔偿性违约金"排除在违约金范畴之外。同时其认为,损害赔偿总额约定并未脱离损害赔偿法的窠臼,其在实体法上并无实质变化,只是在程序法上减轻了债权人举证责任。故赔偿性违约金制度并非违约金制度,而是损害赔偿制度,自然不能成为违约金制度的内容或主导类型[④]。

3. 其他学说

有观点认为,大陆法系民法上的违约金,有赔偿性违约金与惩罚性违约金之分。《民法典》第 585 条第 2 款规定以赔偿性违约金为原则,而第 3 款是惩罚性违约金规定为例外。得出上述结论的理由是,对于迟延履行,违约方支付违约金后,还应当履行债务,除此之外,受损害方当事人在获得赔偿性违约金之后,既不得再请求损害赔偿,也不得请求实际履行债务[⑤]。

(二) 质疑违约金类型化的意义

对《民法典》第 585 条规定的违约金性质、功能和类型认定至关重要,因

---

① 参见王利明主编:《中国民法典释评·合同编·通则》,中国人民大学出版社 2020 年版,第 612 页。
② 参见朱广新、谢鸿飞主编:《民法典评注——合同编通则(2)》,中国法制出版社 2020 年版,第 408 页。
③ 参见最高人民法院民法典贯彻实施工作领导小组主编:《中华人民共和国民法典合同编理解与适用(二)》,人民法院出版社 2020 年版,第 780 页。
④ 参见王洪亮:《债法总论》,北京大学出版社 2016 年版,第 428—430 页。
⑤ 参见梁慧星:《合同通则讲义》,人民法院出版社 2021 年版,第 388—392 页。

其不仅涉及民法典体系和谐，而且在违约发生的场合，关系到约定违约金与法定损害赔偿、继续履行[①]等违约责任能否并用，以及违约金司法调增、酌减规则适用范围的问题。笔者认为《民法典》第585条中的约定违约金既不是赔偿性违约金，亦非惩罚性违约金，中国之所以存在以上赔偿性、惩罚性等违约金类型的不同解释路径，实则是学说中对违约金的伪类型化。中国民法学说中，对违约金类型构造的主要成就是区分了所谓赔偿性违约金和惩罚性违约金。然而在对违约金进行类型化时，难有观点自圆其说并且符合司法实践要求。对违约金不适当的类型化，不仅不能在理论上厘清违约金内涵，亦会对民法典的体系造成冲击，更致命的是，其会引发法律适用、司法实践的混乱。因此，笔者主要从约定违约金与其他违约责任关系的角度出发，分别梳理赔偿性违约金说、惩罚性违约金说和单一说解释路径下违约金的适用难题，结合司法案例、合同本质和违约金功能，修正《民法典》第585条约定违约金本义和功能定位。

二、赔偿性违约金学说下违约金的适用困境

（一）违约金与其他责任的关系

1. 赔偿性违约金与其他责任关系

违约金与其他违约责任的关系如何，即在约定违约金的给付效力发生时[②]，权利人在要求对方承担违约金时，能否同时要求违约方承担继续履行、赔偿损失的责任。持赔偿性违约金观点者认为，《民法典》第585条第1款的违约金为赔偿性违约金，其实质约定的是损害赔偿金，受损害当事人在获得赔偿性违约金之后，既不得再请求损害赔偿，也不得再请求实际履行债务[③]。亦即除针对履行迟延约定的违约金外，违约金与诸如继续履行、损害赔偿等违约责任并不相容。

2. 惩罚性违约金与其他责任关系

对于何为赔偿性违约金，中国主流学说认为合同未约定违约金类型或约定

[①] 修理、重做、更换、退货被归类为违约责任形式中的继续履行。但在理论与实践中，违约方承担上述违约责任并不影响守约方向其追究违约金。只是，违约金的金额会因完成修理、重做或更换而成为酌减的理由之一。故本文中对于继续履行与违约金能否并用的论述，不涉及上述几种责任形式。

[②] 违约金发生给付效力存有两个核心要件：一是约定了违约金，二是发生违约行为。参见姚明斌：《违约金论》，中国法制出版社2018年版，第192页。

[③] 参见梁慧星：《合同通则讲义》，人民法院出版社2021年版，第388页。

不能时，推定为赔偿性违约金①，司法实践中也是遵循此学理作裁判②。依此逻辑解释，如在合同中明确约定违约金为惩罚性违约金的，则不属于未约定和约定不明，故该违约金为惩罚性违约金应无疑义。问题是：当合同中明确违约金的类型为"惩罚性违约金"，违约金与其他违约责任之间的关系应如何处理？

（二）裁判分析和适用困境

依持赔偿性违约金学说的逻辑，惩罚性违约金似乎可以与其他诸如法定损害赔偿、继续履行同时适用。如在福建某公司与泉州某晋江分公司买卖合同纠纷案中，法院支持了惩罚性违约金的诉请，同时违约方还应支付货款继续履行合同③。因《民法典》第585条规定的是赔偿性违约金，故惩罚性违约金不受《民法典》第585条规范限制。如此，就难以得出"在当事人获得违约金后，不得再请求损害赔偿，也不得再请求实际履行债务"的结论。因此，当约定违约金为惩罚性违约金且违约方违约时，守约方在获得违约金后，依然有权要求违约方承担其他违约责任。引申之，从民法典违约责任制度体系性视角分析，假定当事人针对同一事项既约定了定金，又明确约定了惩罚性违约金，在一方行为同时触发定金和惩罚性违约金的适用条件时，守约方似乎可以同时主张定金和惩罚性违约金。此时，约定违约金明显高于损失时能否进行调减？

1. 违约金明显高于损失时的困境

在赔偿违约金学理制度下，当事人明确约定为惩罚性违约金，与其他违约责任并用时，导致的结果极可能是违约金明显高于损失。这无疑会在当事人间造成实质的不公平，从而背离限制违约金的学说和立法初衷。这种以合同语言作为区分违约金类型的标准，自然会受到诟病。在司法实践中，如立足以合同用语来区分惩罚性违约金与赔偿性违约金，并赋之不同法律后果，当事人便会轻而易举地规避法律规则的合理控制，让限制违约金金额制度成为"死海里的苹果"。

针对以上问题，能否适用酌减规则解决？答案并非一目了然。依持赔偿性违约金者的逻辑，既然认为《民法典》第585条规范的仅是赔偿性违约金，那么将惩罚性违约金排除在酌减规则之外才是妥当的，亦即酌减规则不适用赔偿

---

① 参见崔建远：《合同法》（第3版），北京大学出版社2016年版，第392页；黄薇主编：《中华人民共和国民法典合同编解读（上册）》，中国法制出版社2020年版，第413页。

② 参见江苏省常州市中级人民法院（2018）苏04民终157号民事判决书；江苏省常州市中级人民法院（2019）苏04民终3200号民事判决书；海南省海口市中级人民法院（2019）琼01民终5217号民事判决书；山东省枣庄市中级人民法院（2019）鲁04民终1604号民事判决书；贵州省毕节市中级人民法院（2020）黔05民终1317号民事判决书等。

③ 参见福建省福州市中级人民法院（2021）闽01民终417号民事判决书。

性违约金。否则，就会呈现一种滑稽局面：即《民法典》第585条第1款规定的违约金是赔偿性违约金，而第2款所述的违约金则包括了赔偿性违约金和惩罚性违约金，亦是说，第1款和第2款中的违约金的内涵不同。

2. 类推适用的解释方案及困境

司法实践中有的法院借用公平、诚信原则对惩罚性违约金予以调减[①]。中国学说对此困境亦有兼得鱼与熊掌的方案，其认为，于约定惩罚性违约金，且债务人违约时，债务人除须支付违约金外，其他因债之关系所应负的一切责任，均不因之而受影响。关于惩罚性违约金的数额，可以类推适用《中华人民共和国担保法》第91条关于定金上限的规定，不得超过主合同标的额的20%[②]。上述方案，既解决了惩罚性违约金与其他违约责任的同时适用问题，又通过类推制度兼顾了合同自由与实质公平。然此论断值得商榷，在此暂不探讨20%的上限是否过于僵化、绝对[③]，但从体系上看，类推适用酌减规则就会让民法典体系产生违和之感，因在赔偿性违约金学说下，如当事人在合同中明确地将违约金约定为惩罚性违约金，依以上逻辑，适用类推的不仅包括违约金的酌减，第588条中"定金与违约金择一适用的规则"也概莫能外。

《民法典》第588条明确了定金与违约金选择适用的规则。与《民法典》第585条一样，《民法典》亦未明确第588条中所规定的违约金类型。基于此，将《民法典》第585条的违约金与第588条中的违约金作统一解释应是最佳选择。在此前提下，如合同针对同一事项，同时约定定金和惩罚性违约金，在违约事项出现后，即使受损害方取得的赔偿明显高于损失，也不能直接适用第588条规定的择一适用规则，这无疑会导致当事人之间的利益失衡。为消除这种失衡状态，则又不得不使用类推，即类推适用第《民法典》588条规定的定金与违约金择一适用规则。如此，在约定违约金为惩罚性违约金时，《民法典》第585条第2款规定的司法酌减规则和第588条规定的定金与违约金的择一适用规则，都无法直接适用。在受损害方可能获得的赔偿明显高于所遭受损失时，只能双双使用类推以平衡失衡的利益关系。在《民法典》出台前，这无伤

---

① 参见甘肃省嘉峪关市中级人民法院（2019）甘02民终35号民事判决书。一审法院结合本案中合同履行的实际情况和被告过错程度，按照公平和诚实信用原则，体现违约金的补偿性为主、兼具惩罚性原则，在当事人明确约定为惩罚性违约金时，法院酌情调减惩罚性违约金。

② 参见韩世远：《合同法总论》（第三版），法律出版社2011年版，第658—666页。

③ 有观点认为：20%的规则，与违约金酌减制度相比，过于僵化、绝对。参见姚明斌：《违约金酌减制度的规范构成》，《法学》2014年第1期；姚明斌：《违约金论》，中国法制出版社2018年版，第295页。实质上，该观点曲解了韩世远教授的意图，因其在论述该观点时，使用的是"不高于20%"的说法，亦是说，此处的20%是一个浮动区间，即从0至20%，而非如批评者所认为的那样是一个绝对值。

大雅，但在《民法典》实施后，法条的如此适用方式是对《民法典》立法技术的另类嘲讽。鱼与熊掌不能兼得，诚不可欺。

三、惩罚性违约金学说下违约金的适用困境

（一）惩罚性违约金判断标准的逻辑谬误

对惩罚性违约金的判断标准，学说中有损失差额说、责任关系说、单一说、合同约定说、混合说以及计算标准难易说①。在上述六种学说中，损失差额说、责任关系说和单一说都有一定道理，混合说和计算标准难易说则难以成立。合同约定说，虽在判断违约金类型时较为简便，但在涉及与其他违约责任关系、司法酌减规则是否适用于惩罚性违约金时，该学说无法厘清违约金与法定损害赔偿、司法酌减规则适用范围等内在关系，亦即该学说于解决实际问题无益。

1. 混合说的谬误

混合说同时设定了三个标准来判定约定的违约金是否为惩罚性违约金，其认为：如果约定了明显高额的违约金，或者违约金不排除继续履行或者法定的赔偿损失，则可以认定为惩罚性违约金。同时，其认为《民法典》第585条规定的违约金以赔偿性的违约金为原则，当事人无约定或者约定不能时，推定为赔偿性违约金②。混合说采用的第一个标准是差额损失说，第二个是责任关系说，第三个是依合同使用的语言判断。混合说试图多头兼顾，但这不仅有叠床架屋之嫌，而且不科学，甚至相互矛盾，因不同的判断标准之间并非相容关系，强行并列，矛盾自现。

2. 计算标准难易说的谬误

计算标准难易说认为，在合同订立时，针对受损害的损失能够计算的违约金为赔偿性违约金，而利益损失难以计算、难以预估甚至不可赔的违约金为惩罚性违约金③。实质上，违约金的设定除去具有简化举证责任的功能，还含有填补不可赔损害的功能，而"不可赔损害"不仅包括非财产的损害，也可以是

---

① 损失差额说是指，约定的违约金明显高于实际损失，因高于实际损失的部分具有惩罚性，故称之为惩罚性违约金。责任关系说是指，约定的违约金与其他违约责任在适用上可并行不悖，即违约金是损害赔偿之外的附加负担。单一说认为只有惩罚性违约金才是真正的违约金，该观点内涵的逻辑实质是否定了赔偿性违约金作为违约金的存在，故暂称之为单一说。合同约定说是指，违约金类型以合同的明确约定为准，如合同条款中未约定或约定不明，推定为赔偿性违约金。计算标准难易说是指，以利益损失计算的难易程度为标准区分赔偿性违约金和惩罚性违约金的学说。

② 参见黄薇主编：《中华人民共和国民法典合同编解读（上册）》，中国法制出版社2020年版，第413页。

③ 参见王利明主编：《中国民法典释评·合同编·通则》，中国人民大学出版社2020年版，第613页。

难以证明的实际损失。亦是说，在预定损害赔偿总额时，当事人完全可以将容易计算的损失和难以计算的损失，甚至是精神损失一起纳入其中。依该学说的逻辑，有些违约金条款既是赔偿性违约金，又是惩罚性违约金条款。故而，以损失计算的难易程度为标准，区分赔偿性违约金和惩罚性违约金是不妥当的。

3. 合同约定说的缺陷

当合同明确约定违约金的类型时，出于对意思自治的尊重，易判别出违约金的类型，但其所具有的意义也仅限于此。因对违约金予以类型化的目的并不单纯地在于识别，而是为判断其与其他诸如损害赔偿等违约责任的适用关系，以及是否适用酌减规则。无论是损失差额说倡导的违约金不能与损害赔偿并用，抑或从违约金应与其他违约责任并用而发展出的责任关系说，目的都在于解决以上问题。在类型化方法上，上述两种学说，都是在论证不同类型违约金的法律效果是否具有正当性的基础上，进而定型。亦即，损失差额说和责任关系说是基于法律效果正当性的论证，然后反推确定违约金的类型。直接由合同约定违约金类型，在方法上类似反其道而行之，即先不考虑法律效果而直接约定违约金的类型。实质上，如法律未就不同类型违约金规定法律效果，或学说上对不同类型违约金的法律效果没有统一认识，此种约定于实务适用层面，并无减少争议的积极意义。

基于此，在讨论约定的惩罚性违约金与其他违约责任能否并用时，本文暂忽略混合说、计算标准难易说和合同约定说三种观点。

（二）惩罚性违约金与其他责任关系

1. 责任关系学说下，违约金与其他责任的关系

根据责任关系说，惩罚性违约金是一种与其他违约责任并行不悖的违约金类型，其惩罚性表现在附加于既有法定违约责任之外的给付负担[1]。从责任关系说对惩罚性违约金的定义不难看出，划分出惩罚性违约金的基础，正是其作为附加给付负担可与其他违约责任同时适用。否则，分类基础就会丧失，分类自然将不复存在。中国司法实践中有法院认为："如果当事人约定的违约金是惩罚性违约金，债务人一旦违约，债权人不仅可要求债务人支付违约金，而且还可要求继续履行债务与赔偿损失。"[2]

问题是：当惩罚性违约金与损害赔偿并用，又如何解释"应避免债权人双重得利"这一相对刚性的原则呢？对此，持此学说者提出了两种不同对策。一

---

[1] 参见王家福主编：《民法债权》，中国社会科学出版社2015年版，第227页；崔建远：《合同法》（第三版），北京大学出版社2016年版，第392页。
[2] 参见北京市第一中级人民法院（2018）京01民终179号民事判决书。

是，为保持逻辑通畅，坚持认为惩罚性违约金与损害赔偿并用[①]，而对于两者相加明显高于损失的部分，类推酌减，标准参照定金20%的规定。此观点不能成立，理由前文已述，此处不赘。二是，有观点一改界分惩罚性与赔偿性违约金标准的立场，不再坚持违约金可与损害赔偿并用，而是认为违约金是赔偿总额的预定，在违约金与损害赔偿之间，由债权人择一行使[②]。然如此处理，面临两个难题。第一，责任关系说一方面认定违约金可与其他违约责任并用，且将之作为区分赔偿性与惩罚性违约金的基础，另一方面又否定其与同样作为违约责任的"赔偿损失"并用。这不仅自相矛盾，且分类基础被否定，而基础被否定，分类自不存在。第二，如惩罚性违约金与赔偿损失不能并用，那其作为"附加的负担"中的"附加"这一主要特性将无从体现。

2. 损失差额说下，违约金与其他责任的关系

当违约金请求权发生给付效力时，违约金与受损害方遭受的损失相较，大致存有三类情形：一是，约定的违约金与损失相等。二是，约定的违约金低于损失。对此，受损害方可以要求调增违约金，或选择提出法定损害赔偿的请求[③]。三是，约定的违约金金额高于损失。此种情形又分两类：一种是违约金金额明显高于损失，另一种是违约金金额高于损失但不明显。再次分类的意义在于，在司法酌减规则适用上，只有明显高于损失的才会纳入酌减视野。

损失差额说认为违约金兼具惩罚和补偿双重属性，约定金额高于实际损失者即表现为惩罚属性，约定金额低于实际损害者则凸显补偿属性。这种观点在司法实践中也较受青睐[④]。从损失差额说的定义以及结合违约金与损失相较所出现的三类情况来看，具有惩罚含义的惩罚性违约金是指第三类。事实上，在实务中所定位的"惩罚性"，大多也是在超额赔偿结果意义上使用"惩罚"的内涵。既然"惩罚"是违约金金额与损失对照得出的结果[⑤]，而赔偿性违约金又是预定的损害赔偿，则可推之：惩罚性违约金只能依附于赔偿性违约金的存在而存在，只能与赔偿性违约金混为一体。

损失差额学说下，违约金不能与其他违约责任并用应无疑义，但问题是差额只能在违约行为发生、损失确定的情形下才能被计算出来，亦是说，在当事

[①] 参见韩世远：《合同法总论》（第三版），法律出版社2011年版，第669页。
[②] 参见崔建远：《合同法》（第三版），北京大学出版社2016年版，第410—414页。
[③] 在约定有违约金条款时，受损害方能否不使用违约金的约定而直接请求法定损害赔偿，在学说中存有争议。有观点认为，既然约定的有违约金条款，应以约定优先；亦有观点认为，在约定了违约金条款，且违约发生时，受损害方有选择权，既可以依违约金条款主张，也可以直接提出法定损失的赔偿，两者是选择性竞合的关系。
[④] 参见姚明斌：《违约金论》，中国法制出版社2018年版，第109页。
[⑤] 即约定的违约金金额大于损失的部分谓之惩罚。

人约定违约金条款时，无法判断所约定的违约金属于何种类型，自然无法判断其具有何种法律效果①。如果将当事人约定违约金的行为视为一种具有相对效力的"立法"②，那么在立法时，"立法者"竟然无从对其确定的规范作性质和效果的预设，这显然是无法接受的③。

更致命的是，从最终守约方获得的赔偿金额看，如约定的违约金金额高于损失，其除能获得用于填补损失的违约金外，还能获得高于损失的那部分惩罚性赔偿。相反，如约定的违约金金额与损失大体相符，实际的效果是守约方在获得违约金后，无法再主张高于损失的金额。这在实务中会带来两个问题：第一，当事人，尤其是处于强势地位的主体，在约定违约金金额时，宁愿高估损失，选择一个高额的违约金金额。第二，在违约方违约时，如违约金金额合理，与损失基本匹配，为减少诉累，违约方接受支付违约金的可能性较大，而高额的违约金金额，封堵了违约方主动支付违约金之路，争议发生的概率增大。

四、违约金类型化的再思考——以单一说为样本

（一）单一说观点与比较分析

1. 单一说基本观点

单一学说认为，赔偿性违约金本质上并非违约金制度④，只有惩罚性违约金才是真正的违约金，原因是赔偿性违约金被认为是损害赔偿总额的预定。依照事理，损害赔偿总额不是违约金制度，并非独立于违约责任的履约担保制度，而是损害赔偿制度⑤。单一说下的惩罚性违约金是以否定赔偿金违约金的存在为基础而划分出的违约金类别。

单一说亦从功能上指出了赔偿性违约金与惩罚性违约金的差异，并在此基础上界定惩罚性违约金。其认为正是违约金高于通常损害预期这一特质，才能对债务人形成一种压力，促使其依照债之本旨履行，并防止将来违反义务，中国学说上所谓的惩罚性违约金，类似德国法上的纯粹违约金，也即担保性违约金，惩罚性违约金等同于担保性违约金⑥。

---

① 参见姚明斌：《违约金论》，中国法制出版社2018年版，第122页。
② 参见姚明斌：《违约金论》，中国法制出版社2018年版，第123页。
③ 参见薛军：《法律行为"合法性"迷局之破解》，载《法商研究》2008年第2期。
④ 参见王洪亮：《债法总论》，北京大学出版社2016年版，第431页。
⑤ 参见王洪亮：《违约金酌减规则论》，载《法学家》2015年第3期。
⑥ 参见王洪亮：《违约金酌减规则论》，载《法学家》2015年第3期。

2. 单一说与其他学说的关系

既然单一说认为赔偿性违约金与违约金风马不接,那显而易见,该观点不是建立在将损失与违约金金额对比的基础之上,亦是说,单一说与差额损失说采用的并非同一进路。

单一说与责任关系说是否系出同门?单一说在论证违约金与损害赔偿关系时指出,违约金请求权与损害赔偿请求权各自独立,其中一个发生效力时,并不排斥另一个请求权的效力[1]。依上述描述,其看似与责任关系说无实质性差异,但该观点同时认为,确定债权人能否一并主张违约金请求权与损害赔偿请求权的基本判断点在于两者指向的利益是否同一。如果利益是同一的,债权人不能一并主张,如果利益非同一,则可一并主张[2],理由是依据民法损害赔偿原理,损害赔偿的目的在于填补损害,法律上不允许当事人基于一个损害获得两次赔偿[3]。故而,认为违约金可以与其他所有违约责任一并请求,甚至不受酌减规则之约束是错误的[4]。从法律效果看,单一说与责任关系说的底层逻辑并不相同。

(二) 单一说的理论缺陷

1. 单一说下不应有惩罚性违约金的概念

类型化的过程,就是根据特定事物与其他事物相联系的方式,给它一个精确的"位置"的过程[5]。在定位过程中,一种类型之所以能独立存在,得益于其他独立类型的衬托。从分类的先后顺序观察,先有对比,即找寻不同特征与关联,才有划分类型的可能。然后通过对比,找出该事物的典型特征是否以某种数目与强度的存在,是否有独立成型的可能与必要。既要对比,就应有用于对比的参照物,如参照物缺失,就无所称典型的、与其他类型不同的特征之说。故而,事物中不同类型之间的关系是一种相互为参照物的关系。

在类型化违约金时,其之所以被划分出不同类型,同样是对比的结果。例如,以法定还是约定为标准,分为法定违约金与约定违约金,以是否具有补偿或惩罚功能为标准,分为赔偿性违约金和惩罚性违约金。作为相对应类型出现的赔偿性违约金与惩罚性违约金,如否定其中任何一种类型的存在,皮之不存,毛将焉附?单一说认为赔偿性违约金不是违约金,那既如此,就不应得出"惩罚性违约金才是真正的违约金"的结论,在类型化的方法论下,"惩罚性"

---

[1] 参见王洪亮:《债法总论》,北京大学出版社2016年版,第437页。
[2] 参见王洪亮:《债法总论》,北京大学出版社2016年版,第437页。
[3] 参见王利明:《合同法研究》(第2卷),中国人民大学出版社2010年版,第601页。
[4] 参见王洪亮:《违约金酌减规则论》,载《法学家》2015年第3期。
[5] 参见 D. Q. 麦克伦尼:《简单的逻辑学》,赵明燕译,浙江人民出版社2013年版,第44页。

三个字并无存在必要。此时的结论就演变为"违约金才是真正的违约金",个中谬误一目了然。

2. 单一说对压力与补偿功能定位的缺陷

单一说虽认为违约金给付效力发生后的"损害赔偿"应交由损害赔偿法调整,而不应纳入违约金制度,但在论述违约金所具有的功能上,却并未否定违约金所具有的双重功能,其认为,在违约金给付效力发生前,具有压力功能,以有威慑力的、压制性的违约金对债务人施加预防性的压力,使其信守合同;在违约金给付效力发生之后,其具有损害赔偿功能。在论述两种功能的关系上,其认为违约金的两个功能并非同等重要,压力功能是主要的,而损害赔偿功能则是次要的[①]。上述观点值得商榷。

首先,将违约金给付效力发生后的损害赔偿交由法定损害赔偿规则调整是错误的。中国法体系下,法定损害赔偿规则中的"损失"与违约金下的"损失"有天壤之别。两者对于"损失"是否为构成要件存在差异。损害赔偿法中的赔偿损失须以"损失"的发生为必要,如《民法典》第577条中的"赔偿损失"这一责任形式,其构成要件之一是"存在损失",无损失,则无赔偿;而约定的违约金条款,"损失存在"并非违约金给付请求权发生效力的要件,讨论损失是否存在以及损失大小的意义仅在于其是考量酌减的因素之一。同时两者在概念范围的内涵与外延上存在差异。例如,违约金金额可将精神损害赔偿预定为损失,而损害赔偿法框架下的损失,是指实际已经发生的损失,精神损害赔偿无法纳入其中。

其次,在对比压力功能与补偿功能地位时,无法得出压力功能为主、补偿功能为次的结论。补偿功能自合同生效开始存在,一直到顺利履约或清算完毕才消失。补偿功能有单独存在的情境,而压力功能根本无法脱离补偿功能而单独存在。如需将两种功能的重要性予以对比,实质上补偿功能显得更为重要。当违约行为发生之时[②],压力功能就会消失,因当违约已成既成事实,且不可逆时,按债之本旨履行已无可能,或无意义,这当然意味着行为控制失去意义。此时,压力功能消失,补偿功能得以彰显。

最后,压力与补偿功能在合同不同阶段存在状态相异而定位不同。以"实施违约行为"这一违约金给付请求权发生效力的要件是否存在为坐标,可以观察到在不同阶段违约金功能的存在状态。违约前,压力功能现实存在,补偿功

[①] 参见王洪亮:《债法总论》,北京大学出版社2016年版,第426页。
[②] 为便于论述,此处的违约行为假定为根本违约行为,以下同。

能则体现出现实性和预定性的双重属性。现实性主要体现为对压力功能发挥效用的保障性,预定性在于违约金给付请求权发生效力需条件的成就,即发生违约行为。条件成就前,不生效力,赔偿金额即使确定,亦不能主张,一旦违约行为发生,则效力发生是必然结果。履约顺利完成,压力功能因完成使命消失,补偿功能亦随之消失,两者并存,且同时消失。违约行为发生,因行为控制丧失实质意义,压力功能消失,而补偿功能登场,从预定性和现实性演化为完全的现实存在,两者的关系为压力功能消失,补偿功能存在。故而,在违约金所具有的双重功能中,认为压力功能比补偿功能重要是错误的。

3. 单一说下违约金与其他制度存在适用冲突

关于违约金请求权与损害赔偿请求权关系问题,单一说明确违约金请求权与损害赔偿请求权并行的条件是"利益不同一",在"利益同一"时,违约金与损害赔偿之间属于选择性竞合关系。以上结论因在理论与实践中存有争议而难以定论,但可以肯定的是,单一说在论述两者能否并用时使用了偷换概念的方式进行降维打击。在论述违约金与其他违约责任能否并用时,实质上隐含着一个假定前提,即假定两者指向的利益是"同一利益",如此探讨才有意义。因在违约金与其他违约责任指向的利益不是同一利益的情形下,受损害方本就可以同时主张,这与违约金类型归属毫无关联。例如,在买卖合同中,约定的违约金指向的是保密义务,而在履约环节,供货方交付的货物存有质量问题,同时又违反了保密义务。此时,买受方同时主张交付瑕疵货物的违约责任以及违反保密义务的违约金毫无障碍,而这与违约金的类型并无关联。

在探讨违约金与其他违约责任能否并用时,只有在假定违约金与其他违约责任均指向同一利益时才有价值。还以上述案例为例,有价值的探讨是:当就保密义务约定了违约金,而出卖方违反保密义务时,买受方是否可以同时主张违约金,以及由此给自己造成的损失。

关于能否一并主张的问题,囿于避免债权人双重得利原则,单一说认为此时的违约金应作为最低损失额的预定,债权人可以就损害超过违约金部分主张损害赔偿[①]。显然,以上论述属于典型的削足适履式的解释。因从《民法典》的体系看,第585条第1款中的违约金应是赔偿总额的预定,而非"最低损害赔偿额"的预定,否则第2款前半段中关于"约定的违约金低于造成的损失的,人民法院或者仲裁机构可以根据当事人的请求予以增加"这一司法调增的规定难有适用空间。

---

① 参见王洪亮:《违约金请求权与损害赔偿请求权的关系》,载《法学》2013年第5期。

五、《民法典》第585条中违约金的本义与功能

（一）《民法典》第585条中违约金的本义

中国民法学说对违约金类型化的主要成就是划分了赔偿性违约金和惩罚性违约金，划分的标准系着眼于违约金的功能。基于补偿功能，衍生了赔偿性违约金的类型，如"违约金金额高于损失"，则赋予了违约金以惩罚性，进而认为违约金具有压力功能。显然，立足于违约金的功能分类，得出的只能是盲人摸象式的结论。这源于两点。一是，违约金具有补偿和压力功能，且在违约金给付请求权发生效力之前，两者同时并存。故而，无论是立足补偿功能还是压力功能面对违约金分类，所得结论都难能周全。二是，违约金具有预定性。违约金金额在被当事人确定之时，违约行为尚未发生，损失因未出现而具不确定性。故而，以损失金额与约定的违约金金额之间的差异来区分违约金类型，或论证违约金的功能，任何结论都只能是事后诸葛。然当违约行为发生、损失出现成为既定事实，再倒推论证违约金的类型和功能已无意义，因这时的压力功能已是明日黄花，得出的结论仅对个案具有意义。

正是基于以上考量，《民法典》第585条中并未明确违约金的类型。而事实上，违约金不应具有惩罚性，即使约定的违约金金额高于实际损失，亦是如此。而违约后的损失与约定的违约金金额相比，无论高低，现有的法律制度都设置了相应的解决方案。故在中国法体系下，违约金就是违约金，没有必要采用郑人买履式的方法，以违约金的功能为标准来划分违约金的类型，即《民法典》第585条中的违约金既不是惩罚性违约金，也不是赔偿性违约金。

（二）惩罚性功能的剔除

中国对于违约金具有的补偿功能争议不大，违约金预定的损失涵盖不可填补损失，即违约金可以适当高于实际损失亦得到学界认可。问题是：违约金被冠以"惩罚性"功能的根源何在？这源于两点：一是，类型化违约金的需要，因只有确立"惩罚性"，才能确立"赔偿性"这一相对应概念；二是，当违约金数额不合理地高于违约造成损失数额时，学说赋予了违约金以惩罚功能。

然而，除法律明确规定之外，民法体系中是否应有"惩罚"存在的余地？从惩罚特质看，其至少应具备三个方面：一即非出自自愿；二即加诸不利益[1]；三即被惩罚者存有过错，且过错与责任大致相匹配，过错越大，惩罚越重，反之则相反。以上述特质检验违约金可发现，约定的违约金，即使金额高

---

[1] 参见曾世雄：《损害赔偿法原理》，中国政法大学出版社2001年版，第8页。

于因违约造成的损失,也不能将其理解为具有惩罚性。首先,违约金给付请求权发生效力的核心要件之一就是"合同约定了违约金条款",换言之,违约金是以当事人的合意为基础,而非源于外部强制。其次,一般而言,惩罚既然属于强制施加的不利益,应以违反规则之行为,尤其是行为中的过错为指向①。然而,中国法上违约金请求权的产生,除去合同约定和法律明确规定之外,原则上不以违约方有过错为前提。最后,中国法上,若无当事人特别约定,违约金请求权给付效力的发生,不以实际损害为必要。亦是说,只要合同约定了违约金,且一方当事人违约,即使违约方无过错,即使守约方未遭受损害,守约方也有权要求违约方支付违约金。显然,这与惩罚所体现出的责任与过错相匹配规则相去甚远。

有疑问的是:《民法典》第585条规定的司法酌减制度会考量过错,这是否属于对违约方惩罚的体现?毋庸置疑,过错程度的确是司法酌减考量的因素之一。2019年出台的《全国民商事审判工作会议纪要》第50条对此作了明确②。是否可解读出责任应与过错相匹配?答案是否定的。不可否认,过错程度是酌减时的参考因素,且过错程度与酌减幅度的大小有一定关联,但过错程度的作用也仅此而已,因酌减规则适用的最基本前提是违约责任成立,而违约责任的成立并不以违约方有过错和损失存在为必要,这在质上否定了"责任与过错相匹配"的规则。至于酌减,仅是一种量上的考量,其目的并非使过错程度与责任相匹配,而是避免出现"约定的违约金金额明显高于损失金额"的情形,即为平衡合同自由与实质正义之间的关系。司法实践中违约金通常是发挥补偿性功能,即便双方约定为惩罚性违约金,或又约定了损害赔偿,法院也会依据当事人请求予以适当调减③。

(三)违约金的压力功能

1. 学说概述及评析

关于违约金是否构成债的担保形式,学说上有"担保肯定说"与"担保否认说"的分野。担保肯定说是基于对债的一般担保的理解而得出的结论,而否认说亦是从论证违约金不符合债的担保的角度予以驳斥肯定说的观点。实质上,对违约金的担保功能的理解不应从债的一般担保的角度出发。合同实务中,在交易即将达成的临界点,站在潜在违约方的角度观察,违约金一方面可

---

① 参见姚明斌:《违约金论》,中国法制出版社2018年版,第110页。
② 《全国民商事审判工作会议纪要》第50条明确:"认定约定违约金是否过高,一般应当以《合同法》第113条(即现《民法典》第585条——作者注)规定的损失为基础进行判断……应当兼顾合同履行情况、当事人过错程度以及预期利益等因素综合确定。"
③ 参见湖南省长沙市雨花区人民法院(2021)湘0111民初12920号民事判决书。

通过自己主动或被迫承诺，来强化对方签约的信心。另一方面，强化对方信心的同时会给自己以一定的压力。如此，将违约金在行为控制阶段所具有的功能称为压力功能或担保功能，均无实质性差异。唯需注意的是，此担保非彼担保，违约金的担保功能指的是督促履行的担保，而非债权实现的担保。

压力功能源自何处？有观点认为：违约金可以让债务人直观和精确认识、感知其违约可能的后果。这种预知和警示正是压力功能的事实基础[1]。亦有观点认为：约定的违约金数额，超过实际发生的损害，而且依照一般损害赔偿规则不具有损害赔偿能力的损害，如无形损害或精神损害，也为违约金所涵盖，由此才能对债务人履约产生压力[2]。上述两种观点都值得商榷。

（1）观点一评析。观点一认为：违约金之所以具有压力功能，皆因其预定的金额更明确。事实并非如此。从法定损害赔偿所具有的功能看，一个无须赘述就可得出的基本判断是，法定损害赔偿制度同样具有督促履约的压力功能。只是其施展压力效用的原理与违约金发挥压力功能的原理相反。违约金通过已确定金额发生预知和警示效果，而法定损害赔偿的压力功能恰恰源于应赔偿，但金额不确定。这种不确定皆因赔偿金额往往不是简单的加减乘除，其涉及诸多规则的运用，如不可预见规则，与有过失、损益相抵等规则。这些规则的存在，致使在计算损害赔偿金额时，需经裁判人员的主观性过滤。众所周知，最无法预知的就是主观因素，如此，当事人会因赔偿金额的不确定而形成类似夜半临渊式的压力。故而，就压力功能的效用看，约定的违约金与法定损害赔偿并无质的差异。除此之外，还有一点不同：一个是事前确定，一个是事后才能确定。

反观之，单以违约金能预先确定金额而赋予其压力功能是以偏概全。之所以得出上述结论，皆因私法的规则更应该被解析为可选择的而不是无条件的[3]。他们把所有的法律规则看作是行为的价码、制裁危险贴现的可能性以及对"成本—效益"的数据分析[4]。在利益的诱惑下，当事人会估算遵守或者违反规则的成本与收益。因此，当事人即使理解规则的效力，知道合同的拘束力有着国家强制力作为保障，也并不代表他们会遵从规则，而事先确定的违约金金额，恰恰给违约方一个相对精准估算成本与收益的便利，这显然与违约金设

---

[1] 参见姚明斌：《违约金论》，中国法制出版社2018年版，第103页。
[2] 参见王洪亮：《债法总论》，北京大学出版社2016年版，第424页。
[3] 参见[美]斯蒂文·J.伯顿主编：《法律的道路及其影响》，张芝梅、陈绪刚译，北京大学出版社2012年版，第47页。
[4] 参见[美]斯蒂文·J.伯顿主编：《法律的道路及其影响》，张芝梅、陈绪刚译，北京大学出版社2012年版，第15页。

计的功能大相径庭。

(2) 观点二评析。观点二认为：如果违约金的基础与范围与实际损害甚或损害相当，对债务人根本不构成压力，这些损害本来就在其预料之中或是其应担之责①。故违约金不应以损害为基础，违约金作为最低损害赔偿额的预定，会因约定金额高于损害，而给潜在守约方施加压力②。此观点的核心是将违约金定位为"最低赔偿额预定"。对此，前文已述其弊端，此处不赘。

2. 压力功能来源

对履约驱动力的整体考察可从以下几个方面进行。一是，合同的本质。常态下，合同的本质是互蒙其利。极端地看，就算没有违约金和法定赔偿机制，当事人欲想获利，除去交易达成之外，关键在于顺利履约。这是当事人实施自我控制即如约履行的原始驱动力。二是，自我约束与外部强化制度。合同是对未来交易的规划③。未来是未知的，在签约之后，履约这一已知与未知交互的时段，与签约时点的情事相比，客观变化、当事人主观认识变化、合同目的变化等，都可能让当事人对合同的态度发生变化，亦是说，当事人对通过合同欲谋之利的形态、数量等的认知可能会发生变化。此时，当交易当事人自认无利可图时，自我的道德约束，虽不会绝对地降低违约、毁约的概率，但也不能完全否定道德约束有促使当事人履约的功能。

从压力来源形态上看，如果说违约金、法定损害赔偿是一种有形的、可量化的外部约束，那么，除去自我道德约束之外，还有一种无形的，甚至是只能意会不能言传的约束。例如，商誉、经营者对自我的认同以及对社会负面评价的惧怕，对经营层的考核等，同样是一种约束，同样是压力的来源。与道德约束一样，此约束亦可归类为自我约束，只是与道德约束相比，这种约束多了些对功利因素的考量。而考量功利因素，离不开违约金制度、法定赔偿制度等外部强化制度，或者说外部强化制度是作出判断的基点之一。例如，在某些国企公司，诉讼、应收、应付管理等是考核经营层的内容，这直接关系到他们的绩效与评价。考核与评价会让情形变得更加复杂，亦即当事人在面临履约与违约的选择时，经营层不仅会考量经济利益，还会衡量个人的荣辱得失，甚至有些时候，对经济利益的考量会退居到个人得失之后。盈亏由市场决定，而企业承担违约金，或因违约而支付赔偿，往往让经营层陷于百口莫辩的境地，随之而

---

① 参见王洪亮：《债法总论》，北京大学出版社 2016 年版，第 424—425 页。
② 参见王洪亮：《债法总论》，北京大学出版社 2016 年版，第 428 页。
③ 参见 [美] Lan. R. 麦克尼尔：《新社会契约论》，雷喜宁、潘勤译，中国政法大学出版社 2004 年版，第 4 页。

来的责任追究风险会给决策者带来巨大压力,这种压力势必会影响经营者选择,而当经营者将自己内心的选择表现于外时,往往就成了当事人的选择。

3. 违约金的压力功能及受压主体

确定的违约金金额是否为压力功能主要来源？仍以国企公司为例,对国企经营层而言,公司是否承担违约金是关系到其被追责的"质"的问题,金额大小属于涉及责任严重程度的"量"问题。故于经营层,压力或者最主要的压力源于公司是否承担违约金,金额大小虽同为一个重要因素,但在经营层的考量中,其往往处于第二层次。由此,虽不能说压力功能与"确定金额"无关,但事实上,这个所谓的"确定金额"有时的确不是压力功能的主要来源。此外需注意的是,压力功能并非违约金制度独有功能。如未约定违约金,而违约之后的法定赔偿、合同因违约被解除后的责任承担等,同样会让经营层面临被追责的风险。于经营层而言,这种压力与约定确定金额的违约金所带来的压力并无质的区别。

从违约金制度与其他制度的关系看,违约金压力效用的发挥必须依托于违约金制度与其他救济制度的整体设计。违约金制度中,既有确定的违约金金额的功劳,又有因酌减、调增制度的存在而使最终的赔偿金额处于不确定的贡献,压力功能源于上述两个方面。从结果意义上看,在纠纷解决时,不确定的金额终会被确定,而不确定金额被确定需借助法定赔偿制度的配合。

从受压主体看,确定的违约金金额,能让潜在违约方快速、准确地预判自己违约行为所面临的赔偿。故违约金金额对潜在违约方形成压力,在一定程度上阻止其轻举妄动,增加忠实履约的概率。酌减和调增带来的金额的不确定性也使其压力功能得以发挥,一方面,酌减制度对守约方形成一定的压力。在诉讼或仲裁中,减少金额的多寡虽是裁判者自由裁量的范围,但裁判者必须遵守相应的规则。故酌减金额的不确定性,增加了守约方的判断和选择难度。另一方面,调增制度会让潜在违约方意识到,如自己欲选择违约,并非仅按约定支付违约金那么简单。综上可看出：违约金压力效用的发挥除违约金制度自身作用之外,法定赔偿制度中确定的规则功不可没,且违约金制度与法定赔偿制度一起给予了合同各方以压力,以避免交易失败。

六、结语

违约金是否予以类型化首先应遵循文义解释基本方法,严格来讲,《民法典》第585条未明确违约金的类型,司法裁判中就无考量违约金类型的必要。然而,学说倡导的类型化解释深深地影响了司法实践。我国实证法体系,以功能不同为标准将违约金划分为赔偿性违约金和惩罚性违约金是一种伪类型化，即《民法典》第 585 条中的违约金既不是赔偿性违约金，也不是惩罚性违约金。虽如此，并不影响违约金所具有的补偿和压力功能，而无论是补偿功能，还是压力功能，其若发挥效用，势无脱离法定赔偿制度、合同解除规则等制度协同的可能，否则违约金的功能只能是纸上谈兵。

合同法定解除的司法适用与障碍消解

——在法律解释的视域中探究

闵小梅　方　强[*]

> **摘　要**：合同法定解除是司法实践中的重要法律问题，《民法典》虽然对法定解除权的行使规则予以了一定的完善，但对其技术性规范未有明显突破，以致具体司法实践中，在解除条件的判定、解除后果的处理等方面仍然存在诸多争议。本文尝试从法律解释的视域对司法实践中的合同法定解除进行实证分析，并在此基础上对有限法律解释范式进行初步探讨。
>
> **关键词**：《民法典》合同编　法定解除　法律解释　障碍消解

合同法定解除赋予当事人单方消灭合同的权利，该项权利的行使关涉合同各方（甚至第三方）的重大利益，在司法实践中，对于解除条件的判定、解除后果的处理等方面存在诸多争议，如对于"违约行为致使不能实现合同目的"中"合同目的"如何具体化，"一方明确表示不履行主要债务"中"主要债务"如何划定，以及合同解除后的法律后果如何妥当承担等。司法裁判的核心在于法律适用，上述问题在合同法定解除的法律适用中，如横亘在规范与事实之间交流通道上的障碍，实有必要加以研究并消解之。

一、合同法定解除的司法适用

《民法典》对合同解除制度进行了一定的补充与完善，对解除权的法定除斥期间、通过司法机构解除的生效时间、解除后的违约责任和担保存续等问题进行了细化与明确，为合同解除制度的法律适用提供了更为清晰的指引。但就

---

[*] 闵小梅，四川大学法学院博士研究生，西南医科大学外国语学院讲师。方强，泸州市江阳区人民法院一级法官。

合同法定解除而言，《民法典》基本沿用了原《中华人民共和国合同法》（以下简称《合同法》）第94条的规定（仅增加了第2款不定期合同的任意解除制度），在技术性规范方面未有明显突破，司法实践中面对的一些关键性问题仍然亟待解决。

（一）案例观察

合同法定解除是司法实践中常见的法律问题。据不完全统计，自《民法典》实施以来，涉及合同法定解除的司法案件就有95347例，且案件类型广泛，除常见的买卖、借贷、租赁、承揽等合同纠纷外，还涉及人格权、婚姻、继承、物权、劳动争议等方面。[①] 为更好地观察合同法定解除法律适用中的具体问题，笔者通过分层抽样，在这些案件中选取了80例案件，其中包括买卖合同纠纷21例、租赁合同纠纷13例、房屋买卖合同纠纷9例、借款合同纠纷8例、承揽合同纠纷5例、委托合同纠纷5例、教育培训合同纠纷5例、建设工程合同纠纷5例，此外，还有行纪合同纠纷、挂靠合同纠纷、合伙协议纠纷、农村土地承包合同纠纷、劳务合同纠纷等9例。

上述80例案件中，法院支持解除合同的有73例，占比高达91%。值得讨论的是，这些支持解除的案例中，法律适用是否都是妥当的？解除事由的遵循的是怎样的判断标准？这些标准是否蕴涵着弹性、宽泛的"不自觉意识"？

（二）问题验证

1. 关于解除事由

从解除事由来看，在73例支持解除的案件中，因"履行期限届满前，当事人一方明确表示或者以自己的行为表明不履行主要债务"而解除的有5例，因"当事人一方迟延履行主要债务，经催告后在合理期限内仍未履行"而解除的有3例，因"当事人一方迟延履行债务或者有其他违约行为致使不能实现合同目的"而解除的有61例，未说明解除事由的有4例。可见，"不能实现合同目的"是合同法定解除的主要事由，也是司法裁判的核心，但合同目的能否实现并没有明确的判断标准，在司法实践中往往靠法官的"不自觉意识"进行判断。

如在谢某与彭某合同纠纷一案中，双方约定被告彭某将其经营的五金业务转让给原告谢某，转让内容包括五金店、网店、微信、支付宝、手机号码、座机号码、货物等；双方就店面和仓库货物进行清点交付后，被告未将微信、电话号码、支付宝账号过户到原告名下；后经原告多次催促，被告仍不肯将微

[①] 该数据主要来源于"北大法宝数据库"，统计日期为2023年2月10日。

信、电话号码等过户到原告名下,也不肯退还转让费;原告以此为由提起诉讼,请求解除双方签订的转让协议。法院审理后认为被告未将案涉网店、微信、电话号码、手机号码、支付宝等账号和密码交付给原告的行为"致使合同目的不能实现",属于合同法定解除的事由,支持了原告的诉讼请求。①

该案中,原告的请求权基础应当是"当事人一方迟延履行主要债务,经催告后在合理期限内仍未履行",而法院支持解除的理由是"致使合同目的不能实现"。该法律适用是否妥当?被告未将网店、微信、电话号码、支付宝账号等交付给原告是否属于"不履行主要债务"?获取五金业务网店的微信、电话号码、支付宝账号是否属于原告的"合同目的"?该案是否达到了"致使合同目的不能实现"的程度?遗憾的是,判决书中并未对上述问题进行详细论证。

再举一例。原告沈某与被告何某、田某合同纠纷一案:某地产公司将工程劳务发包给两被告何某、田某,两被告又将工程部分劳务分包给原告沈某,合同约定了施工工期,但未约定具体开工日期;事后,该工程一直未开工。原告以"合同目的不能实现"为由提起诉讼,请求解除双方签订的劳务分包合同;被告称案涉工程只是暂不能开工,不同意解除合同,并表示若最终明确案涉工程确实无法开工,会向原告退还押金。法院审理后认为,"合同签订后,案涉工程因各种原因至今未开工,致使合同无法履行",属于"当事人一方迟延履行债务或者有其他违约行为致使不能实现合同目的,当事人可以解除合同"的情形,支持了原告要求解除合同的诉讼请求。② 本案在合同并未约定具体开工日期,且尚存在补救措施的情况下,即作出了"合同目的不能实现"的认定,该法律适用是否妥当?

2. 关于解除后的法律后果

判定合同解除后,对于解除后果的处理也是司法裁判的重点,但由于缺乏统一的裁判标准,法院对于解除后果的判决存在不尽相同的处理方式。③ 首先,对于已履行的部分如何恢复原状或予以补救存在同案不同判的情况。如在原告某电子公司与被告某机电公司买卖合同纠纷一案中,因被告机电公司提供的口罩生产设备经两次调试后仍不能生产出合格的产品,法院支持了原告的诉讼请求,判解除合同,由被告退还购机费并自行到原告处取回机器设备。④ 而在原告程某与被告谢某买卖合同纠纷中,同样是因被告出售的机器设备存在质

---

① 参见湖南省邵东县人民法院(2020)湘0521民初3609号民事判决书。
② 参见四川省武胜县人民法院(2021)川1622民初120号民事判决书。
③ 《民法典》第566条虽规定了合同解除后,当事人可以请求"恢复原状"或者"采取其他补救措施",但该规定较为笼统,缺乏具体的操作规范。
④ 参见江苏省常州市天宁区人民法院(2021)苏0402民初702号民事判决书。

量问题，法院判解除合同，但判原告十日内向被告退还已交付的机器设备。①

上述两案的主要事实及法律适用基本一致，但在设备的返还方式上却作了截然不同的处理。隐含的问题是，如设备在返还期限内灭失或价值显著减低，该由哪一方承担风险责任？

其次，对于守约方损失的确定也存在不同处理方式。如在原告陈某与被告某装饰公司装修合同纠纷一案中，因被告逾期未完成装修工程，原告要求解除合同。该案支持解除合同，并判被告返还原告已付装修款及资金占用利息（对已完成的装修工程价值未作处理）。②而该法院在原告魏某与被告某公司车位转让合同纠纷中，因原告履行了付款义务被告未交付车位，判被告退还原告已付款项，但认为转让协议中双方未对逾期交付车位计算资金占用利息进行明确约定，对原告主张资金利息未予支持。③

通过以上类型化分析，基本验证了合同法定解除中存在问题的客观性。笔者认为，这些问题的产生可归因于两个方面：第一，在相关法律概念经由定义而具体化的过程中潜藏着弹性、宽泛的"不自觉意识"，这些意识一定程度上影响了法律规范涵摄案件事实的精准度。具体来说，对于法定解除的核心概念，如"主要债务""延迟履行""合同目的"等，目前尚无权威的法律释义对其内涵与外延予以周延界定，导致司法裁判中存在较大的弹性空间。第二，部分案件的法律论证（司法裁判在本质上即是一种法律推理或法律论证④）与法的安定性形成了紧张关系。如前述两起买卖合同纠纷，案情类似，但判决解除合同后一个判被告自行到原告处取回已交付的货物，另一个则判原告向被告退还货物，两种处理方式把货物灭失、贬值的风险作了不同的分配。

二、障碍消解的路径：在法律解释的视域中探究

合同法定解除的核心规范是《民法典》第563条："有下列情形之一的，当事人可以解除合同：（1）因不可抗力致使不能实现合同目的；（2）在履行期限届满前，当事人一方明确表示或者以自己的行为表明不履行主要债务；（3）当事人一方迟延履行主要债务，经催告后在合理期限内仍未履行；（4）当事人一方迟延履行债务或者有其他违约行为致使不能实现合同目的；（5）法律规定的其他情形。"

---

① 参见山东省济南市天桥区人民法院（2020）鲁0105民初4446号民事判决书。
② 参见四川省武胜县人民法院（2021）川1622民初305号民事判决书。
③ 参见四川省武胜县人民法院（2021）川1622民初98号民事判决书。
④ 参见雷磊：《法律体系、法律方法与法治》，中国政法大学出版社2016年版，第239页。

以持续履行的债务为内容的不定期合同，当事人可以随时解除合同，但是应当在合理期限之前通知对方。

该条文对合同法定解除规定了四项事由，但都不是量化的标准，在司法实践中存在争议也就在所难免。以前文所述原告谢某与被告彭某五金业务转让纠纷一案为例，双方就店面和仓库货物进行清点交付后，被告未将网店微信、电话号码、支付宝账号交给原告，原告据此主张解除合同。该案中，原告的请求权基础应当是上述规定的第1款第3项，该规范的要件包括：当事人一方有迟延履行债务的行为、该债务是合同中的主要债务、该方当事人经对方催告后在合理期限内仍未履行。结合该案事实，被告确实有迟延履行的行为且经原告催告后仍未履行，但在双方已经"就店面和仓库货物进行清点交付后"，对于网店微信、电话号码、支付宝账号等的交付是否应当认定为"合同中的主要债务"呢？

裁决纠纷的实质是法律适用，法律适用即在规范与事实之间建起一座法律论证之桥，裁判者通过论证之桥"一方面从法律规范去认定事实，一方面从案例事实去探求法律规范、剖析要件，来回穿梭二者之间，须至完全确信，案例事实完全该当于所有的法律规范要件"[1]，最终完成涵摄。涵摄有赖于法律解释，针对法规范和事实阐明法律用语的意涵和事实的法律意义，方得适用。质言之，就是把法律文本中的模糊的部分说清楚，在法律规范的射程之内，或在法律的涵盖关系中固定流动着的法律意义。[2] 法律解释方法能够给特定的法律命题或司法决定提供理性支持。[3] 总之，法律适用的前提是对法律进行解释，将不确定的法律概念或概况条款具体化，将规范之间的冲突通过解释予以调和，[4] 确保涵摄过程顺利完成。据此可以说，前文所归纳的问题根源——部分法律概念经由定义而具体化的过程中潜藏着弹性、宽泛的"不自觉意识"，以及法律论证与法的安定性之间产生的紧张关系，都可归咎于在相关法律的适用中对解释方法论的忽视或运用不当。由此，本文将在法律解释的视域中展开下面的讨论，以期为问题的消解探究一条有效路径。

（一）解释方法的选择

方法论意义上的法律解释与本体论意义上的法律解释是当代法律解释理论场域的一对基本概念。前者立足于分析实证主义法学的知识传统，以自然科学

---

[1] 参见王泽鉴：《法律思维与民法实例》，中国政法大学出版社2001年版，第207页。
[2] 参见陈金钊、焦宝乾等：《法律解释学》，中国政法大学出版社2006年版，第1—2页。
[3] 参见姜福东：《法律解释的范式批判》，山东人民出版社2010年版，第179页。
[4] 此处的调和并非本体论法律解释所认为的案件事实与法律规范的调适和对应。

的方法为楷模，以世俗法律为对象，以阐明法律规范的含义为旨归，大体上显示了把文本中的模糊的部分说清楚，即在法律规范的射程之内，或者在法律的涵盖关系中固定流动着的法律意义的内容特征；后者则因应解释学的转向（从认识论、方法论性质的研究转向本体论、存在论性质的研究），将哲学诠释学的基本概念和原理运用到法律领域。[1] 笔者认为，两种解释理论的基本分歧点在于：前者是读者（解释者）不带自身的前理解（偏见）在可能的范围内对法律意义和事实意义进行客观描述，目标是探究立法者安放在的法律文本中的意旨；后者是读者带着自身的前见包括时代背景、民族状况、语言习惯、法律观念等去理解、建构文本的意旨，此时作者在文本中的可能意义范围不再成为读者的理解束缚，当读者理解超出作者意旨的射程时，法律的适用常常需要通过类比等手段去完成。笔者无意对两种解释方法孰优孰劣作更深入地分析，但考虑到现行司法裁判的推理本质特征以及维护法的安定性和法治的要求，笔者更倾向于以方法论法律解释作为司法实践的指导，同时也包容一定的本体论解释经验，并以此为基础开始这一解释方法的运用探究。

需要明确的是，本文所讨论的法律解释仅指法官在裁判中诠释法律意义的活动，效力限于个案，不具有一般规范的效力。在方法论层面，法律解释方法包括文义解释、体系解释、历史解释、价值衡量、社会学解释、目的解释、扩张解释、限缩解释等。[2] 其中，文义解释是最基本的方法，包含字面理解、语法运用、比较等解释技术。显然，上述解释方法需建构一定的使用秩序才能发挥各自的效用。对此，笔者甚为赞同黄茂荣学者的观点："文义因素首先确定法律解释活动的范围，接着历史因素对此范围进一步加以确定，同时并对法律的内容，即其规定作一提示；紧接着体系因素与目的因素开始在这个范围内进行规范意旨的发现或确定工作；这时候，'合宪性'因素也作了一些参与；从而，终于获得了解释结果。"[3]

（二）法律解释的实证分析

运用法律解释的方法对规范要件进行认定能够消除法律适用中的障碍。如前所述，在合同法定解除的法律适用中，容易产生障碍的规范要件主要在于"迟延履行主要债务"以及"不能实现合同目的"，下文将分别进行解释。

对于"迟延履行主要债务"中的"迟延"，通常词义是指超过规定的期限，在法律语义上则指超过约定或法定的期限，就词义的内涵和外延看，应当说生

---

[1] 参见姜福东：《法律解释的范式批判》，山东人民出版社2010年版，第46—47页。
[2] 参见陈金钊、焦宝乾等：《法律解释学》，中国政法大学出版社2006年版，第11页。
[3] 参见黄茂荣：《法学方法与现代民法》，中国政法大学出版社2001年版，第272—288页。

活语义与法律语义并无多少区别，法律语义只是把"迟延的期限"明确为了约定和法定两种情形。所以，该规范要件的字面含义没有疑义，无需解释也可用于涵摄相应的案件事实。但对于"主要债务"的认定则要复杂得多，因为它不是一个确定的法律概念，对其适用须于个案依价值判断予以具体化。[1] 这具体化的过程也即法律解释的过程。首先，从文义上进行分析：主要债务一般相对次要债务而言，是对债权人合同目的的实现具有决定性意义的债务。其次，从立法者的角度进行解读：依全国人大法工委观点，"所谓主要债务，应当依照合同的个案进行判断，一般来说，影响合同目的的实现的债务，应为主要债务"。[2] 全国人大法工委的观点也是把主要债务的判断与合同目的的实现结合起来考虑，但其中又有一个问题，"影响"的严重程度如何把握？是一般导致合同目的不能顺利实现（仅仅是一个不会导致合同目的彻底落空的障碍），还是导致合同目的完全不能实现？对此，需要结合规范体系作进一步判断。首先，根据《民法典》第465条第1款："依法成立的合同，受法律保护。"该条规定体现了合同是当事人之间经过充分协商，在平等自愿的基础上达成的协议，一旦依法成立，即确定了当事人之间的法律关系，这种法律关系应当保持稳定进而促进交易的合同保护意旨。因该条是合同的一般规定，具有统领作用，由此后面的第563条第1款第2项、第3项、第4项规定也应当体现合同关系应保持稳定促进交易的意旨，也即不能轻易解除合同。在此前提下，"表明不履行主要债务"以及"迟延履行主要债务"中的"主要债务"均应当解释为是导致目的"完全不能实现"的影响力的债务。同时，第4项"当事人迟延履行债务致使不能实现合同目的的"中没有用"主要债务"概念，也体现了与第465条规定意旨的吻合，即迟延履行一般债务，只有导致合同目的不能实现时才能解除合同。还需阐明的是，人大法工委"影响合同目的的实现的债务，为主要债务"的观点外延更周延，这是因为合同债务的实质是给付行为，从义务群上区分，有主给付、从给付以及附属义务的类分。依学理解释，违反从给付义务及附随义务一般不得解除合同，但致合同目的落空时，或者因此危及作为合同基础的信赖关系时，可以解除合同。[3] 因此，不能说主给付就是主要债务，如果从给付或附属义务的不履行也影响合同的最终实现，同样可视为主要债务。前述案例中向原告交付网店微信号码、支付宝账号显然属从给付义务，但

---

[1] 参见王泽鉴：《法律思维与民法实例》，中国政法大学出版社2001年版，第247页。
[2] 此解释为全国人大法工委对原《中华人民共和国合同法》第94条的释义，参见中国人大网（www.npc.gov.cn），"法律释义之中华人民共和国释义"，2000年11月25日。
[3] 参见韩世远：《中国的履行障碍法》，载韩世远、[日]下森定主编，《履行障碍法研究》，法律出版社2006年版，第19—20页。

如果不交付则网店就不可能正常经营,网店又是原、被告五金业务转让的一项重要内容,显然是双方合同的目的之一。因此,该附属义务此时即构成了被告的主要债务。

对于"不能实现合同目的"中"合同目的"的认定也需要借助法律解释。从语义上理解,"合同目的"是指双方通过合同的订立和履行最终所期盼得到的东西或达到的状态,但这样的理解显然不能完成法律的适用。学界关于合同目的的性质有规范论和利益论之不同观点。规范论者主张合同目的旨在发生、变更或消灭某项法律关系。[1] 利益论者认为合同是当事人据以实现利益变动的协议,合同行为不过是根据协议而为的动态过程,利益变动是目的,权利、义务、责任是手段。[2] 在比较法上,法国民法关于合同目的实质有两层含义:一是当事人订立合同的"理由"(即通过合同所欲得到的东西,如转让股权套现);二是当事人通过合同所欲实现的终极目标(对自身需要的满足,如通过股权转让款来购房)。[3] 前者称为"近因",合同当事人均知晓,属客观目的;后者称为"原因",一般只为该方当事人自知,实际上是其订立合同的动机,属主观目的。当然,多数情形下合同目的与动机是吻合的。据此笔者认为,对合同目的解释(或者说理解)应包含三个层面,一是当事人拟通过合同获取的利益;二是该利益包括给付利益和确认利益(如确认所有权份额);三是该利益在订立合同中应为对方当事人知晓。

在对规范要件进行认定后,即可分析案件事实的法律意义并得出其涵摄于规范的效果。同样以上述五金店转让纠纷为例,该案件的法律意义在于:接收被告五金业务中的网店微信、号码、支付宝账号是原告订立合同的目的之一;向原告交付网店微信、电话号码及支付宝账号是被告的主要债务之一。这是因为,五金业务中的网店微信、电话号码、支付宝账号对原、被告而言均具有经济利益,双方的转让约定表明均有将该利益变动的目的。所以,该利益的变动对原告而言,显然属其订立合同的近因之一,也即其合同目的。该事实涵摄于规范要件的效果是:被告迟延履行上述主要债务后经原告催告仍未履行,客观上导致了原告受让五金业务的合同目的不能实现,因此,原告有权根据相应规定解除合同。

---

[1] 参见杨桢:《英美契约法论》,北京大学出版社 2007 年版,第 5 页。
[2] 参见李云波:《合同目的利益论解释》,载《学海》2009 年第 4 期。
[3] 参见尹田:《法国现代合同法》,法律出版社 2009 年版,第 152 页。

三、解释的规制——有限性范式的探究

通过上文论述可以看出,法官在法律适用中的解释——阐明法律用语的意涵和待处理事实的法律意义,对导引和限制法律概念经由定义而具体化的过程中潜藏着的弹性、宽泛的"不自觉意识",以及缓解法律论证与法的安定性之间的紧张关系起着积极甚至决定性的作用。这就要求,法官的解释必须是遵循的而不是恣意的,是明晰的而不是模糊的,是善意的而不是游戏的。

(一)法官解释应以法律规范为准据,限制于法教义学范畴中

梁慧星教授指出:法律思维与别的思维的根本区别,正在于规范性。[①] 法官的解释行为即是一种法律思维活动,其必然体现出规范性特征。具体而言,就是法官在阐明法律用语的意涵和待处理事实的法律意义时须受制定法拘束。质言之,就是在个案中原则上不得进行"漏洞填补"或"法律续造"。

法官解释的规范性表现在另一方面就是合法性,它要求法官在解释中充分尊重并遵循法规范体系的固有意义,以发现立法者安放在法律条文、法律原则、法律精神、法律程序中的法律意旨,而非根据自身的历史情境去"诠释"法律文本。也就是说,裁判结果首先应尽可能得到法律共同体的认可。这是因为法律共同体具有法学专业的同质性,即经过法学教育和法律素养训练而形成的职业"前见",这种"前见"体现了对法规范的充分尊重,以此开始的法律解释具有鲜明的教义学特征。此外,法官还有自身的时代背景、民族状况、语言习惯、生活经验、法律观念等"前见",法官在理解(为了说明文本而开始的"前奏")法律文本的意涵时,虽然会借助于职业"前见",但不可避免会受到其他"前见"的影响,当这些影响有决定性的作用时,法官的解释就会成为一种"恣意",一种法官在自我理解上对法律文本的解构。比如,前述两起买卖合同纠纷案例在判决解除合同后,一个判被告自行到原告处取回货物,另一个判原告向被告退还货物,两种处理方式把货物灭失、贬值的风险作不同分配,这其中是否蕴涵着裁判者对供货方瑕疵交付违约行为因社会观念不同而作出的不同评价?

(二)法官解释应以法律语词的争议为前提,无争议则无须解释

作为法律适用活动的载体,法律语词影响我们的思维、传达立法者的意旨、规制各类主体的行为。基于人类社会的交流特性,法律语词往往直接来源于日常用语,日常用语在不同语境中会有一些变化,法律语词由此可能多义,

---

① 参见梁慧星:《法学学位论文写作方法》,法律出版社 2006 年版,第 127 页。

解释的空间由此形成。但是，如果法律语词的内涵及外延已经明晰，或法律共同体（或参与者）在理解上均一致，这时就无解释的余地。如果非要称为解释，则视为认定意义上的解释。法官甚至无须作多余的言语行为，直接贯彻执行就可以了。比如，"有下列情形之一的，当事人可以解除合同"，这里的"可以解除"即为明确的授权性规范，语义无他，当事人行使该权利时法官据此裁决即可。如果案件事实和法律条文都很清晰，此时还认为需要解释，这将导致法律意义的不确定性，属于泛化解释，这样的"只要有理解，理解便会不同"的后现代主义解释观或者说读者中心论是我们应当警惕的。[1] 如前述案例，原告购买被告的车位使用权，原告交付转让款后被告未交付车位。该案判被告退还转让款，但认为转让协议中未对资金占用利息明确约定，故对原告主张资金占用损失主张不予支持。《民法典》第566条规定："合同解除后，尚未履行的，终止履行；已经履行的，根据履行情况和合同性质，当事人可以请求恢复原状或者采取其他补救措施，并有权请求赔偿损失。"这也是授权性规定，当事人的资金占用损失是客观存在的，要求赔偿该损失是法定授权，何须另行事前约定，故该案中"因协议未约定而不支持"应属转义解释或意义添加，并不符合该法律规范的意旨。

（三）法官解释对法律意旨而言应当是建设性的，而非游戏的

美国学者戴维森曾指出："善意原则"是解释的一个基本原则，……该原则强调：第一，解释者应追求他与被解释者之间在信念上最大化的一致；第二，解释者应设想说话者认为真的大部分句子是真的。[2] 换句话说，一个解释者应该能够理解说话者所说话语的意义，能够把握说话者的所思所想、所信所愿，其对说话者及其所发出的语言，理应秉持善意或者建设性的态度，否则解释行为便不可能为真。[3] 如前所述，对法律语词的理解无论采用文义、体系、历史、目的等不同方法，导向都不能偏离善意的轨道，所有的解释结果对立法意图都应当是建设性的，而非按照自我理解对法律规范或事实意义进行解构或游戏般的续造。再看前述装修房屋案，被告逾期未完成装修工程，判决解除合同并返还装修款及资金利息，但未对已完成的工程价值作出处理，这样的处理结果是否符合相关规范的意旨呢？如果对"合同解除后，已经履行的，根据履行情况和合同性质，当事人可以要求恢复原状、采取其他补救措施"的理解、

---

[1] 参见陈金钊：《法律解释的"正确性"何在？——当代中国法律解释学的境遇之一》，载《山东大学学报（哲学社会科学版）》2009年第5期。

[2] 参见[美]戴维森：《理解的条件——戴维森的解释理论》，叶闯译，商务印书馆2006年版，第195—203页。

[3] 参见姜福东：《法律解释的范式批判》，山东人民出版社2010年版，第158—159页。

解释仅限于保护守约方的利益上，那无论是"恢复原状"还是"补救措施"在该案中都已实现，这样的处理方式似乎并无不当。但笔者以为，从字面理解，恢复原状意味着合同解除后有溯及既往的效果，就是让双方在合同解除前因合同交换的利益回复到原有状态。再从体系上看，《民法典》第6条规定民事活动应当遵循公平原则，合理确定各方的权利和义务。该条规定显示了处理民事主体权利、义务与责任承担时，应体现公平原则，兼顾各方利益，合理分配各方权利义务的价值指引。让合同双方交换的利益回复到原有状态正是这一价值指引的要求。前述案例装修工程并未完工，合同解除的效力只能针对将来，已完成的装修劳务不可能返还。所以，已完成的工程价值如不予处理显然不符合上述立法意图。从建设性的角度，如果已完成的工程对原告来说有一定使用价值，可参考《民法典》第157条"折价补偿"、第557条"债务相互抵销"等方式妥善处理；如无使用价值，可参照第322条"添附"处理。

四、结语

法律的应用离不开法律解释，司法裁判中的法律解释就是法官根据法律思考事实的法律意义，并在此基础上完成裁判规范。本文从法律解释的视域对司法实践中的合同法定解除进行了实证分析，并在此基础上，对有限法律解释范式进行了初步探讨。本文虽有诸多不甚完善之处，但也不失为一次有益的尝试，希望对司法活动中有意识、规范地应用法律解释指导审判活动有所启发。

侵权法论

《民法典》自甘冒险条款的要件解构与模型设计

陆而启　王佳媛[*]

> **摘　要**：《民法典》第1176条第1款以特定法政策之衡量，在文体活动侵权领域确立了自甘冒险规则。与传统意义上的自甘冒险不同，《民法典》语境下自甘冒险对"一定风险的文体活动""其他参加者""故意或重大过失的除外"等语词进行了大幅度调整。在条文的具体适用上：一是审慎把握"一定风险的文体活动"，严格界分自甘冒险之"险"和风险社会之"险"，并以文体活动的合法性为要件进一步限缩；二是"参加"一词不宜扩张解释，观众、闯入者和活动组织者应排除在外。另外，司法实务中依据活动组织者是否尽到安全保障义务，可构建损失分担的双边结构模型和三边结构模型，在致害人、受害人和活动组织者之间合理、公平地分配损害责任，以达行为自由与损害救济两大价值目标。
>
> **关键词**：自甘冒险　行为自由　损害救济　注意义务

一、问题的提出

《民法典》第1176条第1款[①]首次以规范条文的形式确立了中国本土化的自甘冒险规则，具有重要的现实意义。自甘冒险规则在法律规范层面被接纳，是价值与利益糅合的结果，是立法者基于当前的社会现实和司法困境在主体行为自由与权利损害救济之间寻求平衡的一项制度创新。但不可忽视的是，《民

---

[*] 陆而启，厦门大学法学院副教授。王佳媛，厦门大学法学院2021级硕士研究生。
[①] 《民法典》第1176条第1款规定："自愿参加具有一定风险的文体活动，因其他参加者的行为受到损害的，受害人不得请求其他参加者承担侵权责任；但是，其他参加者对损害的发生有故意或者重大过失的除外。"

法典》第1176条第1款以"一定风险的文体活动""其他参加者""有故意或者重大过失的除外"等语词对该规则的适用进行了本土化改造。学界试图在解释论层面对民法典自甘冒险规则的适用范围作出进一步的阐释,但存在较大分歧,大致可以归纳为"严格限制说"和"适度扩张说"两种立场。

持"严格限制说"立场的学者认为,《民法典》规定的自甘冒险规则是一种独立抗辩模式[1],因此不能扩张《民法典》第1176条第1款之基础文义,进行类推适用;更不能在处理其他案件时将自甘冒险作为一种"非法定抗辩事由"运用。《民法典》第1176条第1款以"一定风险的文体活动"进行要件限制,既可以避免自甘冒险规则与其他特殊侵权规则陷入大范围竞合困境,又不妨碍实务中针对"一定风险的文体活动"参加者间侵权以外的其他案件应用综合适用模式。

持"适度扩张说"立场的学者则认为,鉴于《民法典》"社会生活百科全书"的角色定位,《民法典》第1176条第1款的适用范围势必扩张。立法者将自甘冒险规则限定于"具有一定风险的文体活动",可能只是为了防止该规则在雇佣关系中被不当适用,重蹈英美法国家之覆辙[2]。所以,除雇佣关系外,通过类推解释,其他领域在一定程度上也有自甘冒险规则的适用空间。更何况,参加各种风险活动的主体在民法上是抽象平等的,在"文体活动"之外的其他活动(如户外旅行)中,并没有打破这种平等性,很难说与"文体活动"有事理上的不同[3],《民法典》第1176条第1款以"文体活动"进行限制,反而增加了技术性说理,提高了法官的论证成本。

事实上,关于自甘冒险规则的具体适用限度问题,无论是严格限制还是适度扩张,均不能脱离《民法典》第1176条第1款之文本。从文义解释来看,《民法典》语境中的"自甘冒险"所对应的法律适用后果是"受害人不得请求其他参加者承担侵权责任",系免责条款,故"严格限制说"的审慎与克制具

---

[1] 受害人自甘冒险现象的规制有独立抗辩模式和综合适用模式两种。独立抗辩模式将自甘冒险作为独立的抗辩事由;综合适用模式则强调自甘冒险只是现象,不是独立抗辩事由。综合适用责任构成制度或过失抵制度,有时是致害人无过错,有时是致害人过错与受害人所受损害间无因果关系,有时是适用过失相抵制度从而减轻直至免除致害人责任。参见周晓晨:《论受害人自甘冒险现象的侵权法规制》,载《当代法学》2020年第2期。

[2] 在英美法系国家,自甘冒险的实践,始于对传统雇主责任原则的突破。只要雇主在工伤事故过程中不存在明显过错,就不必为雇员的莽撞行为负责。19世纪末20世纪初,在个人责任主义伦理及经济自由主义思潮下,为了规避责任,雇主常常就工作的潜在风险以条款约定的方式与雇员进行事前约定。自甘冒险规则在雇佣关系中被不当运用,对雇员一方的严苛有悖人文理念,大大损害了雇员的基本劳动权益保障。参见 New York Central R. Co. v. White, 243 U. S. 188 (1917). 188. 转引自唐林垚:《比较视域下的〈民法典〉自甘风险规则》,载《江西社会科学》2020年第10期。

[3] 参见李鼎:《论自甘风险的适用范围——与过失相抵、受害人同意的关系》,载《甘肃政法大学学报》2021年第1期。

有一定的合理性；从体系解释来看，《民法典》侵权责任编的"一般规定"部分同时设立了自甘冒险规则（第1176条）和与有过失规则（第1173条），而"适度扩张说"中所欲通过类推解释扩张适用的领域，大多可以通过与有过失规则进行规制。因此，本文更倾向于"严格限制说"，并试图从自甘冒险规则的逻辑机理出发，完成"一拆一组"。先在解释论层面对《民法典》第1176条进行拆解，对规范语境下的具体要件展开分析，再在完成要件解构的基础上构建自甘冒险规则的司法适用模型，以明晰司法实务中对《民法典》第1176条的具体适用。

二、《民法典》自甘冒险规则的基础理论

（一）《民法典》语境的自甘冒险

自甘冒险又称风险自负等，常被运用在英美法系的侵权法中，其英文表述为 assumption of risk，最初多适用于工厂劳工因公受伤的案件，后逐渐限缩至体育侵权案件。此前我国《侵权责任法》相关规定的阙如，导致自甘冒险规则更多地体现在学理探讨和比较法研究层面。传统民法语境下的自甘冒险一般是指受害人已经意识到某种风险的存在，或者明知将遭受某种风险，却依然冒险行事，致使自己遭受损害[①]。其构成要件有三：一是受害人明知或者应当知道自己处于某种危险状态；二是受害人自愿进入他人所创设的危险状态；三是进入该危险状态的受害人并非基于法律、职业、道德或者其他类似的义务[②]。在司法实务层面，由于缺乏相应的规范基础，法官无法基于自甘冒险规则作出裁判，多是在司法说理部分引入"自甘冒险"理论。但基于审判公平导向，即使法官有条件地承认受害人存在自甘冒险，也多是将自甘冒险作为一项减责事由，最终判决并不会完全免除致害人的赔偿责任，司法实务中最常见的做法是基于公平责任或与有过失判决致害人承担一定比例的赔偿责任[③]。问题在于，公平责任规则的适用前提是受害人与行为人对损害的发生均无过错；而与有过

[①] 参见［德］克雷斯蒂安·冯·巴尔：《欧洲比较侵权行为法（下卷）》，焦美华译，法律出版社2001年版，第636页。

[②] 参见刘双玉：《体育运动人身损害司法典型案例精析》，人民法院出版社2018年版，第24页。

[③] 参见黑龙江省鸡西市滴道区人民法院（2016）黑0304民初1051号民事判决书；安徽省合肥市中级人民法院（2017）皖01民终5495号民事判决书；北京市第三中级人民法院（2018）京03民终4262号民事判决书；北京市海淀区人民法院（2018）京0108民初387号民事判决书；甘肃省永登县人民法院（2018）甘0121民初2808号民事判决书；北京市海淀区人民法院（2018）京0108民初56994号民事判决书；广东省深圳市中级人民法院（2019）粤03民终14525号民事判决书；山东省德州市中级人民法院（2019）鲁14民终207号民事判决书；河南省济源市人民法院（2019）豫9001民初6170号民事判决书；湖南省怀化市中级人民法院（2020）湘12民终1368号民事判决书；广东省广州市中级人民法院（2020）粤01民终13391号民事判决书；江苏省宿迁市宿城区人民法院（2020）苏1302民初9327号民事判决书。

失规则的逻辑基础是受害人与行为人对损害的发生均有过错。于是便陷入这样一种尴尬：关于"自甘冒险规则中受害人究竟有无过错"的性质判断问题，在不同案例中存在不同答案。概言之，在《民法典》确立自甘冒险规则之前，"自甘冒险"在司法实务中的适用较为混乱，更多的是被法官作为一种带有文学性质的表述用语，而非法律用语，有时甚至只是说理时"虚张声势"的华丽辞藻。

《民法典》语境下的自甘冒险与此前传统民法对自甘冒险的定义存在较大差异：其一，将自甘冒险规则的适用领域直接限缩在"一定风险的文体活动"，至于此处的文体活动具体包括哪些类型，以及"一定风险"的语词限定，是否排除了那些危险系数较高、身体对抗性较强的文体活动等问题，亟待进一步厘定。其二，强调风险的共生性，该风险并非他人创设，而是文体活动本身固有之风险，而"其他参加者的行为"仅是一种"催化剂"，催化文体活动本身的潜在风险，具体判断中通常涉及风险发生概率和活动危害程度的综合考察。其三，将损害来源严格限定在"其他参加者的行为"，且该其他参与者的主观状态不存在"故意或者重大过失"。其四，割裂活动组织者与自甘冒险规则之间的联系，将活动组织者以一般安全保障义务人来对待。杨立新教授严格按照条文规定，重新界定了民法典时代下的自甘冒险。他认为："我国民法典规定的本土化自甘冒险，是指受害人自愿参加有一定风险的文体活动，因其他参加者的行为造成损害，受害人不得请求其他参加者承担侵权责任，其他参加者对损害的发生有故意或者重大过失除外的侵权责任免责事由。"[①]

需要进一步说明的是，杨立新教授在归纳总结当前中国民法典语境下的自甘冒险规则的同时，又提出了"一删一增"的修改方向——删掉"文体"两字；增加活动组织者责任。其重新架构的本土化自甘冒险可定义为："受害人自愿参加具有一定风险的活动，因其他参加者或者活动组织者的行为等造成损害，受害人不得请求只具有一般过失的其他参加者或者不具有过失的活动组织者承担侵权责任的免责事由。"[②] 但本文认为，在《民法典》刚刚以立法形式规范了自甘冒险规则的大背景下，针对"自甘冒险"理论，应当秉持谨慎、克制的态度，不宜在规则设立之初就进行超越规范文本的修改。更为妥当的做法是从解释论层面进行修缮：囿于《民法典》第 1176 条第 2 款已经转致适用安

[①] 参见杨立新：《自甘风险：本土化的概念定义、类型结构与法律适用——以白银山地马拉松越野赛体育事故为视角》，载《东方法学》2021 年第 4 期。

[②] 参见杨立新：《自甘风险：本土化的概念定义、类型结构与法律适用——以白银山地马拉松越野赛体育事故为视角》，载《东方法学》2021 年第 4 期。

全保障义务规则和教育机构损害责任分担规则，便不宜将活动组织者纳入自甘冒险规则体系；至于《民法典》第1176条第1款，其前半段可认定为绝对的自甘冒险规则，对应的法律效果是其他参与人完全免责，而后半段的但书条款所规范之情形可认定为自甘冒险规则的消极构成要件，一旦具备该要件，则排除自甘冒险规则的适用。

（二）二元视角下的理论证成

在厘定民法典语境下自甘冒险规则概念界限的基础上，我们不得不形而上地追问：自甘冒险为何构成一种有效抗辩？其作为免责抗辩的法理和道义基础是什么？

1. 受害人视角：自由意志之确认

法律的目标之一被认为是增进个人福利，其"首先的、也是最重要的功能就是保护和增进自由或者自治"[1]。从受害人视角分析，自甘冒险规则是对公民自由意志的确认，是一个理性谨慎人对可能给自己造成一定损害的活动的接受，并愿意承担其产生的合理风险。根据理性选择理论，个人是自身最大利益的追求者，人在理智上可以预见不同的选择下可能面临的不同结果，而个人在主观上对于不同的选择结果有不同的偏好排列[2]。理性行动者趋向以最小的代价取得最大的收益。根据报偿理论，"利之所在，损之所归"，在具有一定风险的文体活动领域，固有风险是有些文体活动的组成部分，与其不可分离，甚至在有些专业性很强的体验式文体活动（例如骑马运动等）中，这种固有的风险性和挑战性恰好是参与者所追求的心理上的满足感、刺激感、成就感。这种风险是参加者希望面对的，风险吸引了参加者参与运动，从而使自甘冒险具有了合理性。

2. 致害人视角：注意义务之放宽

瓦格纳教授认为，自甘冒险并非违法阻却事由，其实际的法律效果系使得致害人的注意义务标准在受害人自甘冒险范围内降低。《民法典》侵权责任编构造的逻辑起点是受害人自担损失。就如同每个人都有权从其法益的处分和使用中获益一样，每个行为人应当就其自身法益承担各自风险。在自甘冒险规则可适用之情形，致害人对于事故损害的发生没有过错，其主观状态是无过失或者一般过失。而致害人的一般过失之所以被容忍，一是为了保障文体活动领域所必要的活动自由，"满足具有风险性的体育竞技等方面的需要"[3]；二是为了

---

[1] ［美］戴维·G. 欧文：《侵权法的哲学基础》，北京大学出版社2016年版，第204页。
[2] 参见李婧：《侵权法的经济学分析》，知识产权出版社2016年版，第37页。
[3] 参见黄薇主编：《中华人民共和国民法典释义》（下），法律出版社2020年版，第2262页。

促进相关文体活动行业的健康发展，避免过错责任制度对其产生不当抑制。在一定风险的文体活动领域，自甘冒险之"险"是与文体活动本身密切相关的固有之风险，是文体活动的一部分，无法彻底根除。无论是受害人还是致害人，参与一定风险文体活动的个体，人人都是危险的潜在制造者，人人也都是危险的潜在承担者。故而对于文体活动中出现的正当危险后果，不宜由正当危险制造者承担。

三、《民法典》自甘冒险规则的要件解构

（一）"具有一定风险的文体活动"

《民法典》侵权责任编构造的逻辑起点是"所有人自负其责"，这是基本的正义内涵。也即，每个人都必须承担"一般的生活风险"，以保障彼此交往之自由，只有在具有正当的特殊事由时，才能将其损害转嫁给其他私法主体。根据前文的概念界定可知，《民法典》语境下的自甘冒险规则针对的是"具有一定风险的文体活动"，其核心判断在于对"一定风险"和"文体活动"的理解。

1. 对"一定风险"之限缩

自甘冒险之"险"，就风险来源而言，需严格界分文体活动的内在风险与外在风险。首先，自甘冒险之"险"对应的仅仅是文体活动固有的内生风险，受害人的损害系固有风险的现实化。一个简单的例子可以帮助理解：两支足球队在球场进行友谊比赛，足球场地外侧就是400米跑道，当足球被踢出球场砸到跑步者造成损害时，踢球者可否抗辩"跑步者自行选择在球场周围跑步，就意味着他接受被足球击中之风险"？答案是否定的，被毗连场地的足球击中之风险与跑步活动本身并无关联，不具有共生性。从一定程度上来说，跑步被毗连运动场地的足球击中的风险，与"被高空抛物砸伤的风险""被机动车撞伤的风险"等语境中的"风险"并无二致。自甘冒险作为一种能产生免责法律效果的规则，自甘冒险之"险"绝不能被泛化为风险社会[①]之"险"。其次，文体活动的内在风险还可细分为来源于参加者自身行为或者非人力自然因素的内在风险和来源于其他参加者实施侵害行为的内在风险。而《民法典》第1176条第1款规定的"风险"应当理解为：因其他参加者行为而造成的损害可能。至于第一类内在风险，即使参加者最后仍需自担责任，其逻辑推演也不会涉及

[①] 风险社会理论的主要提出者和奠基者是乌尔里希·贝克，他认为，"风险概念与自反性现代化概念密切相关。风险可以被定义为以系统的方式应对由现代化自身引发的危险和不安……它是现代化的威胁力量和令人怀疑的全球化所引发的后果。"风险社会中的"风险"概念是全人类面向的。参见[德]乌尔里希·贝克：《风险社会：新的现代性之路》，张文杰、何博闻译，译林出版社2018年版，第7页。

自甘冒险规则。

自甘冒险之"险",就风险范围而言,与文体活动本身的规则、特性等具有高度黏合性,不可分割。若脱离了这种关联性,则不属于可预知的文体运动风险范围。例如,美国有一个案例,原被告在打高尔夫球时,被告的高尔夫球车不慎将原告撞伤,一审法院适用了自甘冒险规则,但二审法院予以纠正[①]。原因在于受害人所认识并表示愿意承担的风险是可预知的、与高尔夫球运动具有高度黏合性的固有风险,而不是类似于被高尔夫球车撞伤这类可以与高尔夫球运动本身相分割的风险。

2. 对"文体活动"之限缩

有观点认为,《民法典》第1176条第1款设立的自甘冒险规则是从精细的评价规则倒退回"全有或全无"规则[②],并引用海尔姆特·库齐奥老师的话指出,"如果重弹'全有或全无'这一老调,只会让人觉得不可思议,因为,很早以前,欧陆各国就已在各种重要领域都抛弃了这一想法"[③]。然而,从《民法典(二审稿)》第954条之一的"具有危险性的活动"到现行《民法典》第1176条第1款的"具有一定风险的文体活动",立法者对自甘冒险规则客体元素的大幅度调整限缩,恰恰反映了立法者对自甘冒险免责规则的审慎与克制:赋予最需要自甘冒险抗辩的文体侵权案件规范依据的同时,而又不至于使自甘冒险规则过分侵入到其他领域。具体来说,对《民法典》第1176条具体规范语境中"文体活动"的理解适用需从以下层面进一步修缮。

首先,关于文体活动的合法性要件。从目的解释来看,致害人的注意义务标准在受害人自甘冒险范围内之所以降低,是一种法政策之考量。在法政策上,为了鼓励人们积极参与文体活动,立法者通过自甘冒险规则的建构对参加者的一般过失行为予以容忍,以确保文体活动参加人行为自由的空间。因此,《民法典》第1176条具体规范语境中的"文体活动"需是被国家所提倡的积极健康的文体活动,那些"地下黑市拳""大胃王比赛"等非政策所提倡的活动应被排除在外,相关的抗辩只能在与有过失的基础上成立。

其次,关于文体活动的对抗性要件。有学者认为,《民法典》第1176条规范语境中的"文体活动"不宜作宽泛理解,非对抗性文体活动不存在自甘冒险

---

① 参见 Ennoblement. v. Peters (2005). 转引自吕姝洁:《民法典自甘冒险制度评析与理解适用》,载《天津法学》2020年第3期。
② 参见李鼎:《论自甘风险的适用范围——与过失相抵、受害人同意的关系》,载《甘肃政法大学学报》2021年第1期。
③ Helmut Koziol, a. a. O. [21], S. 12. 转引自周晓晨:《论受害人自甘冒险现象的侵权法规制》,载《当代法学》2020年第2期。

抗辩成立的空间①。所谓的非对抗性文体活动，指的是诸如跑步、攀岩、游泳等参加者目标同一的文体活动。以"对抗性"要件对自甘冒险规则的适用范围进行限缩的学者认为，在非对抗性文体活动中，各参加者之间并没有身体的对抗或协同，其抗争的对象是秒表和计量尺度，而非推手的技巧和力量②。参加者选择参加此类活动，其自由意志中有对挑战自身身体极限和自然风险的接受，但针对其他参加者行为造成的损害没有合理预期。故而在非对抗性文体活动中要求参加者容忍其他参加者的一般过失行为，实质上压缩了受害人的利益空间，使其正当利益在法律上得不到应有之肯定。本文对这种限缩持反对态度。其一，在非对抗性文体活动中也会存在文体活动本身固有的风险，而为了不挫伤人们参与非对抗性文体活动的积极性，通过自甘冒险规则的适用以保障合理范围内的活动自由是有必要的。例如，在帆船比赛、赛车比赛等非对抗性速度竞技类文体活动中，各参加者追求的都是"速度"这同一目标，但该类竞速活动中本身就包含着前后参加者之间发生碰撞的风险，若将非对抗性文体活动排除在外，不利于鼓励该类文体活动发展之特定法政策的实现。其二，文体活动应当是文艺活动和体育活动的总称，若以"对抗性"要件进行限缩，则大部分的文体活动就被排除在外了。若是立法者只希望在对抗性文体活动中适用自甘冒险规则，《民法典》第1176条第1款直接使用"体育活动"这个语词即可，无需大费周章地将"体育活动"扩张至"文体活动"。

(二)"参加"不宜扩张解释

在具有一定风险的文体活动侵权领域，受害人依据身份特点及文体活动的参与程度可区分为文体运动参加者和非文体运动参加者。根据《民法典》第1176条之文义，自甘冒险规则仅限于文体活动参加者，不适用于非文体运动参加者。问题在于，"参加"这个语词能否扩张解释，观众、闯入者等相关人员是否属于非选手型的文体活动参加者，则存在一定争议。

1. 观众

有观点认为，文体运动除去对参与选手等的风险外，对于观众也可能造成相应风险，这种风险同样是文体运动所固有的，而且是不可避免和不确定的。只不过对观众来讲，其风险发生的概率及风险的类型，相对于参与选手而言存在一定程度的不同。观众作为文体活动的欣赏者，在体会文体运动带给其视觉上愉悦感和刺激感的同时，亦应对文体运动可能给其带来的风险及范围有相应

---

① 参见赵耀彤：《"自甘风险"原则的教义学结构与实践展开》，载《山东法官培训学院学报（山东审判）》2021年第1期。
② 参见河北省张家口市中级人民法院（2020）冀07民终730号民事判决书。

的认知。当文体运动风险在观众身上现实发生时，观众和运动员并不存在可归责之过错，所以观众应当包含在自甘冒险规则的适用主体范围之内[1]。

与之相对应的另一种观点则认为，观众在观赏文体活动时承受的风险并无内在或外在之分，只有合理与不合理之分。而观众承受的风险是否合理，主要涉及活动组织者是否尽到安全保障义务，在部分情况下还取决于参加者是否尽到一般注意义务，与自甘冒险无关[2]。比较法上，《埃塞俄比亚民法典》第2068条规定："在进行体育运动中，对参加同一活动的人或在场观众造成伤害的人，如果不存在任何欺骗行为或对运动规则的重大违反，不承担任何责任。"无独有偶，在美国诸多因棒球致使观众受伤的案例中，美国法院通常认为棒球飞出场外是该运动的固有属性，即使有防护栏也会产生此种风险，观众对该情况是知悉的，购票行为即表示其同意承担此种风险，因此，应当免除运动员使得球迷不被棒球击中的注意义务[3]。

本文认为，不宜将观众纳入自甘冒险规则的主体适用范围。自甘冒险规则的法理逻辑在于，基于文体活动推广的法政策考量和受害人自由意志之确认，致害人注意义务标准降低，其一般过失行为在具有一定风险的文体活动领域不再具有可非难性。因此，判断观众是否适用自甘冒险规则关键在于回答两个问题：一是观众的自由意志是否包含对文体运动固有之风险的接受；二是致害人的注意义务降低的辐射范围是否可以扩张到场外。首先是第一个问题，观众并不直接投身于文体活动之中，其不具有危险制造者和危险承担者的双重身份属性，其追求的也仅仅是视觉上的观赏乐趣，并非主动追求文体活动固有风险带来的实体上的刺激感。至于第二个问题，我们可以通过一个简单的假设得到答案。若是对场外观众也适用自甘冒险规则，那么文体活动的参加者不仅针对场内的人注意义务降低，针对场外的观众注意义务也可以降低，其偶尔冲出场所边界的行为便无需追究了；活动组织者也不必要在文体活动的场边预留足够空间，也不必要设立铁丝网等安全防护设施了，因为目光追逐冲出文体运动场地的风险给观众带来了相当的乐趣。这样的结果显然是荒谬的。

---

[1] 参见刘双玉：《体育运动人身损害司法典型案例精析》，人民法院出版社2018年版，第50页。
[2] 参见曹权之：《民法典"自甘风险"条文研究》，载《东方法学》2021年第4期。
[3] 例如，在美国宾夕法尼亚洲高等法院审理的 Schentzel v. Philadelphia Natational League Clue 一案中，原告在观看棒球比赛的过程中被飞上看台的棒球击伤，要求棒球俱乐部和场地提供者赔偿损失。被告认为原告观看棒球比赛，就应当承担被棒球或球棒击中的风险，即使原告没有明示自甘冒险，也应通过其观看比赛的行为推定其为默示自甘冒险。原告辩称其对棒球运动存在风险并不了解，且被告所提供的档网面积不足。一审法院支持了原告的主张，被告提起上诉。二审法院认为，被告已经为场地提供正常的挡网设施（最危险的座位），其没有义务为所有人均提供挡网，故原告档网面积不足的意见不应支持。因此，推定原告自甘冒险，驳回了原告的诉讼请求，作出了有利于被告的判决。

2. 闯入者

有观点认为，进入文体活动场地的第三人都应当被视为文体活动的参与人，基于闯入者进入文体活动场地的行为，可以对闯入者适用自甘冒险规则。并认为"李奶奶横穿球场案"[①]的二审改判便体现了司法实务中对闯入者适用自甘冒险规则的认可。

本文不赞同这种观点。其一，就"李奶奶横穿球场案"而言，单从二审改判的说理来看，该案法官似乎是将进入文体活动场地的第三人均视为活动参与人，从而完成了对原告李奶奶这一闯入者的自甘冒险规则之适用。但这一论断禁不起推敲，本案发生在《民法典》生效之前，且二审改判所适用之法律规范也不是《民法典》第1176条。至于本案在二审改判说理中出现的"视其为自甘冒险的行为"的说法，不应当理解为《民法典》语境下的自甘冒险，更多的是传统民法意义上一种泛化的文字表达。其二，无论闯入者是基于何种原因闯入，其应当预见到闯入文体运动场地之内的危险性，其选择将自己处于该危险的行为本身是一种过错，是对文体运动规则的违反，在法律上本身具有可责难性。反观自甘冒险规则下的受害人，我们很难对其参与文体活动的行为在法律上进行否定性评价，其自甘风险是出于对文体活动有效开展的法政策之妥协。其法理依据在于，法律如果要求人们为其在正常参与文体活动的过程中不慎作出的一般过失行为承担侵权责任，将会挫伤人们参与文体活动的积极性[②]。因此，闯入者对损害责任的自我承担，虽然从结果上呈现出适用自甘冒险规则时的相似责任分配，但其逻辑机理是自己过错，自负其责，而非基于自甘冒险规则，故而不宜被纳入自甘冒险规则的主体适用范围。

（三）割裂"活动组织者"的适用

从致害人层面来看，比较法上，自甘冒险规则的适用对象不局限于其他参加者，也可适用于活动组织者，甚至可以说，主要适用于活动组织者。例如，《美国侵权法重述》（第二版）第496A条规定："原告就被告之过失或鲁莽弃置不顾行为而致伤害之危险自愿承担者，不得就该伤害请求赔偿。"其中的被

[①] 2019年11月3日，张某与同学在江汉大学篮球场自发组织篮球比赛，比赛进行时恰逢李奶奶横穿篮球场，张某后背不慎将李奶奶撞倒在地。一审法院判决张某承担40%责任，江汉大学承担10%责任，李奶奶自行承担50%责任。二审法院认为，原告李奶奶作为完全民事行为能力人，对篮球场明显区别于一般道路是明知的，对球场上有学生进行对抗性篮球运动是明知，能够预见横穿球场面临的风险，其仍然选择横穿球场，可视为自甘冒险行为。被告1张某在篮球场上背身接球跑动，系篮球运动中的常规动作，对行人横穿场地并无预见性，不能苛求其尽到对不可预见性行为的注意义务。被告2江汉大学亦已尽合理的管理义务。故法院对于所产生的损害后果，判决由原告自行承担。参见湖北省武汉市中级人民法院（2021）鄂01民终1941号民事判决书。

[②] 参见曹权之：《民法典"自甘风险"条文研究》，载《东方法学》2021年第4期。

告主要指的是活动组织者。聚焦国内，国内学者对于《民法典》1176 条第 2 款排除活动组织者对自甘冒险规则的做法也提出了批评。例如，杨立新教授认为，第 1176 条第 2 款割裂了自甘风险类型的体系，将自甘风险主要规范的责任主体的地位降低，作为一般安全保障义务人对待，而突出风险活动其他参加者的责任主体地位，本末倒置，"拾起了芝麻而丢掉了西瓜"，失去了自甘风险规范的主要价值[1]。

笔者认为，杨立新教授的担忧不无道理，《民法典》第 1176 条的规定无疑是将自甘冒险规则的适用主体进行了严格限缩，使得司法实务中该规则的适应范围一缩再缩。但从另一个角度来说，第 1176 条第 2 款这种指引性规定，保全了安全保障义务人规则框架的完整性。《民法典》第 1176 条第 2 款中的"活动组织者"可对应到《民法典》第 1198 条中的"体育场馆、娱乐场所的经营者、管理者或者群众性活动的组织者"，但前述主体与"宾馆、商场、银行、车站、机场等经营场所、公共场所的经营者、管理者"在《民法典》第 1198 条的语境中是并列状态，很难说二者在注意义务标准上有明显不同。若文体活动领域的活动组织者可依据自甘冒险规则而获得低于并列语句中其他主体的注意义务，则破坏了安全保障义务规则的一致性。因此，从法秩序的内在一致性角度考虑，《民法典》第 1176 条第 2 款的转致适用规则恰恰反映了立法者的匠心。

概言之，自甘冒险规则可以引发完全免责的法律效果，因此在解释论层面应当保持谦抑的态度，通过对《民法典》第 1176 条第 1 款文义的限缩，自甘冒险规则的适用有清晰明确的靶向。这种解释立场，一方面避免了中国侵权责任编的风险分担和损害分担评价规则倒退回"全有或全无"，另一方面避免了与减责抗辩的与有过失等规则发生竞合。

四、《民法典》自甘冒险规则的模型建构

（一）案例引入

前文在解释论层面对《民法典》第 1176 条所涉及的要件进行了拆解和分析，明确了模型建构的基础要素。下文拟将法条所依赖的文字表述转化为适应司法实务需求的一种思维模型或逻辑体系。

---

[1] 参见杨立新：《自甘风险：本土化的概念定义、类型结构与法律适用——以白银山地马拉松越野赛体育事故为视角》，载《东方法学》2021 年第 4 期。

表 1 《民法典》第 1176 条适用之典型案例

	基本案情	裁判结果
案例 1	宋某、周某与案外四人在北京某露天场地自发组织羽毛球比赛。原告宋某对被告周某的杀球进攻防守未果,被羽毛球击中右眼①	原告自甘冒险,被告完全免责
案例 2	原告王某至吉林市万科滑雪场中级滑道滑雪时,位于后方滑雪的被告于某从侧面超越时与原告发生碰撞,导致原告受伤②	被告重大过失,酌定承担40%赔偿责任
案例 3	原告张某1到被告众燊公司经营管理的斗牛篮球馆打篮球。原告与包括被告张某2在内的几人在同一半场共同打球。在原告突破投篮时,被告张某2防守,原告落地时滑倒扭伤。经查,原告摔伤系因着地时地板上方空调出风口滴落的水滴所致③	被告张某2完全免责,被告众燊公司承担全部责任

上述三个案例均发生在《民法典》生效之后,分别对应了《民法典》第1176条的第1款前半段、第1款但书和第2款。案例1属于中国《民法典》规制下最典型的自甘冒险完全免责模型,对应的是文体活动固有风险的责任承担。羽毛球运动属于《民法典》第1176条第1款对自甘冒险规则所限定的"具有一定风险的文体活动",这点毫无争议。原告宋某作为多年参与羽毛球运动的爱好者,对于自身和其他参赛者的能力以及此项运动的危险和可能造成的损害,应当有所认知和预见,其自愿置身于潜在的危险之中,属于自甘冒险。而被告周某的扣球行为系羽毛球运动的正常技术动作,球速快、力量大也正是这一技术动作的主要特点,其不存在故意或重大过失,故而法院依据《民法典》第1176条第1款,判决驳回原告的全部诉讼请求并无不妥。羽毛球运动是典型的对抗性体育运动项目,除扭伤、拉伤等风险外,较为突出的风险即在于羽毛球自身体积小、密度大、移动速度快,运动员未及时作出判断易被击中。运动员既是危险的潜在制造者,又是危险的潜在承担者。因此,该运动中出现的正当危险后果,不能由正当危险制造者承担。案例2对应了《民法典》第1176条第1款的但书规则,与案例1的活动风险不同,案例2中受害人的损害不是活动风险所致,而是其他参加者的故意或重大过失行为所致,属于活动伤害。《民法典》侵权责任编构造的逻辑起点是受害人自担损失,只有在自

---

① 参见北京市第三中级人民法院(2021)京03民终5483号民事判决书。
② 参见吉林省吉林市中级人民法院(2021)吉02民终2060号民事判决书。
③ 参见天津市第一中级人民法院(2021)津01民终4960号民事判决书。

担风险与损害转移之间存在正当事由时，才引发损害的转移。案例2和案例1的区别就在于，其他参加者的重大过失证成了受害人损失转移的内在合理性。案例2中，滑雪作为一项雪地高速滑行运动，属于"一定风险的文体活动"范畴，滑雪过程中，处于领先位置的滑雪者相对于其他滑雪者对滑雪道具有优先使用权，后方滑雪者应当与前者保持安全距离，选择不危及前方滑雪者的线路滑行，而本案被告于某作为后方滑雪者从侧方超越时并未保持足够距离，造成原告受伤，构成重大过失。从裁判说理来看，法院在界定被告于某属于重大过错的基础上，认为原告自愿参加该滑雪活动，也应自担相应风险，故而酌定被告于某承担40%的赔偿责任。从该司法实务案例模型可推知，《民法典》第1176条第1款的但书条款不必然意味着其他参加者承担全部责任。其他参加者对损害的发生有重大过失的，受害人的自甘冒险仍可适用过失相抵规则，进而达到减轻致害人责任的司法效果。案例3相较于案例1和案例2中致害人与受害人的双边结构，引入了活动组织者的安全保障义务。本案中，被告张某之所以免责，其论证思路与案例1一致。而被告众燊公司作为篮球馆的经营者、管理者，对原告负有安全保障义务，但其就场地湿滑情况，未设立警示牌，亦未及时进行清洁，致使原告在运动中滑倒受伤，依据《民法典》第1176条第2款转致适用第1198条第1款，需承担全部责任。

（二）模型归纳

1. 双边结构模型

在活动组织者已尽安全保障义务的情形中，文体活动损害结果的责任承担主体牢牢限定在受害人和其他参加者之中，形成"受害人——致害人"的双边结构模型。

案例1属于《民法典》规制下典型的自甘冒险完全免责模型；案例2属于《民法典》第1176条第1款但书条款的适用模型。这两个案件中均不涉及活动组织者责任，唯一的变量是其他参加者（致害人）的主观状态。当其他参加者对损害的发生无过失或仅为一般过失时，直接适用受害人自甘冒险完全免责模型；当其他参加者对损害的发生存在重大过失时，实务中一般适用过失相抵规则酌定致害人承担部分责任；当其他参加者对损害的发生存在故意，则致害人的行为已经属于恶意犯规范畴，违反了文体活动精神，故意侵权行为的可责难性显而易见，应当对受害人的损失承担全部责任。

双边结构模型看似清晰，但实务中不得不面对一个棘手的问题：致害人的一般过失与重大过失如何界分？埃尔温·多伊奇教授认为过失是作为内在注意义务与外在注意义务的违反，即认识义务与避免义务的违反①。由于过失本身是一个极其抽象的概念，有观点认为，实务中一般过失与重大过失的界分关键是把握注意义务的违反程度。并进一步指出，重大过失是行为人未尽到最普通人的注意义务，行为人是以一种"异乎寻常的方式"违背了必要的注意。而一般过失采取的是相对客观的标准，即理性人的标准。这种界分不无道理，也为把握过失这一主观要件提供了一种思路。但司法实务中对于注意义务标准的把握可能出现仁者见仁、智者见智的局面，文体运动参加者对于其所熟悉的文体运动固有风险的把握程度和最普通人的注意义务两者并不能完全等同。

本文认为，虽然过失是属于主观要件，但随着过失责任的客观化矫正发展思路，对于一般过失与重大过失的把握，可以不必纠结于认识义务的判断，也不必纠结于注意义务标准的划定，可以将致害人的主观状态与其行为对具体文体活动规则的违反程度相挂钩。在文体活动侵权领域，依据犯规的程度可以分为四种情况。第一，不犯规但有伤害。案例1就是这种情况，该案中被告周某的扣球行为系羽毛球运动的正常技术动作，不存在犯规，其对应的是致害人主观无过失。第二，无意犯规有伤害。无意犯规亦称为一般犯规，这种犯规虽违反了文体活动相关的一些规则，但不会超出文体活动参与者可能采取的正常行为范畴，可以认定为致害人存在一般过失，不排除对自甘冒险规则的适用。例如，在"（2021）沪0112民初6703号"案件中，被告郑某某带球进攻至球门前，作为防守队员的被告王某某回追郑某某时，与身后的被告郑某某相撞，后者倒地过程中与正出击扑救的原告相撞，致原告受伤。被告王某某的行为虽系犯规行为，但该犯规行为在程度上尚在该项运动的对抗性所应有的正当危险程度之内，故法院认定被告王某某不存在故意或重大过失，适用自甘冒险规则结案。第三，故意犯规有伤害。这种犯规行为在程度上超出了文体运动参加者可能采取的正常行为范畴，故而可以认定致害人存在重大过失。例如，在"（2020）粤12民终1770号"案件中，被告王某某从原告王某右后方的位置伸脚铲球，却踢到原告右小腿，导致原告脚部受伤。该行为属于裁判可以出示红牌严重犯规行为，故而可以排除自甘冒险规则的适用，但由于此类犯规中致害人主观上并不愿看到伤害结果的发生，其行为的出发点也仅仅是为了文体活动的胜利，虽犯规但不违反文体运动的基本精神，故而实务中通常酌定致害人承担一定比例的责任。第四，恶意犯规有伤害。恶意犯规与故意犯规的区别在

---

① 参见［德］埃尔温·多伊奇、汉斯-于尔根·阿伦斯：《德国侵权法——侵权行为、损害赔偿及痛苦抚慰金》，叶名怡、温大军译，中国人民大学出版社2016年版，第58页。

于，致害人犯规的同时也违反了文体运动的基本精神，带有伤人或泄愤的主观色彩，此时致害人排除自甘冒险规则显而易见。

综上，在双边结构模型中，自甘冒险规则的适用关键在于致害人主观状态的判断，而致害人主观状态判断的难点在于一般过失与重大过失的界分。随着过失判断标准的客观化，除了传统的注意义务界分路径，还可以将关注重点转移到致害人的行为对具体文体活动规则的违反程度上来，开拓一种致害人行为的合规性作为判断标准的新路径。对于违反了文体活动的基本价值追求的恶意犯规行为持完全否定评价，对于未违反文体活动精神的故意犯规行为持部分否定态度，虽不能适用自甘冒险规则，但可以通过与有过失等规则，减轻致害人责任。至于未犯规或者无意犯规的无过失或者一般过失行为则充分发挥自甘冒险规则，以避免挫伤人们参与文体活动的积极性。

2. 三边结构模型

自甘冒险规则的最终落脚点是文体活动领域的责任分担，故而不能将《民法典》第1176条第1款和第2款完全割裂。司法实务中若活动组织者未尽安全保障义务，则文体活动领域的责任分担主体也会包含活动组织者，从而形成"受害人—致害人—活动组织者"的三边结构。该三边结构根据致害人主观状态的不同又可细分为非真正的三边结构模型和真正的三边结构模型。非真正的三边结构模型针对的是致害人对损害的发生无过失或仅有一般过失的情形，而真正的三边结构模型针对的是致害人对损害的发生存在故意或重大过失的情形。在致害人对损害的发生属于无过失或一般过失时，致害人通过自甘冒险规则可以完全免责，由于活动组织者存在过错，活动组织者需对受害人之损害承担全部责任，此时便形成了非真正的三边结构模型，上文的案例3便是典型的非真正的三边结构模型。而真正的三边结构模型中不涉及自甘冒险规则的适用，实务中通常根据《民法典》第1176条第2款，转致适用第1198至1201条中活动组织者作为安全保障义务人的责任承担规则。

值得注意的是，若严格根据《民法典》第1176条第2款的转致适用规则，《民法典》第1198至1201条中明确规定，在受害人损害是因其他参加者的行为造成时，未尽安全保障义务的活动组织者仅承担补充责任。基于此，邹海林教授和朱广新老师指出，在活动参加者因其他参加者的行为遭受损害时，有过错的活动组织者承担补充责任，这无疑对活动组织者过于宽大，并且会相应地导致对其他参加者过于严格，因为责任总要有人分担①。本文认为，这种担忧不无道理，更为允当的做法是，根据致害人对损害发生的主观状态进一步地区分：在致害人对损害的发生属于重大过失时，根据致害人与活动组织者对损害结果赋予的原因力大小分担责任。在致害人对损害的发生属于故意时，直接根据《民法典》第1176条第2款，转致适用《民法典》第1198至1201条中活动组织者的补充责任条款，由致害人承担全部责任，活动组织者承担补充责任。

针对致害人对损害的发生属于重大过失的情形，司法实务中通常可以通过对与有过失等规则的运用矫正责任分担。例如在"（2021）辽0404民初1198号"案中，法院认为，被告1唐某在滑雪过程中看到原告耿某后未及时调整姿态、减速、避免碰撞的发生，对于事故发生存在过错；被告2丰远热高乐园及其工作人员未尽到相应职责，未对教学区域进行划分，未对游玩秩序进行有效维护及管理，未对学习及陪同人员进行妥善安置，其对事故的发生也应承担赔偿责任；原告耿某作为完全民事行为能力人，在未穿戴任何防护器具的情况下，进入到雪道中自身亦存有过错，故而最终酌定被告丰远热高乐园承担50%责任，被告1唐某承担30%责任。根据损害分担理论，未尽安全保障义务的活动组织者本身存在过错，具有可非难性，其与致害人分担责任是一种允执其中的做法。只不过在致害人故意的文体活动侵权场合，与未尽安全保障义务的活动组织者相比，致害人作为特定危险活动的直接实施者，主观恶性较大，处在一个较佳的损害分散位置，由其先承担责任，然后再通过对活动组织者的补充责任进行分散更为合理。

五、结语

《民法典》第1176条第1款之规定正式地确认了自甘冒险规则在中国侵权法领域的地位，并通过"一定风险的文体活动""其他参加者""有故意或者重大过失的除外"等语词矫正了司法实务中对自甘冒险规则的宽泛适用。但语词的精确性是相对的，解释论层面针对自甘冒险规则的适用限度问题存在"严格限制说"和"适度扩张说"两种立场。

从自甘冒险规则的逻辑机理和法律效果出发，笔者认为，对自甘冒险免责条款之适用应当秉持审慎、谦抑的态度，在具体要素上可以细化但不宜扩张。

---

① 参见邹海林、朱广新：《民法典评注·侵权责任编（1）》，中国法制出版社2020年版，第136页。

对《民法典》第1176条第1款文义的限缩，有效地调和了文体活动侵权领域的"个人自由"与"社会安全"。一方面，确立自甘冒险规则，对文体活动参加者的一般过失予以容忍，提高了文体活动运行的畅通度，给予了文体活动参加者更大的行为自由；另一方面，严格限定自甘冒险规则适用范围，让文体活动参加者对规则有起码的尊重，对是非对错有明确的预判，有效引导了人们慎重地参与具有一定风险性的文体活动。另外，由于自甘冒险规则的最终落脚点是文体活动领域的责任分担，故而不能将《民法典》第1176条第1款和第2款完全割裂。司法实务中，应当根据活动组织者是否尽到安全保障义务，明确区分损失分担的双边结构模型和三边结构模型，使事故损失在致害人、受害人和活动组织者之间得到合理、公平的分配，以契合朴素的正义观和是非观。

铁路运输人身损害赔偿责任减轻比例研究

——以《铁路运输人身损害赔偿司法解释》第 6 条为中心

潘 玲 杨 波[*]

> **摘 要**：在铁路运输人损害赔偿责任的减轻上，应采用"过错比较为主、法律原因力比较为辅，兼顾事故发生的时间、地点、周围环境等相关因素"的综合评价方法，基于优者危险负担原理，对铁路运输企业的"主要责任""同等责任""次要责任"予以细化。铁路运输企业具有过错时，比较双方的过错程度，确定责任区间，原因力在区间内发挥调整作用，调整幅度与过错程度相适应；铁路运输企业无过错时，对应受害人的不同过错程度，按照铁路运输企业有过错时划分的两类责任区间的比例予以酌减，以保证司法标准的一致性和连续性。
>
> **关键词**：铁路运输人身损害 赔偿责任 减轻比例 过失相抵 司法适用

一、引言

铁路是国民经济大动脉，是综合交通运输体系的骨干和主要运输方式之一，在我国经济社会发展中的地位和作用至关重要。到 2020 年底，全国铁路营业里程已达到 14.63 万公里以上，其中高速铁路达到 3.8 万公里。[①] 根据规

---

[*] 潘玲，上海交通大学四川研究院研究助理；杨波，中铁工程装备集团技术服务有限公司法务。本文为国家社科基金中华学术外译项目"侵权公平责任论：我国侵权法上公平责任的立法与司法研究"（22WFXB006）的中期成果。感谢四川大学法学院王竹教授对本文写作的悉心指导。

[①] 参见《国家铁路局发布〈2020 年铁道统计公报〉》（2021-04-19），载中华人民共和国中央人民政府网站，http://www.gov.cn/xinwen/2021-04/19/content_5600508.htm，2021 年 4 月 20 日访问。

划，到 2025 年，全国铁路网规模将达到 17.5 万公里左右，其中高铁 3.8 万公里左右。① 伴随着铁路建设的日新月异，铁路通车里程的不断增加，② 行人、机动车未经允许穿越、抢越铁路线路、道口等铁路作业区域的问题越发突出，③ 铁路在人群密集地区穿越的概率和引发事故的概率都相应增加，出现了全国范围内的多起铁路运输人身损害责任纠纷案件。④ 为了解决铁路运输人身损害责任纠纷中的疑难问题，《最高人民法院关于审理铁路运输人身损害赔偿纠纷案件适用法律若干问题的解释》（以下简称《解释》）应运而生，并进行了多次修正。在最高人民法院的最新修正中（法释〔2021〕19 号），以该《解释》第 6 条为中心的铁路运输人身损害赔偿责任减轻规定被细化，区分铁路运输企业承担事故主要责任、同等责任、次要责任的不同情形予以具体化为全部损害的 60%～90%、50%～60%、10%～40% 的责任区间。但仍未解决《中华人民共和国铁路法》（以下简称《铁路法》）通过以来便已存在的司法实践中铁路运输人身损害赔偿责任减轻比例不统一的问题。

二、司法实践中的长期问题

虽然《解释》通过"主要责任、同等责任、次要责任"的区分对铁路运输人身损害赔偿责任进行了细化，却无助于改善司法实践中裁判标准不统一的司法困境。经研究发现，在相似的案情中，比如事发路段已形成人行通道，铁路运输企业未采取相应的处理措施，依据《解释》第 6 条所确认的责任比例却大

---

① 参见《中国铁路总公司提出 2020、2025、2035 年奋斗目标多项领域将达到世界领先》（2018-01-02），载中国铁路总公司网站，http://www.china-railway.com.cn/xwdt/jrtt/201801/t20180102_69600.html，2021 年 4 月 20 日访问。

② 参见宫鸣、张代恩：《〈关于审理铁路运输人身损害赔偿纠纷案件适用法律若干问题的解释〉的理解与适用》，载《人民司法》2010 年第 7 期。

③ 铁路局在 "2019 年铁路安全情况公告" 中指出，"行人非法上道、公铁交汇区段机动车肇事撞击铁路桥梁、侵入线路，沿线非法施工损坏铁路设备设施等事故较为突出，成为铁路交通事故造成人员伤亡的主要原因"，参见《铁路局发布 2019 年铁路安全情况公告》（2020-03-29），载中华人民共和国中央人民政府网站，http://www.gov.cn/xinwen/2020-03/29/content_5496731.htm，2021 年 4 月 20 日访问。

④ 以 "铁路运输人身损害责任纠纷" 案由在中国裁判文书网检索民事案件法律文书，2014 年 87 份、2015 年 151 份、2016 年 150 份、2017 年 126 份、2018 年 110 份、2019 年 102 份、2020 年 62 份，且在北京市、山西省、内蒙古自治区等 29 个省、自治区、直辖市均有分布，铁路运输人身损害责任纠纷呈现了全国性的爆发态势，参见中国裁判文书网，https://wenshu.court.gov.cn/，2021 年 4 月 20 日访问。哈尔滨铁路运输中级法院法官指出，"铁路运输人身损害责任纠纷案件的收案数量逐年上升，涉案金额总量较大"，参见罗振宇、赵铁、董欣舟：《关于铁路运输人身损害责任纠纷案件的调研报告》（2014-02-21），载龙江法院网，http://www.hljcourt.gov.cn/public/detail.php?id=3556，2021 年 4 月 20 日访问；天津铁路运输法院法官指出，"铁路运输人身损害责任纠纷案件的受害者多为铁路沿线村镇居民，索赔数额巨大"，参见《铁路运输人身损害责任纠纷案件调查报告》（2014-01-08），载天津法院网，http://tjfy.chinacourt.gov.cn/article/detail/2014/01/id/1933683.shtml，2021 年 4 月 20 日访问。

相径庭，兹举一例。

在"徐某与黑龙江煤七台河矿业有限责任公司铁路运输人身损害赔偿纠纷案"中，黑龙江省桃山林区人民法院认为该人行通道并非被告设置，被告已在该路段设置禁行标志以示警示，已尽到安全防护、警示等义务；徐某系附近居民，明知列车运行时间，依然穿行，应减轻铁路运输企业赔偿责任，判决铁路运输企业承担徐某全部损失的15%。黑龙江省七台河市中级人民法院认为，原审判决书主文论述虽有瑕疵，但不影响本案的判决结果，本院依法不予调整。[1] 在"朱某某与安阳安铁运输有限责任公司铁路运输人身损害赔偿纠纷案"中，河南省安阳市中级人民法院维持一审裁判，并认为，事发地存在当地居民走出的一条小道，系当地居民经常行走的通道，铁路运输企业应在该处设立警示标志或采取隔离栅栏、地下通道等安全防护措施，却未设置，可认定铁路运输企业对事故发生地段允许行人穿越是认可的，未尽到安全防范、警示义务；朱某某为附近村民，经常经事发铁路通行，明知该铁路口存在安全隐患，未谨慎行驶，存在过错。综上，酌定铁路运输企业承担朱某全部损失的70%。[2] 在"雷某等与中国铁路北京局集团有限公司铁路运输人身损害责任纠纷案"中，北京市海淀区人民法院认为，事发路段为开放路段，线路两侧无护网、无警示标志，有大量群众由此处穿行线路，但其未设置明显的警示标志等，铁路运输企业未充分履行安全警示的义务，应承担次要责任；杨某作为完全民事行为能力人，应意识到违法进入铁路区间的严重人身危险性，应承担主要责任，综合案情，铁路运输企业应承担全部损失的30%。[3]

上述三个案例中，案情相似。在徐某一案中，法院认定铁路运输企业已充分履行安全防护、警示义务。对于朱某某一案和葛某一案，法院认定铁路运输企业未充分履行安全防护、警示义务，铁路运输企业的责任比例分别为70%、30%。因此，厘清受害人过错与铁路运输企业责任减轻比例之间的关系，明确铁路运输企业人身损害赔偿责任的减轻标准对确保该领域司法标准的连贯性和一致性至关重要。

---

[1] 参见黑龙江省七台河市中级人民法院（2015）七民终字第200号。
[2] 参见河南省安阳市中级人民法院（2014）安中民三终字第856号。
[3] 参见北京市海淀区人民法院（2020）京0108民初36389号。

三、减轻铁路运输人身损害赔偿责任的考量要素

(一)"过错比较为主"抑或"原因力比较为主"

当铁路运输企业未充分履行安全防护、警示等义务时,对其责任的减轻是过失相抵在铁路运输人身损害赔偿领域的具体适用,① 主要考量因素有过错和原因力,在具体适用上,学界存在着"过错为主"抑或"原因力"为主的争论。以杨立新教授为代表的学者主张"过错比较为主,法律原因力比较为辅",② 以张新宝教授为代表的学者认为在最终份额的分配上,应以"原因力比较为主,过错比较为辅",同时考虑双方经济状况和公平原则。③

杨立新教授认为,与有过失原则体现了受害人为自己行为负责的原则,责任自负的基础是过错,过错不仅是检验责任是否构成的要素,也是衡量责任分担的标准,对损害发生或扩大发挥作用的原因力,必须是具有可归责性的原因力,原因力对责任分担的影响附属于过错,受过错程度拘束。④ 进而,杨立新教授指出,"原因力对与有过失侵权行为责任范围的影响,具有相对性,其相对性体现在以下几个方面:第一,双方当事人的过错程度无法确定时,应以各自行为的原因力大小,确定各自责任的比例;第二,双方当事人的过错程度相等时,各自行为的原因力大小对赔偿责任起'微调'⑤ 作用;当加害人依其过错应当承担主要责任或次要责任时,双方当事人行为的原因力起'微调'⑥ 作用"。⑦

张新宝教授认为,过失相抵是解决多因现象下双方当事人责任份额分配的法律制度,尽管其与双方当事人的主观状态相关,但在判定责任分担时,仍主要从因果关系的角度做出。过失相抵中的"过失"是指,受害人以其过错行为对损害的发生或扩大所具有的原因力,折抵该原因力在促成损害中的份额,进

---

① 王利明教授考证了我国过失相抵制度的产生渊源,和大陆法系的与有过失相比,我国的过失相抵制度更多借鉴了英美法的比较过失制度,该制度根据双方的过错程度划分各自的责任范围,参见王利明:《论比较过失》,载《法律科学(西北政法大学学报)》2022年第2期。
② 参见杨立新、梁清:《原因力的因果关系理论基础及其具体应用》,载《法学家》2006年第6期。
③ 参见张新宝、明俊:《侵权法上的原因力理论研究》,载《中国法学》2005年第2期。
④ 参见杨立新:《侵权法论(第五版)》,人民法院出版社2013年版,第890页。
⑤ 此"微调"作用体现在:双方原因力相等或相差不是悬殊的,双方仍承担同等责任;双方原因力相差悬殊的,应当适当调整责任范围,赔偿责任可以在同等责任的基础上适当增加或减少,成为不同等责任,但幅度不应过大。详细论述见杨立新:《侵权法论(第五版)》,人民法院出版社2013年版,第890-891页。
⑥ 该"微调"作用是指:原因力相等的,依过错比例确定赔偿责任;原因力不等的依原因力的大小相应调整主要责任或次要责任的责任比例,确定赔偿责任。详细论述见杨立新:《侵权法论(第五版)》,人民法院出版社2013年版,第891页。
⑦ 参见杨立新:《侵权法论(第五版)》,人民法院出版社2013年版,第891页。

而从法律上排除受害人对此份额的请求。① 主观过错是当事人的心理状态，过错程度不易认定，具有自身的局限性，不应过多关注；因果关系和原因力是纯粹的客观概念，"不含有法律的价值判断"。"原因力为主，兼顾过失程度"的制度设计，使责任份额在双方当事人之间客观、公正地分配，较好地发挥了侵权责任法填补受害人损害的功能，充分发挥了侵权责任法的公平正义理念。② "原因力为主，兼顾过失程度"的实施方法是：依据损害主要是哪方造成的，主要原因在加害人时，少量减轻或者不减轻加害人的责任，主要原因在受害人时，大量减轻甚至免除加害人的责任；但损害是加害人故意或重大过失造成的，不免除加害人的责任，损害是受害人故意或重大过失造成的，免除加害人的责任。③

（二）支持"过错比较为主，原因力比较为辅"的评价体系

"原因力为主，过错为辅"的主张偏离了过失相抵的根本。不可否认"与有过失中折抵受害人所应获得赔偿数额的过错必须是对于损害的发生或扩大具有法律上的原因力的过错"，④ 需要强调的是，过错在与有过失中的基础作用，原因力是从属于过错而发挥作用的。如果采纳"原因力为主"说，就意味着原因力在与有过失的责任分担中起决定性作用，但这明显与法律规定和司法实践相背。⑤ 以《民法典》第1240条为例，"因从事高空、高压、地下挖掘活动或者使用高速轨道运输工具造成他人损害的，在受害人对于损害的发生只有一般过失时，并不减轻侵权人的赔偿责任；当受害人对于损害的发生有重大过失时，却可以减轻无过错责任中赔偿义务人的赔偿责任"。根据此条窥斑见豹，原因力的决定作用无从得知。易言之，"原因力为主"说不能妥当解释"与有过失中故意或重大过失的侵权人无权被减轻对于损害的发生或扩大具有主要法律原因力却只有一般过错的受害人的赔偿责任"这一司法实践中普遍存在的情形。"原因力为主"说的一个漏洞就是，其不能在自己的理论框架内对故意和重大过失对责任承担的决定性影响给予一个满意的答复。以原因力为主确定与有过失中双方的责任比例，要求该种学说提供一个具有可操作性的责任分担比例，但这种比例并不好确定，支持此种学说的学者也未提出一个具体的量化标准。⑥

---

① 参见张新宝：《中国侵权行为法》，中国社会科学出版社1998年版，第612页。
② 参见张新宝、明俊：《侵权法上的原因力理论研究》，载《中国法学》2005年第2期。
③ 参见张新宝：《中国侵权行为法》，中国社会科学出版社1998年版，第611页。
④ 参见程啸：《论侵权行为法上的过失相抵制度》，载《清华法学》2005年第2期。
⑤ 参见黄茂荣：《论与有过失》，载《法治研究》2022年第1期。
⑥ 参见张新宝、明俊：《侵权法上的原因力理论研究》，载《中国法学》2005年第2期。

铁路运输人身损害赔偿责任减轻比例研究——以《铁路运输人身损害赔偿司法解释》第6条为中心

  学者们支持"原因力为主,过错为辅"的理由不外乎以下几点:第一,决定损害赔偿范围的是原因力强弱,而不是过失程度之轻重;① 第二,侵权法的功能在于补偿损害,填补受害人的损失,以保证公平正义在侵权法上的贯彻;第三,过错是主观的,因果关系和原因力是"不含有法律价值判断"的纯客观因素;② 第四,在推定过错和无过错责任中,法律不考虑过错,其过错程度不可知。③

  上述理由皆有瑕疵。首先,与有过失中责任分担的原因力,指的是责任范围的因果关系,即受侵害的权利与损害之间的因果关系,④ 决定着责任范围。但其决定作用并不是指具有因果关系的损害在与有过失中皆可获得赔偿,法律对与有过失在过错上的可归责性的评价极大地影响着赔偿数额。故意或重大过失在原因力相同时,使与有过失的侵权行为中双方当事人的责任分担产生了天翻地覆的变化,对"原因力为主"说给予了有力的反驳。而且,法庭在划分责任份额时,往往受到政策因素和法律目的的影响,虽然有些案件冠名原因力限制责任、分担损失,但真正发挥作用的因素是过错,因为过错是司法政策考量的核心要素。⑤ 其次,侵权法的功能是多重的,⑥ 不仅具有填补损害的功能,还具有惩罚功能与补偿功能,随着学者对法经济学研究的深入,其预防损害功能越来越强于补偿损害的功能。⑦ 再次,因果关系和原因力并非纯自然的客观概念,特别是在"现实主义法学"诞生之后,其"实用主义的哲学基础"和"司法功效的政策追求"对因果关系理论产生了重大影响,⑧ 催生了英美法因果关系的二分模式,即"事实上的因果关系"和"法律上的因果关系"。"法律上的因果关系"也称为"近因",其本质上是一种责任分担的司法政策,是公平正义的价值映射。与有过失中对原因力的研究是法律的价值分析过程,而非"自然科学"上的适用方法"。⑨ 相比较因果关系理论的繁杂性,过错是一个具

---

① 参见曾世雄:《损害赔偿法原理》,中国政法大学出版社 2001 年版,第 269 页。
② 参见张新宝、明俊:《侵权法上的原因力理论研究》,载《中国法学》2005 年第 2 期。
③ 参见张新宝、明俊:《侵权法上的原因力理论研究》,载《中国法学》2005 年第 2 期。
④ 参见王泽鉴:《侵权行为》,北京大学出版社 2009 年版,第 183 页。
⑤ 参见韩强:《法律因果关系理论研究——以学说史为素材》,北京大学出版社 2008 年版,第 246 页。
⑥ 参见杨立新:《侵权法论(第五版)》,人民法院出版社 2013 年版,第 10-12 页;孙政伟:《大数据时代侵权法功能定位的历史转型》,载《政治与法律》2019 年第 7 期。
⑦ 参见王泽鉴:《侵权行为》,北京大学出版社 2009 年版,第 10-11 页。
⑧ 参见韩强:《法律因果关系理论研究——以学说史为素材》,北京大学出版社 2008 年版,第 130 页。
⑨ 冯·巴尔教授认为,物理世界从不区分所谓的"主要"和"次要"关系,因果关系的指向是"法律上的可归责性"。参见[德]克雷斯蒂安·冯·巴尔:《欧洲比较侵权行为法(下卷)》,焦美华译,张新宝审校,法律出版社 2001 年版,第 662 页。

有客观衡量标准的更易于法律操作的概念。① 而且，我国的司法裁判方式不同于英美法系国家，没有可以妥当比较因果关系的陪审团，仅将这种"诉讼审查"诉诸依据直觉的法官，很难保证不同素养的法官做出公平的责任分配。② 最后，无过错责任只是在责任构成上不考虑过错，③ 并非加害人没有过错，无过错责任的制度设计是为了更好地保护受害人，减轻其举证负担。无过错责任只是这类特殊侵权行为的一种泛称，为了特定法律价值的实现，立法者常对不同的无过错责任进行不同的立法选择，④ 以《解释》为例，起草者将铁路运输企业责任减轻情形界定为过错原则下的过失相抵。是以，过错在无过错责任的与有过失上并非不可考量。

与学界的争论相反，司法实践大多以过错为主要评价要素。比如《中华人民共和国水污染防治法》第96条、《中华人民共和国海商法》第169条、《中华人民共和国道路交通安全法》第76条、《中华人民共和国人身损害赔偿司法解释》第2条、《中华人民共和国精神损害赔偿解释》第11条。支持根据原因力确定责任份额的是已被废止的《中华人民共和国触电人身损害赔偿解释》，其在第2条⑤对原因力在分配责任份额的主导作用予以规定。

具体到铁路运输人身损害赔偿责任，应对其全面把握，从宏观上看，具有减责和免责功能的《解释》第5条、第6条（除不可抗力外）是以过错为基础进行的体系划分；从微观上看，铁路运输人身损害赔偿责任减轻比例的两个层次是根据铁路运输企业是否充分履行安全防护、警示等义务确定的，是在责任分担阶段对铁路运输企业在过错上的可归责性做出的法律性评价，奠定了铁路运输人身损害赔偿责任减轻比例的基础。《解释》第6条第1款规定，"根据受害人的过错程度可以适当减轻铁路运输企业的赔偿责任"，其核心内容是"根据受害人的过错程度适当减轻"，如果提炼两个关键词，应为"过错"和"适当"。与《解释》第6条在责任分担上表述类似的条文是《道路交通安全法》第76条，该条第1款第2项中段规定，"机动车与非机动车驾驶人、行人之间发生交通事故，……；有证据证明非机动车驾驶人、行人有过错的，根据过错

---

① 参见杨立新、梁清：《原因力的因果关系理论基础及其具体应用》，载《法学家》2006年第6期。
② 参见［美］丹·B.多布斯：《侵权法》，马静等译，中国政法大学出版社2014年版，第884页。
③ 参见王利明：《论比较过失》，载《法律科学（西北政法大学学报）》2022年第2期。
④ 参见郑永宽：《过失相抵与无过错责任》，载《现代法学》2019年第1期。
⑤ 《触电人身损害赔偿解释》第2条：因高压电造成人身损害的案件，由电力设施产权人依照民法通则第123条的规定承担民事责任。但对因高压电引起的人身损害是由多个原因造成的按照致害人的行为与损害结果之间的原因力确定各自的责任。致害人的行为是损害后果发生的主要原因，应当承担主要责任；致害人的行为是损害后果发生的非主要原因，则承担相应的责任。

铁路运输人身损害赔偿责任减轻比例研究——以《铁路运输人身损害赔偿司法解释》第 6 条为中心

程度适当减轻机动车一方的赔偿责任"。道路交通事故的责任分担上，在非机动车、行人有过错时，适用过失相抵，在条文表述上，二者都强调根据受害方的"过错"程度"适当"减轻加害方的赔偿责任，因而"适当"的含义对加害方与受害方的责任分担具有重要影响。杨立新教授认为，"适当"是指"以过错比较和原因力比较为基础，依据优者危险负担的理念确定机动车一方的责任份额"。① 换言之，"适当"为原因力和优者危险负担原则对责任份额的调整预留了空间，从法条规定"根据受害人的过错程度可以适当减轻"上理解，这种调整作用应附属于过错程度的比较。② 此外，"根据受害人的过错程度适当减轻铁路运输企业的赔偿责任"时，不能仅考虑受害人一方的过错，应对铁路运输企业和受害人的过错进行比较，这是《解释》第 6 条的内在要求。《解释》第 6 条依据铁路运输企业履行安全防护、警示等义务的程度对责任比例进行限定，其价值追求在于激励铁路运输企业充分履行安全防护、警示等义务，尽可能降低铁路运输对人身安全的危险性。在双方的责任分担上，如若仅考虑受害人一方的过错程度，置铁路运输企业的过错程度于不顾，将违背《解释》的司法政策，不能正确发挥法律的指引作用。

是以，在铁路运输人身损害赔偿责任减轻比例上，应当坚持司法实践的一贯做法，借鉴"过错为主，法律原因力比较为辅"的评价机制，结合事故发生的时间、地点和周围环境等因素进行综合考量，即"过错比较为主、法律原因力比较为辅，兼顾其他相关因素"。需要特别指出的是对"事故发生的时间、地点和周围环境"等双方当事人过错之外的因素的考量方法，出于保证司法标准的连贯性和一致性的考虑，本着公平分担损害的原则，双方当事人过错之外的因素造成损失的比例应当遵循基于双方过错和原因力划定的比例，③ 即遵循同一责任比例。"过错比较为主、法律原因力比较为辅，兼顾其他相关因素"，是指首先比较考虑了周围环境等相关因素的铁路运输企业和受害方的过错程度，得出基础的责任比例，然后对原因力进行考量，并对依据过错程度确定的责任比例进行调整。原因力相等或相近的，依据过错程度和优者危险负担原则

---

① 参见杨立新：《修正的〈道路交通安全法〉第 76 条的进展及审判对策》，载《法律适用》2008 年第 3 期。
② 比较法上，当事人的过错是作为归责标准的原因力的一个考量要素，过错问题对因果关系的认定具有重要意义，特别是重大过错是认定不当行为及危险源与损害之间因果关系的一个关键性因素，参见［德］克雷斯蒂安·冯·巴尔：《欧洲比较侵权行为法（下卷）》，焦美华译，张新宝审校，法律出版社 2001 年版，第 571 页、574 页。
③ 参见程啸：《论侵权行为法上的过失相抵制度》，载《清华法学》2005 年第 2 期。

确定责任份额，原因力相差较大的，责任份额结合原因力上浮或下调。①

（三）过错和原因力之外的其他因素的比较

这种因素主要是指事故发生时的天气、路面状况，事故发生的地点，周围环境等因素，比如事故发生在夜间、事故发生在山区、事故发生地附近是居民区等。这些因素可以作为过错和因果关系判断标准的一种附加条件②，将其附加到铁路运输企业的"善良家父"标准、受害人的"对自己事物注意"标准及上文所确定的多因现象下的原因力判断标准进行综合衡量，因为这些因素属于特殊情况，上述操作既能促使案件的公平裁判，也易于司法实践中付诸实施。

四、过错比较为主的综合评价方法在责任减轻比例上的适用

《解释》第 6 条第 1 款规定，当铁路运输企业未充分履行安全防护、警示等义务时，其承担事故主要责任的，应在全部损害的 90%～60% 之间承担赔偿责任；承担事故同等责任的，应在全部损害的 60%～50% 之间承担赔偿责任；承担事故次要责任的，应在全部损害的 10%～40% 之间承担赔偿责任。这是对《铁路交通事故调查处理规则》第 76 条③的细化和变更。但对于铁路运输企业已充分履行安全防护、警示等义务的责任承担，《解释》却仅规定了铁路运输企业所应承担的 10% 的责任区间，未对该区间根据受害人的过错程度予以细化。结合上文论证得出的"过错比较为主、法律原因力比较为辅，兼顾其他相关因素"的综合考量方法，应对双方的过错和原因力进行比较，在个案中妥当划分责任比例。④ 但法律毕竟是不同于自然科学的社会科学，这个比例不必精确到一分一毫，⑤ 兹将比例阐述如下。

（一）铁路运输企业有过错时的责任减轻比例

需要说明的是，铁路运输企业人身损害赔偿责任减轻比例的划分以受害人的过错程度为引线，首先比较附加周围环境等相关因素的铁路运输企业和受害

---

① 参见杨立新、梁清：《原因力的因果关系理论基础及其具体应用》，载《法学家》2006 年第 6 期。

② 张新宝教授认为，不同职业，不同年龄或者不同经验之人应作为"诚实善意之人"的附加条件，使注意义务的判断标准适应案件的实际情况，笔者受此观点的启发，提出了将"双方过错之外的其他因素"作为"附加条件"考量过错和原因力的做法。参见张新宝：《侵权责任法（第五版）》，中国人民大学出版社 2020 年版，第 35 页。

③ 《铁路交通事故调查处理规则》第 76 条：负有事故全部责任的，承担事故直接经济损失费用的 100%；负有主要责任的，承担损失费用的 50% 以上；负有重要责任的，承担损失费用的 30% 以上、50% 以下；负有次要责任的，承担损失费用的 30% 以下。有同等责任、涉及多家责任单位承担损失费用时，由事故调查组根据责任程度依次确定损失承担比例。负同等责任的单位，承担相同比例的损失费用。

④ 参见叶金强：《论过错程度对侵权构成及效果之影响》，载《法商研究》2009 年第 3 期。

⑤ 参见程啸：《论侵权行为法上的过失相抵制度》，载《清华法学》2005 年第 2 期。

人的过错程度，确定责任区间。考虑到同为一般过失、重大过失或间接故意，可能过错强度也会有细微差别，因而选择了过错区间的制度设计，这样既契合社会实际，也为法律原因力的调整作用预留了空间。如此划分责任比例，是遵循《解释》第6条的价值选择，体现了法律对无过错责任的政策追求，既使受害人得以妥当救济，又敦促铁路运输企业和受害人采取预防措施，契合法律对可归责性的要求。

《解释》第6条第1款规定，"根据受害人的过错程度可以适当减轻铁路运输企业的赔偿责任"，因而在责任减轻比例的划分上，应当以受害人的过错程度为主线，依照优者危险负担原理，采用综合评价方法，"适当"提高铁路运输企业的赔偿份额，以契合《解释》的司法考量。[①] 根据《民法典》第1240条的规定，只有在受害人对于损害的发生具有重大过错时才可以减轻铁路运输企业的赔偿责任。所以，在铁路运输企业未尽到安全防护、警示等义务时，双方的责任分担比例如下。

第一种情况，铁路运输企业具有间接故意，受害人具有重大过失，铁路运输企业承担主要责任。这种情况下，铁路运输企业应当在全部损害的60%～90%之间承担赔偿责任。这种情况下，之所以只考虑受害人具有重大过失一种情况，是因为根据《民法典》第1240条的规定，只有在受害人对于损害的发生具有重大过错时才可以减轻铁路运输企业的赔偿责任。此时，铁路运输企业具有间接故意，责任份额与《解释》第6条规定的责任比例相同，未进行细化，因为铁路企业承担事故主要责任，铁路列车在运行中给社会造成了较大的风险，应对铁路运输企业苛责较高的责任份额，以体现公平正义。

第二种情况，铁路运输企业具有间接故意且受害人具有间接故意或者铁路运输企业具有重大过失且受害人具有重大过失，铁路运输企业承担同等责任。此种情况的责任分担要结合优者危险负担原则做出。所谓优者危险负担，即"根据车辆碰撞时物理上危险性之大小和危险回避能力之优劣，分担危险责任"，此原则在日本的责任分担规则中具有重要地位，日本司法实践中存有仅根据此原则确定与有过失中双方当事人责任比例的数个判例，但这种仅依据优者危险负担原则判定责任比例的做法的妥当性需要进一步研究。[②]

当铁路运输企业具有间接故意且受害人也具有间接故意时，依照优者危险

[①] 《解释》第6条的条文表述与《道路交通安全法》第76条的表述类似，《道路交通安全法》第76条第1款第2项规定的"适当"一词为原因力和优者危险负担原则对责任份额的调整预留了空间，在责任分担上，"适当"提高机动车一方的责任份额，参见杨立新：《修正的〈道路交通安全法〉第76条的进展及审判对策》，载《法律适用》2008年第3期。

[②] 参见刘得宽：《民法诸问题与新展望》，中国政法大学出版社2002年版，第239-240页。

负担原则,铁路运输企业应承担较高的责任份额,即应在全部损害的55%～60%之间承担赔偿责任;当铁路运输企业具有重大过失且受害人也具有重大过失时,铁路运输企业应在全部损害的50%～55%之间承担赔偿责任。责任份额的浮动受法律原因力影响,法律原因力相同或者相近的,按照过错程度承担赔偿责任;法律原因力相差较大的,根据法律原因力在各自的责任区间内浮动。

之所以如此细化责任份额,是因为铁路列车的危险性较受害人高,碰撞时回避危险和减少损失的能力较受害人优越,所以依据"优者危险负担"原则,由铁路运输企业承担较高的责任。根据《解释》第6条的规定,铁路运输企业承担同等责任的,应当在全部损害的50%～60%之间承担赔偿责任,结合铁路运输企业和受害人的过错情况,能够减轻铁路运输企业责任的是受害人重大过失以上的过错情况。所以,当受害人和铁路运输企业均具有间接故意时,铁路运输企业承担全部损害的55%～60%,因为此时铁路运输企业的过错程度高,理应承担同等责任区间的较高比例;当受害人和铁路运输企业均具有重大过失时,铁路运输企业承担全部损害的50%～55%,因为此时铁路运输企业的过错程度低于间接故意,应当承担同等责任区间中低于间接故意的责任比例;但总体上,不论铁路运输企业具有间接故意还是重大过失,铁路运输企业皆承担了相应过错程度下高于受害人的责任份额,以体现"优者危险负担"。

第三种情况,铁路运输企业具有一般过失,受害人具有重大过失或者间接故意,铁路运输企业承担次要责任。当铁路运输企业具有一般过失,受害人具有间接故意时,此时因受害人的过错程度较大,铁路运输企业应在全部损害的10%～20%之间承担赔偿责任;当铁路运输企业具有一般过失,受害人具有重大过失时,铁路运输企业应在全部损害的20%～40%之间承担赔偿责任。责任份额的浮动受法律原因力影响,法律原因力相同或者相近的,按照过错程度承担赔偿责任;法律原因力相差较大的,根据法律原因力在各自的责任区间内浮动。

之所以如此细化责任份额,是因为当铁路运输企业承担事故次要责任时,承担全部损害的10%～40%之间的赔偿责任。同时,上文已经论证,铁路列车具有较高的危险性,基于"优者危险负担"原理,同等过错程度下,铁路运输企业应当承担较受害人高的责任份额。根据上文论证,当铁路运输企业和受害人过错程度相同时,即双方皆为间接故意或者重大过失时,铁路运输企业承担全部损害的55%～60%和50%～55%。此时间接故意和重大过失的责任区间比例是5%∶5%,即"1∶1",因为这时铁路运输企业和受害人的过错程度相同。在此逻辑下,当铁路运输企业仅具有一般过失,受害人具有间接故意或者重大过失时,受害人间接故意和重大过失的责任区间比例应当不能是"1∶1",因为铁路运输企业的过错仅为一般过失,较受害人的间接故意和重大过失轻很多。为了便于司法实践中的法官适用,本文认为在铁路运输企业承担次要责任的10%~40%,这30%的责任区间内,应当按照"1∶2"的比例划分受害人在具有间接故意和重大过失时的责任区间,以使具有较高过错程度的受害人承担更高的责任份额。受害人间接故意的过错程度较重大过失大。所以,当受害人具有间接故意时承担全部损害的80%~90%,当受害人具有重大过失时承担全部损害的60%~80%。

(二) 铁路运输企业无过错时的责任减轻比例

与处于弱势地位的受害人相比,铁路运输企业拥有并使用了较多的社会资源,在社会合作的助推下,对社会做出了更大的贡献进而取得了相应的权利,这其中就包含了被挤占社会资源的弱势群体的部分权利。① 所以,即使作为弱势地位的受害人有过错,处于强势地位的铁路运输企业无过错,仍要承担部分赔偿责任。

在铁运输企业无过错时,在公平原则的基础上,铁路运输企业基于优者危险负担原则承担全部损害的10%以内的赔偿责任。上文已详述,此时责任比例的浮动源自受害人的过错程度,为了保证与铁路运输企业有过错时责任减轻比例的贯通性,应根据铁路运输企业具有一般过失的责任承担比例予以划分。因为铁路运输企业具有一般过失是铁路运输企业未充分履行安全防护、警示等义务情况下的过错最小的情形,而铁路运输企业已充分履行安全防护、警示等义务表明铁路运输企业没有过错,为了保证与铁路运输企业有过错时责任减轻比例的贯通性,实现司法的一致性和连续性,应当对应铁路运输企业具有一般过错时的责任减轻比例细化规则对铁路运输企业无过错时的责任分担比例予以具体化。鉴于上文已详细论述了铁路运输企业具有一般过错时,铁路运输企业和受害人的责任分担比例规则和理由,限于篇幅,此处不再详述,仅展示该划分规则下的具体适用。

当铁路运输企业具有一般过失,受害人具有间接故意时,根据上文论述,受害人承担全部损害80%以内的责任;当铁路运输企业具有一般过失,受害人具有重大过失时,受害人承担全部损害60%以内的责任。此时两类责任区

---

① 参见高留志:《〈侵权责任法〉第24条的理论操纵及其还原》,载《河南财经政法大学学报》2013年第5期。

间之比为"4∶3"。依据该比例，分别对应受害人的间接故意、重大过失两种过错程度，划分铁路运输企业无过错时10%以内的责任份额，以保证司法标准的一致性。

第一种情况，受害人具有间接故意，受害人承担10%以内责任区间4/7的责任份额，即铁路运输企业在全部损害的4%以内承担赔偿责任。

第二种情况，受害人具有重大过失，受害人承担10%以内责任区间3/7的责任份额，即铁路运输企业在全部损害的6%以内承担赔偿责任。

按照上述阐释，铁路运输企业人身损害赔偿责任减轻比例表如下：

表1 铁路运输企业人身损害赔偿责任减轻比例表

铁路运输企业履行义务情况	铁路运输企业		受害人	铁路运输企业责任比例	法律原因力的调整比例
未充分履行安全防护、警示等义务	主要责任	间接故意	重大过失	60%~90%	30%
	同等责任	间接故意	间接故意	55%~60%	5%
		重大过失	重大过失	50%~55%	5%
	次要责任	一般过失	间接故意	10%~20%	10%
			重大过失	20%~40%	20%
已充分履行安全防护、警示等义务	无过错		间接故意	0~4%	0
			重大过失	0~6%	

五、结论

铁路运输人身损害赔偿责任减轻比例的裁判是司法实践的一大难题，立足法律体系，结合司法实践，在《解释》第6条"根据受害人的过错程度可以适当减轻铁路运输企业赔偿责任"的指引下，借鉴道路交通事故的责任分担，在铁路运输人身损害赔偿责任减轻比例的实施上，应采取"过错比较为主、法律原因力比较为辅，兼顾事故发生的时间、地点、周围环境等相关因素"的综合评价方法，将事故发生的时间、地点、周围环境等相关因素附加到双方行为的评价机制中，对过错程度和法律原因力予以考量。基于优者危险负担原理，当铁路运输企业具有过错时，围绕受害人的过错程度比较双方过错，依据优者危险负担原则确定责任区间，法律原因力在区间内发挥调整作用，调整幅度与过错程度相关；当铁路运输企业无过错时，依据铁路运输企业有过错时划分的两类责任区间的比例，分别对应受害人的重大过失、间接故意进行调整。本文对

铁路运输人身损害赔偿责任减轻比例研究——以《铁路运输人身损害赔偿司法解释》第 6 条为中心

铁路运输人身损害赔偿责任减轻比例的划分，来源于对法律条文的解释，并不是笔者的主观臆断，是笔者在多年司法经验的基础上，利用学界在责任分担上的理论积累，联结法学理论与法律实务的一次有益尝试，对司法实践中个案正义的贯彻不无裨益。

人格权法论

已收集敏感个人信息的处理规制

阳雪雅　王灵娟[*]

> **摘　要**：已收集敏感个人信息是指所有已经为信息处理者所收集，在客观上处于信息处理者的掌控领域，已经基本脱离信息主体控制，与信息主体人格尊严、人身财产安全有重要关联的个人信息。已收集敏感个人信息的客观状况具有较大风险，并且有规制的必要性。在具体规制方式上重点放在纠正已收集敏感个人信息现存的不合理状态和控制处理风险上，具体体现为：明确规定已收集敏感个人信息的最低保存期限，强制备案，禁止对已收集敏感个人信息二次利用，确立外来原因为唯一的侵权抗辩事由，在信息处理者内部增强处理透明度和加强技术保护的措施等，同时提高信息主体自身的保护意识。
>
> **关键词**：已收集敏感个人信息　二次利用　暗网　外来原因　透明度

一、问题的提出

《个人信息保护法》采用的两分法立法模式把个人信息分为一般个人信息和敏感个人信息。《个人信息保护法》把敏感个人信息的保护提升了一个高度，在体例编排上把敏感个人信息的保护方式作为专章规定；在处理原则上，以禁止处理为原则，允许处理为例外，并且只有在具有特定的目的和充分的必要性，并采取严格保护措施的情形下，个人信息处理者方可处理敏感个人信息；

---

[*] 阳雪雅，西南大学法学院副教授。王灵娟，西南大学法学院2020级硕士研究生。本文系重庆市社会科学规划项目"数据要素市场下企业个人信息流动的规则建构"（2020YBFX32）、中央高校基本科研项目"个人数据确权与交易法律制度研究"（SWU1909303）的阶段性成果。

在被同意处理敏感个人信息的场景中，还需要取得信息主体的单独同意，如果有行政法规和法律的特别规定，还须采取书面的单独同意；在敏感个人信息的内容设置上，以事关人格尊严和人身财产安全为核心界定敏感个人信息的内涵，以列举方式解释敏感个人信息的种类。《个人信息保护法》在保护敏感个人信息的规范中明显体现了实用主义与风险防范导向[1]。

《个人信息保护法》中的敏感个人信息是对《民法典》所设定的私密信息与个人信息保护的二分架构的回应，同时也在补充《民法典》个人信息与私密信息的二元划分所留下的空间[2]。敏感个人信息和私密信息有交叉部分，从隐私的角度看，两者都是信息主体不愿意为他人知晓的信息[3]。私密信息不一定会影响信息主体的人格尊严和人身财产安全，而敏感个人信息是必然与人格尊严和人身财产安全相关的。《民法典》更多是处于隐私的角度来保护私密信息[4]。而《个人信息保护法》是站在信息角度的方面保护敏感个人信息，两部法律的出发点并不完全一致。《个人信息保护法》也对《民法典》私密信息的相关规定起补充作用。

在《个人信息保护法》生效之前，《信息安全技术个人信息安全规范》（以下简称《安全规范》）对敏感个人信息做了定义。2020年版本的《安全规范》对于敏感个人信息的定义为：个人信息控制者通过个人信息或其他信息加工处理后形成的信息，如一旦泄露、非法提供或滥用可能危害人身和财产安全，极易导致个人名誉、身心健康受到损害或歧视性待遇等的，属于个人敏感信息。《个人信息保护法》对敏感个人信息的定义和《安全规范》中的定义并无本质区别。

敏感个人信息作为一种独立的个人信息种类在立法上存在，并且需要立法提供更高规格的保护是具有正当理由的：敏感个人信息与信息主体人格尊严人身财产安全休戚相关。社会实践中，信息主体侵害信息主体敏感个人信息的行为屡见不鲜。比如，手机App对人们的日常对话做数据采集，被推送对话涉及的相关产品却是人们从来没有在手机上搜索过的[5]。这种并不陌生的社会情景表明手机App在收集人们的敏感个人信息之一的生物识别信息——声音。

---

[1] 参见丁晓东：《〈个人信息保护法〉比较法重思：中国道路与解释原理》，载《华东政法大学学报》2022年第2期。
[2] 参见李忠夏：《数字时代隐私权的宪法建构》，载《华东政法大学学报》2021年第3期。
[3] 参见张新宝：《个人信息收集：告知同意原则适用的限制》，载《比较法研究》2019年第6期。
[4] 参见程啸：《论我国民法典中个人信息权益的性质》，载《政治与法律》2020年第8期。
[5] 参见宋建欣：《大数据时代人的尊严和价值——以个人隐私与信息共享之间的伦理抉择为中心》，载《道德与文明》2021年第6期。

这种收集是合法的吗？被 App 收集的信息主体的声音最终会流向哪里？如果只是精准推送产品尚在信息主体容忍的范围之内，不过，还会不会引发其他无法预料的伤害性后果呢？这些都是令信息主体担忧的。这些担忧会引申出以下值得探讨的问题。其一，《个人信息保护法》并不完全禁止收集敏感个人信息，《个人信息保护法》提供了一个合法的收集门槛，但是，一旦跨过这个门槛之后，敏感个人信息就完全地处于信息处理者的掌握之下，在这种情况下，敏感个人信息是否就失去了保护价值？其二，《个人信息保护法》不是唯一保护个人信息的法律，但是唯一的把敏感个人信息收集门槛提高的法律。事实上，在《个人信息保护法》生效之前，《网络安全法》，《消费者权益保护法》都对个人信息的保护做出了相应的规定。但是这些法律的规定都没有对敏感个人信息和非敏感个人信息做出权威性的区分，并且对于信息处理者的收集门槛都较为宽松。既然这些法律并未区分敏感个人信息，那在《个人信息保护法》生效之前收集的个人信息是否都不算作是敏感个人信息？其三，《个人信息保护法》虽然增加了收集敏感个人信息的前提条件和负担方式，这些前提条件和负担方式是否可以产生对已完全脱离于信息主体的敏感个人信息的保护效果？其四，如果已被信息主体收集的敏感个人信息是值得保护的，那规章制度又应该如何设计？

二、已收集敏感个人信息的内涵、外延、法律效果

个人信息保护法律体系构建的初始阶段并没有区分敏感个人信息和非敏感个人信息。敏感个人信息上升为法律概念经历了漫长的实践曲折。社会上各种各样的信息主体伤害事件一直在发生，让立法者意识到个人信息中有一部分信息是与信息主体的人格尊严和人身财产安全相关的，不能成为信息处理者野蛮掘金的工具[①]，并且需要立法予以特别的保护，于是立法者就提炼出了关于敏感个人信息保护的独特规范。立法在渐进性中确定敏感个人信息的种类和提高敏感个人信息的收集门槛。与立法渐进性的历程相比，信息处理者并不会根据立法的历程来逐步规范自己的信息收集行为，并且一直没有停止收集敏感个人信息，这导致了信息处理者掌握了大量的敏感个人信息。厘清已收集敏感个人信息的内涵和外延有助于分析规制已收集敏感个人信息的风险和必要性。

（一）已收集敏感个人信息的内涵

已收集敏感个人信息是指所有已经为信息处理者所收集，在客观上处于信

[①] 参见管筱璞、柴雅欣：《针对个人信息野蛮掘金的时代结束了》，载《中国纪检监察报》2021年11月4日，第4版。

息处理者的掌控范围的，已经基本脱离信息主体管控的，与自然人格尊严、人身财产安全有重要关联的以电子或者其他方式记录的能够单独或者与其他信息结合识别特定自然人的各种信息。已收集敏感个人信息的最大特殊性是已经脱离了信息主体的管控领域。在对已收集敏感个人信息的内涵进行解释时，需要特别注意以下几点。其一，这里的收集既包括事实行为意义上的收集也包括法律行为意义上的收集。从条文内容来看，《个人信息保护法》第 10 条中表明不得非法收集个人信息是事实行为意义上的收集，而第 4 条、第 6 条、第 26 条和第 40 条所指的信息主体收集行为是指经过信息主体同意的，是具有法律行为意义的。《个人信息保护法》的收集包括在广义的处理行为之中，《个人信息保护方法》也是从这两方面的意义来解释收集行为的。

其二，已收集敏感个人信息的本质和种类不会因为收集这个行为而发生变化。收集只是一个门槛，门槛里和门槛外的敏感个人信息并无实质差异。应该以敏感个人信息的本质、种类以及种类确定的方式来理解已收集敏感个人信息。《个人信息保护法》中规定的敏感信息种类为生物识别、宗教信仰、特定身份、医疗健康、金融账户、行踪轨迹以及兜底种类。比较法上，欧洲《通用数据保护条例》敏感个人数据名单，包括民族种族出身、宗教信仰、政治观点、工会成员身份、性生活以及健康信息等[1]。美国《个人隐私法案》中的敏感个人信息包括基因信息、生物识别信息、亲属隐私信息、家族隐私信息等[2]。确定敏感个人信息的种类通常都会参考一定的价值或标准，如社会大多数人对某类信息的敏感程度；泄露该信息导致重大伤害发生的可能性；泄露该信息给信息主体带来伤害的概率等[3]。对这些敏感个人信息种类理解还需要参考场景模式，不能以全有或者全无的方式来判断敏感个人信息种类。这些针对敏感个人信息的种类以及确定种类的方式适用已收集敏感个人信息。

其三，法律应该重点关注的是在《个人信息保护法》生效之前的已收集敏感个人信息。有以下几点原因：首先，《个人信息保护法》没有规定溯及力，对生效之前对敏感个人信息的收集行为并无特别指引。其次，《个人信息保护法》生效之前的法律并没有形成保护敏感个人信息的有效屏障。一方面，《中华人民共和国电子商务法》《中华人民共和国公共图书馆法》《中华人民共和国

---

[1] *General Data Protection Directive*, An official website of the European Union (March 26, 2022), https://gdpr-text.com/.
[2] See J. Lyn Entrikin, *Family Secrets and Relational Privacy: Protecting Not-So-Personal, Sensitive Information from Public Disclosure*, 74 University of Miami Law Review 781, 789 (2020).
[3] See Paul Ohm, *Sensitive Information*, 88 Southern California Law Review 1124, 1174 (2015).

网络安全法》《中华人民共和国消费者权益保护法》《中华人民共和国旅游法》等法从不同的角度来保护个人信息。这些法律中相关条文中的措辞大多没有可操作性，如禁止非法提供，禁止买卖个人信息、对个人信息进行保护，不得泄露等。这些条文除了没有可操作性之外，也几乎没有强制性和威慑力，也缺乏对信息处理者违规处理个人信息的责任体系。《民法典》中关于个人信息保护的规定虽然具有纲领性的重要作用，但是《民法典》条文也缺乏可操作性，还需要进一步细化。《中华人民共和国刑法》及相关的司法解释虽然对侵犯与人格尊严、人身财产安全有关的个人信息的行为特别关注，但在实践中，这些违规行为并不是随时都可以动用刑法来处罚。另一方面，这些法律规定的收集门槛普遍较低，也没有对敏感个人信息和非敏感个人信息进行不同程度的区别保护，导致大量敏感个人信息以非敏感个人信息的通道被收集。总的来说，这些法律其实并没有对敏感个人信息的保护形成强有力的保护屏障。最后，很多敏感个人信息在《个人信息保护法》生效之后，是不需要被重新收集的。信息主体在物理空间产生的敏感个人信息是有限的，并不是随时都在产生敏感个人信息。比如，每个人的生物特征都是独特的并且不会轻易改变，如人脸、声音等。又如，一个人一生时间有多少子女，有多少不动产和有价值的动产，有多少常用的现金流账户都是比较稳定的。再如，一个人的生活习惯和性格特征也是不会轻易改变的。如果这些敏感个人信息在《个人信息保护法》生效之前已经被信息处理者所收集，那《个人信息保护法》生效之后，是不需要被再次收集的。《个人信息保护法》对生效之前的已收集敏感个人信息的保护几乎失去了效用。

其四，如果生效之后的《个人信息保护法》对已收集敏感个人信息保护的保护并没有产生理想的效果。在设计已收集敏感个人信息处理规制的时候，虽然规制重点在《个人信息保护法》生效之前的已收集敏感个人信息，但是部分规制路径的设计可以运用到《个人信息保护法》生效后的敏感个人信息收集行为。

(二) 已收集敏感个人信息的外延

已收集的敏感个人信息的外延是指其表现形式或者主要来源。已收集敏感个人信息有三种主要来源，第一种来源是收集之时就以敏感个人信息名义被收集的个人信息。当信息处理者根据有关规范性法律文件对敏感个人信息的定义收集这些敏感个人信息时，是明知自己收集的是敏感个人信息的。这些敏感个人信息包括信息处理者根据《安全规范》收集的敏感个人信息。中国首个个人信息保护国家标准——《信息安全技术公共及商用服务信息系统个人信息保护指南》(以下简称《个人信息保护指南》) 指出各行业个人敏感信息的具体内容根据接受服务的个人信息主体意愿和各自业务特点确定。信息处理者身处于不同的行业,在行业规范的指引下,收集个人信息时也明知自己收集的个人信息属于行业内的敏感个人信息。

已收集敏感个人信息的第二种重要来源是某种个人信息先前不被视为敏感个人信息,后来立法又确定其属于敏感个人信息的信息。此种来源最为典型的就是儿童个人信息。《中华人民共和国预防未成年人犯罪法》第 3 条对保护未成年的个人信息(包括儿童信息)保护进行了宣示性规定。《中华人民共和国未成年人保护法》第 72 条规定处理儿童的个人信息需要由监护人同意,监护人有权利要求信息处理者删除和更正儿童个人信息。《互联网企业个人信息保护测评标准》作为行业标准也规定互联网企业应规定未成年人个人信息(包括儿童个人信息)处理的特殊措施,如仅在征得其监护人的明示同意前提下处理其个人信息,或一旦明知其为未成年人,在未征得监护人明示同意时停止处理其个人信息。在这些法律的规范下,儿童个人信息并不属于敏感个人信息。在立法实践中,《个人信息保护法》把儿童个人信息增加进敏感个人信息种类,适用特殊的保护规定。《个人信息保护法》之所以把所有的儿童信息全部作为敏感个人信息主要出于两个方面的考虑。一方面,家长作为监护人并不总能最有效地保护儿童的个人信息,在很多时候家长反而成了儿童信息权益的侵犯者[1]。另一方面,信息隐私权并不需要以分析儿童是否有能力做出决定而应被赋予[2]。即使儿童没有能力进行自我信息控制,儿童的隐私信息始终是需要保护的。类似儿童个人信息这种先前并不认为是敏感个人信息,后来又认为是敏感个人信息的个人信息种类还有很多,这些个人信息具有人格尊严和人身财产安全的重要属性并不会因为法律先前的不承认而有所改变。这种来源的已收集个人信息的种类可以被法律"追认"为敏感个人信息。

已收集的敏感个人信息第三种重要来源是对收集的普通个人信息进行分析得来的敏感个人信息。信息处理者在对普通个人信息进行初次收集之后,对普通个人信息进行多种分析,并在普通个人信息的基础上提炼出敏感个人信息。其一,已收集的敏感个人信息可以来源于信息主体已经公开的个人信息,信息主体大量的自我披露信息行为一直客观存在,大量的用户在社交网络上依旧会

---

[1] 参见安琳:《儿童个人信息网络保护的困境与制度应对——基于对"监护人同意"模式的反思》,载《图书馆研究》2022 年第 1 期。
[2] See Caitlin M. Cullitan, *Please Don't Tell My Mom—A Minor's Right to Informational Privacy*, 40 Journal of Law & Education 417, 458 (2011).

不经意间披露非常私人的信息，如照片、个人经历等，而很少考虑这种披露程度是否合适[1]。信息处理者为了节约自己的营销成本，会对这些信息主体主动公开的信息进行收集。其二，已收集的敏感个人信息也可以来源于对不敏感的个人资料的滥用[2]。其三，信息处理者还可以采取对匿名化个人信息进行重新识别或者采取跟踪技术来分析出信息主体的敏感个人信息。

（三）已收集敏感个人信息的法律效果

学界对处理敏感个人信息的常见观点为敏感个人信息应该以禁止处理为基础，处理为例外[3]。大量的已收集敏感个人信息已经进入了处理的环节，处理原则对其已没有意义。除了对非法收集的敏感个人信息的法律效果作否定性评价以外，通过行为当时有效的合法途径收集而来的敏感个人信息产生的法律效果如下。

1. 已收集敏感个人信息成为信息处理者控制的数据库组成部分

已收集敏感个人信息成为信息处理者掌握的数据库的一部分，表现为以下几点。首先，敏感个人信息需要以数据的方式呈现客观形态，也需要经过数字化转变成数据才能存储和传输。代码层上的数据方只有在信息内容层上符合保护敏感个人信息的保护要求，才可以获得合法的财产权益[4]。敏感个人信息在内容层面上的保护其实并不为人所知，呈现出来的结果是已收集敏感个人信息变成了信息处理者掌握的敏感数据。其次，在有些商业领域，已收集敏感个人信息被脱敏以后，将失去利用价值。采用数据干扰手段而达到数据的假名化或者匿名化，会导致原始的数据失真，采取数据保护方法更多，那么所释放出来的数据有用性就越小[5]。在法律没有强制性规定脱敏的情况下，信息处理会尽量避免对自己所掌握的敏感个人信息脱敏。信息处理者掌握的已收集敏感个人信息是否脱敏同样也不为人所知，或者认为信息处理者会主动进行脱敏是一个理想状态。事实上，信息处理者掌握了大量的已收集的并且不会被脱敏的已收集敏感个人信息。再次，各个相关联信息处理者之间一般会在市场上对自己实

---

[1] See Monika Taddicken, The "Privacy Paradox" in the Social Web: The Impact of Privacy Concerns, Individual Characteristics, and the Perceived Social Relevance on Different Forms of Self-Disclosure, 19 Journal of Computer-Mediated Communication 248, 259 (2014).

[2] See Jehirul Islam, Consumers Data Privacy in E-Commerce: Concerns, Legal Issues and Challenges, 10 GNLU Journal of Law Development and Politics 77, 94 (2020).

[3] 参见阳雪雅：《论个人信息的界定、分类及流通体系——兼评〈民法总则〉第 111 条》，载《东方法学》2019 年第 4 期。

[4] 参见韩旭至：《信息权利范畴的模糊性使用及其后果——基于对信息、数据混用的分析》，载《华东政法大学学报》2020 年第 1 期。

[5] See Fang Liu, A Statistical Overview on Data Privacy, 34 Notre Dame Journal of Law, Ethics & Public Policy 477, 478 (2020).

质控制的数据库进行流转或者共享，从而会因为流转或共享而获得利益。已收集敏感个人信息数据库不仅已经被信息主体实质掌握，也成为为信息处理者创造利益的源泉。最后，收集行为成年累月从未间断，导致信息处理者掌握的已收集敏感个人信息的数据一直处于增长性的状态，增长之后再发生聚合效应，形成庞大的数据库。在各种因素的聚合效应下，已收集敏感个人信息已经成为信息处理者数据库不可分割的一部分。

2. 信息主体对已收集敏感个人信息的处理效果已经不可撤销，也不能轻易做否定性评价

信息主体缺乏反思动力，不会随意地去撤回授权。已收集敏感个人信息的合法性来自信息主体的授权，当信息主体的敏感个人信息被收集以后，实际上已经失去了对自身敏感个人信息的控制能力。敏感个人信息事关人身财产安全，信息主体产生敏感个人信息的数量极为有限，信息主体失去掌握的不仅仅是敏感个人信息的本身，也会失去对自己人格尊严和人身财产安全的掌握。如果信息处理者运用数据挖掘技术和歧视性的社会分类方法一起设计算法并处理个人信息，并且用已收集的敏感个人信息来确定哪些信息主体在相关的环境中是否有资格或没资格[1]，这对信息主体来说是有害的。由于信息的严重不对称，信息主体通常不能理解算法的内部逻辑和无法进行算法的外部规制，所以信息主体本身难以意识到自己受到了不公正待遇或者意识到权利受到侵害的危险，从而反思自己当初的授权行为是否正确。

信息处理者不会轻易浪费信息主体的授权，从而放弃自己利用已收集敏感个人信息获利的机会。法律本身对敏感个人信息的敏感界限定义模糊。在美国，监管部门之间对何为敏感个人信息甚至都不能达成一致的意见，与联邦通信委员会对个人信息敏感数据的相关定义相比，联邦贸易委员会对敏感性数据的定义更窄[2]。《个人信息保护法》对敏感个人信息的定义也很难说是周延的。法律定义的模糊性将增加信息处理者的合规惰性。

即使对已收集敏感个人信息的处理结果，也很难说这些法律效果都是错的，也不会有撤回或者撤销收集行为的正当理由。对于信息处理者来说，如果信息处理结果没有按照他的意愿而实际进行处理，对他来说才有可能发生错

---

[1] See Peter Øhrstrøm & Johan Dyhrberg, *Ethical Problems Inherent in Psychological Research based on Internet Communication as Stored Information*, 28 Theoretical Medicine and Bioethics 221, 231 (2007).

[2] See Alison M. Cheperdak, *Double Trouble: Why Two Internet Privacy Enforcement Agencies Are Not Better than One for Businesses or Consumers*, 70 Federal Communications Law Journal 261, 271 (2018).

误。一般情况下信息处理者会给予信息主体所希望的服务，只要有这种服务存在，信息处理结果对信息主体来说就不存在错误。而对信息主体本身来说，"显示信息主体对信息的掌握程度以及通过行为所体现对信息进行处理之间的因果关系是极为困难的"[1]，难以判断他是因为对自己的信息自决权的忽视而故意导致敏感个人信息被收集的，从而判定他的授权决定也是错误的。已收集敏感个人信息的收集行为恰巧是信息处理者和信息主体私法意思自治的表现。对于收集时的法律来说，并不是"即目标或计划本身是错误的导致预期行为也是错误的"[2]。按照法律行为的理论，收集的法律效果是符合当事人的意志的，无撤销或无效的可能。

信息主体本身缺乏对自身权益的了解，信息处理者缺乏合规动力，收集行为在当时法律的情况下又是合法的，导致已收集敏感个人信息的处理效果不可撤回或者撤销，法律效果也不好做否定性评价，这种状态变成了无法轻易变更的客观事实。

三、已收集敏感个人信息的处理规则的必要性

经过对已收集敏感个人信息概念的内涵、外延以及法律效果进行梳理，可以看出，已收集敏感个人信息因为自身的特殊性在信息保护法领域中所面临的复杂局面。单纯的保护一般个人信息的方法或者单独控制敏感个人信息的方法似乎都不足以解决已收集敏感个人信息的困境。通过对已收集敏感个人信息的必要性进行分析，明确需要规制已收集敏感个人信息的正当理由。

（一）规制已收集敏感个人信息的目的是保护信息主体已经失去控制的敏感个人信息

已收集敏感个人信息已经进入了信息处理者的风险控制范围，信息主体已经不可能从物理上控制自己的敏感个人信息。敏感个人信息之所以重要是因为敏感个人信息权益的人身权益属性超过了财产权益属性。事实上，中国目前的个人信息保护法体系中也并没有完全否认敏感个人信息的财产权益属性。法律为信息主体赋予的各种权益被学界观点浓缩为个人信息控制权。个人信息控制权是人格权，源自个人信息与自然人生命、身体、健康的密切关联[3]。个人信息控制权要行使的前提是信息主体能够控制自己与其人身属性相关的信息。对

---

[1] Tom Onyshko, *Access to Personal Information: British and Canadian Legislative Approaches*, 18 Manitoba Law Journal, 213, 219 (1989).

[2] Martin Maguire, et al., *A Review of Behavioural Research on Data Security*, 2018 European Journal of Privacy Law & Technologies 16, 21 (2018).

[3] 参见刘士国：《信息控制权法理与我国个人信息保护立法》，载《政法论丛》2021年第3期。

于已经失去控制的敏感个人信息，就算赋予信息主体再多的有名无实的信息控制权也不起作用。

已经失去控制的敏感个人信息的存在对信息主体是威胁，尤其体现在《个人信息保护法》生效之前被收集敏感个人信息。现行法律把敏感个人信息的处理前置标准提高了很多，只有在具有特定的目的和充分的必要性，并采取严格保护措施的情形下，个人信息处理者方可处理敏感个人信息。特定的目的、充分的必要性以及严格的保护措施，是并列的限定，缺一不可。可以合理地推断出信息处理者在《个人信息保护法》之前收集信息主体的敏感个人信息时没有遵守现行的三个规则，有可能是毫无目的地收集，或者没有必要地收集，或者没有采取严格的保护措施，或者虽然有特定的目的和充分的必要性而没有进行严格的保护措施等。被信息主体掌握的已收集敏感个人信息实际上也是合理地规避了现行法律较高的处理前置门槛。毕竟，很多针对已收集敏感个人信息的行为是在《个人信息保护法》生效之前发生的。"如果将一项法律适用于其颁布生效之前的行为或事件，由于行为人做出行为之时对该法的内容完全无法知晓，自然也就无法理性地安排自己的行为。"[1] 这导致信息主体对信息处理者会合规处理《个人信息保护法》生效之前收集敏感个人信息的期待性降低。

法律缺乏对违法处理已经失去控制的敏感个人信息行为的惩罚措施。现行法律没有对信息处理者处理已收集敏感个人信息的行为进行惩罚的措施，也没有表明信息处理者曾经收集处理敏感个人信息的行为是违法的，现行法律本身并不会对信息处理者带来不合理的负担。已收集敏感个人信息的存在是一种事实状态，对信息主体的人格尊严和人身财产安全造成了威胁的状态，法律将要进行的规制是纠正不合理的状态，细化现行有效的规则去改变以前存在并且持续存在的不合理的事实状态。已收集敏感个人信息关涉信息主体的人格尊严和人身主体安全，以至于无论处理过程发生在哪个时间段都不会改变这些本质。规制信息处理者对已收集敏感个人信息的处理方式是为了保障信息主体的人格尊严和人身财产安全。

(二)《个人信息保护法》对敏感个人信息新增的前提条件和方式负担不足以应对已收集敏感个人信息的困境

《个人信息保护法》第4条规定把收集行为纳入处理行为的一种。第6条规定在数量上不得过度收集个人信息，以实现处理目的为最小收集范围。第10条规定不得非法收集。第55条规定处理敏感个人信息应当事前进行个人信

---

[1] 参见戴建华：《论法的安定性原则》，载《法学评论》2020年第5期。

息保护影响评估。在专属规定敏感个人信息的章节中，提供了三个前提条件：在特定的目的和充分的必要性以及严格保护措施之下，个人信息处理者方可处理敏感个人信息。还增加了两种方式负担：需要取得信息主体的单独同意，在有行政法规和法律的特别规定时候的书面的单独同意。《个人信息保护法》对敏感个人信息的保护模式是一般保护加特殊保护模式。

《个人信息保护法》针对敏感个人信息增加的三个前提条件表明法律对敏感个人信息的保护需求，同时也构成了信息处理者收集、使用敏感个人信息的内在限度[1]。如果以《个人信息保护法》时间线为轴，把已收集敏感个人信息划分成两个部分，那这三个新增的条件对《个人信息保护法》生效之前的已收集敏感个人信息是不起作用的，对《个人信息保护法》生效之后的已收集敏感个人信息的作用也应有待观察。三个前提条件在收集之前设立了很多障碍，而关注重点依旧在收集行为。对敏感个人信息和非敏感个人信息，采取宽严程度不同的规制策略，并非仅限于个人信息收集行为，其也同样适用于其他类型的个人信息处理行为[2]。已收集敏感个人信息因为已经脱离了信息主体的控制，不论是信息主体还是法律更应该关注收集以后的行为。

《个人信息保护法》对敏感个人信息的增加的方式负担包括单独同意和书面同意。单独同意有助于引起信息主体对信息处理的警觉性，书面同意有助于配合法律和行政规定的特别要求，这两种方式既有形式上的负担增加，也有程序上的负担增加，确实会对处理敏感个人信息起到不少作用，但是依旧不足以化解已收集敏感个人信息的困境。首先，这两种方式负担的增加对《个人信息保护法》生效之前的法律是没有效用的。其次，从法理上看，《个人信息保护法》构建敏感个人信息的处理规制依旧是同意，而同意并不能有效地保护已收集敏感个人信息。实际上，同意甚至都不能对普通敏感个人信息进行有效保护。学界有观点认为，同意甚至不应该成为个人信息使用的一般规则[3]。在敏感个人信息收集阶段，同意是信息主体自决权主要行使领域[4]。信息主体的自决权不应该被限制在信息的收集阶段。如果敏感个人信息被收集之后，信息主体发现信息处理者超越了敏感个人信息的处理权限，信息主体的信息自决利益

---

[1] 参见郑维炜：《个人信息权的权利属性、法理基础与保护路径》，载《法制与社会发展》2020年第6期。
[2] 参见郑晓剑：《个人信息的民法定位及保护模式》，载《法学》2021年第3期。
[3] 参见高富平：《个人信息使用的合法性基础——数据上利益分析视角》，载《比较法研究》2019年第2期。
[4] 参见商希雪：《个人信息隐私利益与自决利益的权利实现路径》，载《法律科学（西北政法大学学报）》2020年第3期。

可以判定信息主体违反了《个人信息保护法》规定的法定义务①。最后，根据《个人信息保护法》的个人信息赋权不足以对抗已收集敏感个人信息的困境。《个人信息保护法》没有针对敏感个人信息和一般个人信息分别赋权，也就是说，并没有针对敏感个人信息的特殊性而在赋权的时候多给予信息主体几项权利。删除权、知情权、被遗忘权等多种信息权是敏感个人信息和非敏感个人信息共用的信息权利。这些权利虽然容易被规定，但真正到了行使阶段权利却需要在具体场景中结合多种因素加以确定②。比如，信息主体的删除权的力量在对抗信息处理者自主性的收集和储存行为时，是微不足道的③。这些权利还有一个重要的特征就是防御性赋权④，表明信息处理者始终处于被动的状态。用防御性的权利去保护已经不受控制的敏感个人信息是鞭长莫及的。

（三）隐私政策中缺少对已收集敏感个人信息的处理回应，不能缓解信息主体对已收集敏感个人信息的担忧

隐私政策是信息处理者和信息主体之间沟通的桥梁。即使《个人信息保护法》提高了收集敏感个人信息的门槛，也只是提高了《个人信息保护法》生效之后的信息收集门槛。很多大型信息主体是不会再次收集信息主体的敏感个人信息的。信息主体要了解大型信息处理者是如何处理自己已被收集的敏感个人信息，最好的方式就是了解隐私协议。阅读随机选取的一些大型信息处理者的隐私政策⑤，就会发现这些政策对如何处理已收集的敏感个人信息语焉不详。

这些政策有一些共同特点：其一，信息存储时间、存储设备、存储技术模糊不清。例如，爱奇艺虽然在《个人信息保护法》颁布以后积极更新了隐私政策，但是爱奇艺只是针对个人信息的存储地点泛泛提到在中华人民共和国境内，对于储存设备、储存技术的状况并未提及。对于合理的保存期限，信息处理者单方面地设置保存期限的标准和期限，爱奇艺引用了《中华人民共和国电子商务法》关于商品服务信息和交易信息保存三年的规定，其实是偷换概念，因为敏感个人信息不属于服务信息和交易信息。其二，没有规定信息处理者的

---

① 参见曹明德、赵峰：《委托处理个人信息的私法规制》，载《重庆大学学报（社会科学版）》2022年第4期。
② 参见丁晓东：《个人信息的双重属性与行为主义规制》，载《法学家》2020年第1期。
③ 参见刘艳红：《公共空间运用大规模监控的法理逻辑及限度——基于个人信息有序共享之视角》，载《法学论坛》2020年第2期。
④ 参见姚佳：《个人信息主体的权利体系——基于数字时代个体权利的多维观察》，载《华东政法大学学报》2022年第2期。
⑤ 腾讯隐私政策最新版本详见：https://privacy.qq.com/policy/tencent-privacypolicy，2022年1月25日访问；支付宝隐私政策最新版本详见：https://render.alipay.com/p/c/k2cx0tg8，2022年1月25日访问；华为公司隐私政策详见：https://www.huawei.com/cn/privacy-policy，2022年1月25日访问；京东公司隐私政策详见：https://about.jd.com/privacy/#b-f4，2022年1月24日访问；爱奇艺隐私政策详见：https://privacy.iqiyi.com/policies，2022年1月25日访问。

删除义务。大量的敏感个人信息留存在信息处理者手中，需要信息主体自己主动提出删除自己敏感个人信息的请求或者积极主动地注销账号。其三，对于是否要把收集到的个人信息用于共享，信息处理者态度模糊。比如，很多大型信息处理者都会在隐私政策中明确提出将会把收集到的个人信息（包括敏感个人信息）共享给自己的合作伙伴或者政府机关以及学术研究。和政府机关在比如学界共享信息方面，国外学者提出"需要协调三个相互竞争的目标：第一是保护敏感信息不受公开发布；第二是在适当情况下在相关公共和私人实体之间共享敏感信息；第三是确保前两个目标不会导致不必要地隐瞒真正不敏感和适当的公共信息"[1]。这个尺度对于信息处理者来说并不好把握，会造成以公益为名、以私益为实的对已收集敏感个人信息的不当利用。

通常大型信息处理者是法律合规的标杆，如果大企业的隐私政策对已收集敏感个人信息的保护的态度和规定都尚且如此，那么其他中小企业的隐私政策可以被合理推理出更加具有风险。在没有法律负担的成本的前提下，信息处理者是不大可能主动放弃利用有利的已收集的个人敏感信息的。

（四）规制已收集的敏感个人信息不会影响数据流动和发展

在分析规制已收集敏感个人信息的必要性时，需要回答一个质疑：规制已收集敏感个人信息是否影响大数据的经济发展？答案是不会，原因如下：（1）对于大数据起驱动策略的最主要是一般个人信息。学界的通用观点是应该尽量减少对敏感个人信息的利用。有经济学者指出不过分保护消费者的非敏感个人信息反而有助于市场竞争和促进经济发展[2]。有学者认为，可以同意进行经济刺激计划，即允许信息处理者以经济奖励的方式获得信息主体的同意，而敏感个人信息因为类型特殊，人格性价值过高，是不能用于经济刺激计划的。也有学者指出应当禁止利用此类敏感信息进行用户画像与个性化推荐[3]。还有学者认为通常不得以商业化利用目的处理可能造成具体情境中个人信息权益减损的敏感个人信息[4]。由数据处理者处理并掌握的数据已不再是个人信息[5]，而是进入流通领域的企业数据。企业数据的财产性可能会被作为生产要素利

---

[1] James W. Conrad, *Protecting Private Security-Related Information from Disclosure by Government Agencies*, 57 Administrative Law Review 715, 755 (2005).
[2] 参见李三希、武玙璠、鲍仁杰：《大数据、个人信息保护和价格歧视——基于垂直差异化双寡头模型的分析》，载《经济研究》2021年第1期。
[3] 参见丁晓东：《用户画像、个性化推荐与个人信息保护》，载《环球法律评论》2019年第5期。
[4] 参见杨帆：《个人信用保护的范式转换——基于平台信用评分视角》，载《重庆大学学报（社会科学版）》2021年4月21日，网络首发。
[5] 参见祝艳艳：《大数据时代企业数据保护的困境及路径建构》，载《征信》2020年第2期。

用，因此要求信息处理者必须经过脱敏处理个人数据①。由此可见，数据发展并不以敏感个人信息为驱动力。如果敏感个人信息在进行脱敏以后，完全没有再重新识别为个人的可能性，敏感个人信息的信息属性消失，变成了信息处理者带有财产属性可以自由流通的数据。这部分数据集合也是大数据时代发展真正需要的数据，并且可以化成信息处理者的商业秘密或者知识产权的对象。（2）如果法律增加内容规制已收集的敏感个人信息，信息处理者在要运用和处理已收集的敏感个人信息时候，只要合法合规，就不会影响自身利益，也不会影响数据的流动和发展。除非有法律明确规定，不能直接推定其他主体对于个人信息的利用行为具有不法性。换言之，只要个人信息的利用行为不侵害主体的合法利益，信息控制者的利用行为就具有了合法性②。

综上所述，已收集敏感个人信息已经脱离信息主体的物理控制。《个人信息保护法》的关注重点依旧停留在敏感个人信息的收集门槛和同意行为，对收集之后的敏感个人信息的处理行为保护有限。信息处理者并不会自愿配合法律进行合规处理，同时规制已收集敏感个人信息并不会影响数据驱动的经济发展，所以，规制已收集敏感个人信息是必要的。

四、已收集敏感个人信息的处理规制风险梳理

已收集敏感个人信息已经处于信息处理者的控制之中，这时，信息主体的所有权与控制权发生了实际的分离。敏感个人信息事关信息主体的人格尊严和人身财产安全，具有强烈的人身专属性，不论敏感个人信息处于整个信息处理流程的哪一个阶段，都应该对此予以关注。事实上，已收集敏感个人信息已经产生了很多风险，分析已收集敏感个人信息的实际风险目的在于设计有针对性的规制路径。

（一）已收集敏感个人信息的二次利用广泛存在

信息主体和信息处理者之间对处理敏感个人信息达成的协议最初应该是有目的的，至少信息处理者对为什么要处理信息主体的敏感个人信息要提供一个令人说服的原因，而这个原因就是初次目的。信息主体没有按照信息收集的初次目的而对收集到的个人信息使用的行为是二次利用行为。

信息的数字化，物联网的普及化，以及人工智能的引入都大大地拓宽了二

---

① 参见赵磊：《数据产权类型化的法律意义》，载《中国政法大学学报》2021年第3期。
② 参见金耀：《个人信息私法规制路径的反思与转进》，载《华东政法大学学报》2020年第5期。

次利用的数量和范围,并且难以找到合适的方法来捕捉这种技术的滥用转变①。中国的个人信息保护法律体系主要关注的是初次收集目的的合法性,对收集之后信息处理者如何利用并没有多少关注。国外即有法官认为法律应当长时间关注初次收集行为而不是二次使用行为②。

国外学者提出,对于二次利用的限制和范围的规制的必要性已经明显大于收集行为本身的重要性③。在商业领域,所有被收集到的数据都尽可能地被合并到一个关于消费者跟踪的信息基础设施数据库,这些数据库每天都会扩大,产生商业价值并出售给任何可能感兴趣的人。由这些数据库收集、存储、排序的个人信息都是对个人隐私权也就是人格尊严的伤害。并且,这些信息都不会涉及太过于私密的范围,逃出了隐私保护的范围,同意制度在法律上形同虚设,可以让信息处理者非常容易收集到这些信息,超出了为不同的主要目的提供信息的消费者合理预期④。

二次利用实质上是一种信息滥用或者非法使用行为。目前的个人信息保护法体系提高了初次收集的门槛,对已收集的敏感个人信息的二次利用问题起到一部分阻拦作用。在以前较为宽松的法律环境下,信息处理者已经掌握的已收集的敏感个人信息已经规避了如今严格的初次收集的门槛,他们对已收集敏感个人信息的二次利用情况是怎么样处理的更是不得而知。事实上,大量的已收集敏感个人已经被二次利用了。

(二)已收集敏感个人信息的保护技术面临的侵入风险

当出现薄弱环节时,已收集敏感个人信息的保护技术就不可避免地面临侵入风险。就技术本身而言,是有反技术的破解之道,造成技术与反技术的博弈。在实践中,常用的保护已收集敏感个人信息的技术有以下几种:(1)托管云端的技术。云上的敏感个人信息可以通过提高外部管制适当的安全级别来保护,但远程访问和端口开放又使更多的人访问云端。将个人的数据带到云计算中并不能解决所有的安全问题,软件的逻辑缺陷仍然存在⑤。(2)匿名技术。

---

① See Amitai Entzioni, *A Cyber Age Privacy Doctrine:A Liberal Communitarian Approach*,10 A Journal of Law and Policy for the Information Society 641,642(2014).
② See Amitai Etzioni, *A Cyber Age Privacy Doctrine:More Coherent,Less Subjective,and Operational*,80 Brooklyn Law Review 1263,1306(2015).
③ See Amitai Etzioni, *A Cyber Age Privacy Doctrine:More Coherent,Less Subjective,and Operational*,80 Brooklyn Law Review 1263,1312(2015).
④ See Mike Hatch, *The Privatization of Big Brother:Protecting Sensitive Personal Information from Commercial Interests in the 21st Century*,27 William Mitchell Law Review 1457,1485(2000).
⑤ See Marcelo Souccar, *Data Breach:What You Can Do about It?*,10 International In-House Counsel Journal 1,3(2017).

与匿名技术作用相反的技术是再识别技术。再识别技术是阈值的,低于阈值的再识别技术的个人信息是可以流转的,但高于阈值的识别技术就应该受到法律的监管①。英国的信息委员会还专门提供了《匿名化法典》,其中提到了反匿名化的危害。反匿名化会攻击假名数据库,虽然这些入侵者并不能有一个可以合法的进入假名数据库的接口,但是可以同时用联结关联几个假名数据库,这样匿名数据库就可以同时只联系到可以识别的人②。(3)区块链。区块链技术对于保护已收集敏感个人信息是有效果的,但也有缺陷,区块链的不可篡改性与个人信息的修改、删除权冲突③,开发区块链技术的成本也不是每个信息处理者都有能力负担的,实际上也很少有信息处理者愿意开发区块链来保护敏感个人信息。法律一般不会规定采取哪种技术保护措施是合理的,但是信息处理者对严格的技术保护的漠视或者无能为力会加大已收集敏感个人信息的被侵入风险。

  侵犯个人信息权的侵权人的种类比较稳定。美国商务部管辖下的美国国家标准与技术研究所把个人信息的侵入者分为了六种类型:第一种是可获取公共信息的普通公众成员,即普通公众;第二种是擅长重新识别的计算机科学家,即专家;第三种是生成该数据集的组织中的一名成员,即内部人员;第四种是该组织中正在接收去识别数据的成员,但可能比一般公众能够获得更多的背景信息,即内部接收者;第五种是一种系统地获取已识别和去识别信息的信息代理,希望结合数据,生成一个丰富的信息产品,然后可以在内部使用或转售,即信息代理;第六种是具有特定环境的数据主题的朋友或家人④。无独有偶,中国同样存在这六种入侵者类型。这些入侵者对敏感个人信息的入侵行为是持续性的,每种侵权者都有独特的侵入方式。侵入行为也不会因为《个人信息保护法》对技术保护的加强规定而得到根本缓减,就像无法杜绝犯罪一样,《个人信息保护法》的最新体系依旧无法杜绝技术侵入。入侵者一般不会在敏感个人信息初次收集就开始行动,当已收集敏感个人信息被汇集,这些入侵者会用更少的侵入成本得到更多的侵入机会和利益,而侵入敏感个人信息技术往往会

---

① 参见齐英程:《我国个人信息匿名化规则的检视与替代选择》,载《环球法律评论》2021年第3期。

② Information Commissioner's Office, *Anonymisation*: *managing data protection risk code of practice*, https://ico.org.uk/media/1061/anonymisation-code.pdf, accessed December 26, 2021.

③ 参见王从光:《区块链技术应用于个人信息保护的法理解读与治理》,载《西北民族大学学报(哲学社会科学版)》2021年第6期。

④ National Institute of Standards and Technology, *De-Identification of Personal Information*, *National Institute of Standards and Technology* (December 28, 2021), https://nvlpubs.nist.gov/nistpubs/ir/2015/NIST.IR.8053.pdf.

比侵入普通个人信息数据库导致更多的危害，因为这些失去控制的敏感个人信息始终与信息主体的人格财产权益密切相关。

（三）已收集敏感个人信息的暗网危险

已收集敏感个人信息会比普通的个人信息更容易在暗网中受到侵害。这些被非法利用的敏感个人信息大多来源于法律监管不是很完善的已收集敏感个人信息。首先，暗网（dark web）的存在是一个确定事实。访问暗网的路由器最初是由美国海军创建的。由于它的分层加密结构，因此被命名为"洋葱路由"。这种路由器可以让用户在浏览互联网时保护其匿名性。浏览器通过随机发送用户的互联网协议（IP）地址来保护用户的匿名性，这样用户的活动就不容易追踪了。暗网的问题在于，它也是非法内容的所在地，只要用户知道如何访问暗网以及在哪里寻找，世界各地的任何人几乎都可以访问到暗网，并且在一种神不知鬼不觉的状态下[1]。其次，没有经过特殊保护的已收集敏感个人信息更容易在暗网上被交易。随着滥用敏感个人信息的技术水平越来越高明，敏感个人信息作为非法流通物在大量的暗网中流动。儿童的色情照片被无休止地访问和上传，并且都是用比特币在交易[2]；泄露的个人、医疗和财务数据是网络犯罪的关键商品，在暗网上公开售卖，成为暗网交易商品中的一大类别。暗网中的在线商店使用类似真正官网的标准的自动购物界面销售大量受损的信用卡数据[3]；用人生性命打赌，通过出卖个人信息来断定一个人什么时候死并以此为赌注来获益等[4]。这些行为无不以信息主体的敏感个人信息为依据，如果没有这些敏感个人信息为依托，很多犯罪将无法准确地定位到受害者，这些犯罪行为与比特币支付交织在一起，也难以确定犯罪人的身份[5]。最后，互联网的默认跟踪机制加速了已收集敏感个人信息的泄露和非法利用的步伐，以及信息主体的不安全感。信息处理者跟踪信息主体伴随着收集敏感个人信息。法律对互联网追踪的默认态度，同样促进了个人跟踪，因为互联网的隐蔽性跟踪会让犯罪人产生自己并没有非法跟踪的错觉[6]。个人跟踪者非常容易在信息处理者提

---

[1] See Amanda Haasz, *Underneath It All: Policing International Child Pornography on the Dark Web*, 43 Syracuse Journal of International Law and Commerce 353, 354 (2016).

[2] See Amanda Haasz, *Underneath It All: Policing International Child Pornography on the Dark Web*, 43 Syracuse Journal of International Law and Commerce 353, 359 (2016).

[3] See Tanja Miloshevska, *Dark Web as a Contemporary Challenge to Cyber Security*, 2019 Criminal Justice Issues-Journal of Criminal Justice, Criminology and Security Studies 217, 124 (2019).

[4] See Fiammetta Piazza, *Bitcoin in the Dark Web: A Shadow over Banking Secrecy and a Call for Global Response*, 26 Southern California Interdisciplinary Law Journal 521, 531 (2017).

[5] See Fiammetta Piazza, *Bitcoin in the Dark Web: A Shadow over Banking Secrecy and a Call for Global Response*, 26 Southern California Interdisciplinary Law Journal 557 (2017).

[6] See Joseph C. Merschman, *The Dark Side of the Web: Cyberstalking and the Need for Contemporary Legislation*, 24 Harvard Women's Law Journal 255, 276 (2001).

供的平台上与被跟踪者共享一个数据库，信息处理者容易把收集到的受害人的已收集敏感个人信息释放给个人跟踪者。由此可见，信息主体收集的敏感个人信息是处于暗网危险中的。

（四）以已收集敏感个人信息为数据基础的算法歧视

已收集敏感个人信息的信息主体人格尊严利益在大数据时代受到算法歧视的挑战。算法是大数据时代的关键技术。时至今日，中国还没有专门规制算法的法律。算法的立法进程慢于《个人信息保护法》。以敏感个人信息为基础来设计算法是算法规制的重点关注对象。关注与敏感因素相联系的算法后果，是识别算法歧视的关键[1]。算法对个人信息隐私和安全影响，歧视性后果方面的风险[2]是规制算法的重点。

算法歧视首先体现在，信息处理者收集敏感个人信息的过程中带有主观性。敏感个人信息数据收集的主观性来自以下方面：首先信息主体的主观性偏好和信息处理者在信息收集过程中本身所体现出的主观性。这些主观判断会左右算法决策，因而不同的信息主义者很容易产生不同的最终产品[3]。这种主观性是客观存在的，不可避免。其次，信息处理者把主观性的成见和偏见带进了算法里。企业运用收集医疗敏感个人信息为基础的算法来限制人们获得工作、贷款、保险或住房[4]。信息处理者把预测模型视为戒备森严的秘密。最后，算法筛查让人们得到不公平的待遇已经发生。比如很多人因为算法歧视行为受到伤害。如果算法要达到歧视目的，必然是要锁定与信息主体人格尊严密切相关的个人信息，收集普通个人信息并不能达到筛查目的[5]。而规制已收集敏感个人信息的处理的必要性就体现在不要这些看不见的歧视继续，促使信息处理者改变有歧视性的算法。

需要特别说明的是，以上的风险梳理并不是完全针对《个人信息保护法》生效之前的已收集的敏感个人信息。从广义上讲，一般个人信息其实也会面临上述风险，但一般个人信息落入上述风险中，对信息主体造成的损害并没有敏感个人信息大。敏感个人信息事关信息主体重要的人格权益和财产权益，一旦处于风险中会给信息主体带来更加严重的损害。在《个人信息保护法》生效之

---

[1] 参见崔靖梓：《算法歧视挑战下平等权保护的危机与应对》，载《法律科学（西北政法大学学报）》2019年第3期。
[2] 参见汪庆华：《算法透明的多重维度和算法问责》，载《比较法研究》2020年第6期。
[3] See Michael Mattioli, *Disclosing Big Data*, 99 Minnesota Law Review 535, 558 (2014).
[4] See Dennis D. Hirsch, *That's Unfair! Or Is It：Big Data, Discrimination and the FTC's Unfairness Authority*, 103 Kentucky Law Journal 345, 345 (2015).
[5] 参见刘朝：《算法歧视的表现、成因与治理策略》，载《人民论坛》2022年第2期。

前，因为制度供给的不足、信息处理者的逐利心、信息主体的信息弱势地位，已收集敏感个人信息产生的风险更加大于《个人信息保护法》生效之后的已收集敏感个人信息。已收集的敏感个人信息面临的风险错综复杂并且又真实存在，法律应该对已收集敏感个人信息的处理行为进行规制。

五、已收集敏感个人信息的处理规制方式：路径设计

在对已收集敏感个人信息的处理规制的路径设计中，重新规制信息处理者已经进行的收集行为已无实际意义。处理规制的重点应放在纠正已收集敏感个人信息现存的不合理状态和控制信息处理者处理已收集敏感个人信息的风险上，同时应该增强信息主体对自我权益的保护意识。

（一）纠正已收集敏感个人信息现存的不合理状态

纠正已收集敏感个人信息现存的不合理状态在内容上主要体现为：规定法定的已收集敏感个人信息的最低保存期限以促进合理储存；设立信息处理者的强制备案机制以加强监管；禁止已收集敏感个人信息的二次利用以防范滥用；明确规定第三者原因为已收集敏感个人信息处理纠纷的唯一抗辩事由以增加信息处理者的证明负担；加强与公法部门的衔接防范已收集敏感个人信息的暗网危险。

1. 规定已收集敏感个人信息的最低保存期限

已收集敏感个人信息在技术上表现为信息处理者中掌握的存储敏感个人信息的数据库。这种数据库是一个动态的数据库，信息处理者大量沉积的敏感个人信息的存在本身对信息主体来说就是一个威胁。

《民法典》和《个人信息保护法》虽然赋予了信息主体的删除权，但是需要信息主体去主动行使，此外，并没有细化到强制规定敏感个人信息的保存期限。通过前述对信息处理巨头隐私政策的分析，发现它们无一例外地规定了只有通过信息主体的请求，信息处理者才会删除信息主体的个人信息。对个人信息的删除成为信息处理者的被动义务的立法缘由，或多或少与信息的流动和大数据时代的经济发展有关，法律本身就禁止敏感个人信息的自由流动。《个人信息保护法》虽然规定了个人信息的储存应该遵守合理的期限，但是对于如何辨别合理的期限没有给出明确的指引。既然，敏感个人信息的处理规制中必须满足特定的目的性和充分的必要性，那么在信息处理者自身缺乏合规积极性的情况下，法律应强制性地规定已收集敏感个人信息的保存期限，并且限定到具体的天数。

从比较法上看，德国的《电信保护法》规定了电报保存了一定的时间必须

删除，比如三个月或者六个月①。可见，德国立法者认为对客户隐私相关的敏感数据有规制保存期限的必要。《加州消费者隐私保护法案》②给了信息处理者四十五天的时间来回应消费者的请求，包括删除消费者的敏感个人信息，间接督促信息处理者删除已收集的敏感个人信息。美国虽然没有明确规定信息处理者的强制删除义务，但是规定了"允许政府实体网络社交媒体提供商请求获取存储信息超过80天的信息"③。即法律肯定了一定储存期限后，个人信息已经不能被信息处理者排他性地储存，其他机构在得到法律允许的情况下，可以干涉信息处理者的储存，包括请求删除。

中国对已收集敏感个人信息的储存期限进行了强制性的规定。法定储存期限期间经过后，无须数据主体提出要求，信息处理者必须删除该数据④。这种设定精确到天数的干预是必要的，如果不设定，将会给信息处理者过大的自由选择权利，尤其是在其掌握非特定目的收集的敏感个人信息之后。此种规则措施重点在维护已收集敏感个人信息的安全性，减少信息主体的担忧，同时这种删除要明确一定的范围，对于信息主体掌握的客户端的敏感个人信息，信息处理者不能随意删除。由于行业的特殊性，有些敏感个人信息的种类的删除会导致业务无法实质性地展开，就不宜规定强制删除天数。除此之外，明文禁止信息处理者超期使用敏感个人信息，否则需承担相应的行政责任⑤。

2. 规定已收集敏感个人信息的信息处理者强制备案的机制

敏感个人信息的储存是无形的，但保留个人身份信息的组织必须承担更多保持这些数据安全的负担⑥。比例原则要求制定关于这种储存的立法时，要适当考虑到储存所构成的对基本权利的侵犯的特别分量⑦。不能给已收集敏感个人信息的信息处理者带来过重的负担如惩罚，那么设立一个强制备案的机制将是一个不错的选择。

---

① Germany law archive, *Telecommunications Data Protection Ordinance* (December 31, 2021), https://germanlawarchive.iuscomp.org/?p=706.
② California legislative infomation, *California Consumer Privacy Act of* 2018 (December 31, 2021), https://leginfo.legislature.ca.gov/faces/codes_displayText.xhtml?division=3.&part=4.&lawCode=CIV&title=1.81.5.
③ Larry J. Pittman, *The Elusive Constitutional Right to Informational Privacy*, 19 Nevada Law Journal 135, 139 (2018).
④ 参见于浩：《我国个人数据的法律规制——域外经验及其借鉴》，载《法商研究》2020年第6期。
⑤ 参见白银：《个人信用信息利用与隐私保护的平衡路径》，载《征信》2021年第7期。
⑥ See Philip Howard & Kris Erickson, *Data Collection and Leakage*, 84 Chicago-Kent Law Review 737, 746 (2010).
⑦ See Germany law archive, *Data Retention* (December 31, 2021), https://germanlawarchive.iuscomp.org/?p=200.

中国的《个人信息保护法》目前还没有体现出对信息处理者的备案和注册制度。厦门市曾颁布过《厦门市软件和信息服务业个人信息保护管理办法》，其中规定了软件和信息服务企业的备案制度，主要目的是对企业如何保护个人信息进行一个说明备案，备案并不具有强制性。在处理敏感个人信息的过程中，备案和注册制度应该更加严格和更加动态化管理。在英国，在处理敏感个人信息的时候需要对一个叫作信息保护注册中心的官方机构进行通知[1]。在意大利，监管机构监管信息处理者，对于要处理基因信息需要得到被处理者的同意以及监管机构的书面授权[2]。"在南非《个人信息保护法》同样规定了信息处理者必须在信息监管机关那里注册。"[3] 中国也应该设置信息处理者的强制备案的机制。如果信息处理者能够在个人信息监管部门机关披露自己所拥有的已收集敏感个人信息数据库的种类和大致情况，同时这种披露又必须是强制性的，可以增强信息主管部门对信息处理者的掌握。

强制备案机制对落实《个人信息保护法》第 22 条的可操作性有促进作用。信息处理者之间的收购合并行为时有发生，如果目标企业带着大量掌握的已收集敏感个人信息被收购方收购[4]，强制备案制度可以方便监管机构掌握已收集敏感个人信息的流向。

中国很多大型的信息处理者都是上市企业，对已收集敏感个人信息的备案情况的披露，也可以被设计进上市企业的披露公告中。上市企业对已收集敏感个人信息的不当利用，会招致法律风险，从而影响股价。

3. 禁止已收集敏感个人信息二次利用

二次利用是对信息处理者处理行为的否定性评价。对已收集的敏感个人信息来说，匿名化管理不能阻止敏感个人信息被二次利用。《个人信息保护法》第 7 条的告知义务不能在事实中阻却二次利用已收集敏感个人信息。所以，法律应该明确禁止对已收集敏感个人信息二次利用，并不是得到信息主体的知情同意，信息处理者就可以在二次利用侵权上免责[5]。

---

[1] See Laurel J. Harbour, Ian D. MacDonald, Eleni Gill, *Protection of Personal Data：The United Kingdom Perspective*, 70 Defense Counsel Journal 99, 102 (2003).

[2] See Adriano Bompiani, *Genetic Data and Regulations on Protection of Personal Data in Italy*, 8 European Journal of Health Law 41, 46 (2015).

[3] F. Cassim, *Protecting Personal Information in the Era of Identity Theft：Just How Safe Is Our Personal Information from Identity Thieves*, 18 Potchefstroom Electronic Law Journal 68, 76 (2015).

[4] 参见余佳楠：《个人信息作为企业资产——企业并购中的个人信息保护与经营者权益平衡》，载《环球法律评论》2020 年第 1 期。

[5] 参见李怡：《个人一般信息侵权裁判规则研究——基于 68 个案例样本的类型化分析》，载《政治与法律》2019 年第 6 期。

禁止二次利用是禁止一切与初次收集目的不相符合的利用。初次收集的目的越是具有充分性和必要性，利用范围就会越狭窄，一旦对已收集敏感个人信息的利用超出这个范围，就应该予以禁止。禁止二次利用的目的就是防止信息处理者以初次目的为名义、以二次利用为实的不合理的处理行为。如果收集之后的利用行为完全符合初次收集的目的，就不存在二次利用。

禁止二次利用需要具体化，举几个简单的例子。(1) 直接销毁已加密的密钥。加密系统中使用的加密密钥被销毁，任何形式的加密反向工程都是不可能的，就再也没有办法映射到原始数据[1]。如果信息处理者掌握的已收集敏感个人信息被销毁，就不会有二次利用的机会。(2) 禁止重新识别匿名化个人信息。《个人信息保护法》规定，缺乏禁止对去识别化的敏感个人信息重新识别的强制性规定，对于掌握了已收集敏感个人信息数据库的信息处理者，除了规定删除之外，还要防范未来卷土重来的风险，所以，在法律设计中最好进一步细化禁止重新识别去识别化的已收集敏感个人信息。美国科罗拉多州最新的隐私保护法把监管再识别的对象具体到了控制器：禁止控制器或处理器重新识别已识别的数据[2]。(3) 禁止单纯为了节省处理成本的已收集敏感个人信息跨境转移。二次使用和大数据分析也会受到技术成本及监管要求的成本的影响。为了降低成本，敏感个人数据如卫生数据处理从隐私保护较强的国家外包给隐私保护较弱的国家，会因为卫生数据的敏感性而带来更大的隐私风险[3]。各国对于个人信息保护的力度不一样是一个客观事实，中国也应该明确禁止这种纯粹为了逐利的跨境二次利用。

此外，由于二次利用的复杂性和多变性，法律虽然不大可能在技术层面对禁止二次利用规定得如此细致，但是可以统筹出概念或者兜底条款，以禁止信息处理者的不合理的二次利用。

4. 明确规定外来原因是已收集敏感个人信息处理纠纷的唯一抗辩事由

对于已收集敏感个人信息的侵权责任处理归责原则，目前依照《个人信息保护法》中的现行规定实行过错推定规制来承担责任，即无过错是信息处理者处理所有个人信息包括处理已收集敏感个人信息发生纠纷的抗辩事由。现行法

---

[1] See Mahendran Maliapen, *Clinical Genomic Data Use: Protecting Patients Privacy Rights*, 3 Studies in Ethics, Law, and Technology 1, 2 (2009).

[2] See The General Assembly of the State of Colorado, *Concerning Additional Protection of Data Relating To Personal Privacy* (Jan. 5, 2022), https://leg.colorado.gov/sites/default/files/documents/2021A/bills/2021a_190_01.pdf.

[3] See Bonnie Kaplan, *How Should Health Data Be Used? Privacy, Secondary Use, and Big Data Sales*, 25 Bioethics and Information Technology 312, 318 (2016).

律在如何证明信息处理者无过错上并没有细化，鉴于传统的侵权抗辩事由如不可抗力、紧急避险、正当防卫、过失相抵等都对已收集敏感个人信息发生纠纷不起实质作用，法律应该明确外来原因是信息处理者处理已收集敏感个人信息而导致的纠纷的唯一抗辩事由。

当发生已收集敏感个人信息纠纷的时候，应该先确定侵权行为，并且不以信息主体知道或者应当知道为前提，但是可以信息处理者知道或者应当知道为前提。行为人如若在算法程序运行中使用了歧视性"敏感数据"或可能造成歧视性后果的数据，便可推定其主观上故意实施了算法歧视的侵权行为[1]，这种明知也具有归责性[2]。未经同意的信息收集敏感个人行为即可径行判定侵权[3]。总的来说，确定侵权行为是比较容易的。

侵权行为确定以后，信息处理者会想方设法地寻找抗辩事由。只要通过一定路径，否定抗辩对象，达到抗辩效果的事由都属于抗辩事由[4]。信息主体处于信息弱势地位，很难应付信息处理者各种冠冕堂皇的抗辩。法定外来原因为抗辩事由可以减少信息主体的对抗成本。

外来原因作为信息处理者唯一的抗辩事由，有以下几个考虑因素。首先，已收集敏感个人信息已经完全处于信息处理者的掌控之中，信息处理者本身不能逃脱与已收集敏感个人信息的关系，其本身也是已收集敏感个人信息的风险制造者。除了风险不是自己造成的以外，信息处理者很难有合理的理由让信息主体和监管机构信服自身与风险无关。其次，《个人信息保护法》规定了收集敏感个人信息的同意免除条款，这些条款仅仅是证明信息处理者在收集敏感个人信息可以不经过信息主体同意，并不等于发生侵权时候，合法收集就可以成为侵权行为的抗辩。信息主体收集和侵权已收集敏感个人信息是两个不同的行为。再次，信息处理者通常把已收集的敏感个人信息聚合在一起进行处理，聚合行为和处理行为本身就触犯了道德规则，即知道和了解太多道德和法律上不应该了解的个人敏感信息。信息处理者的收集聚合行为正当性本就薄弱，继而再引发侵权违法时，应该被加强法律负担。再次，信息处理者可能以自己处理的不是敏感个人信息而抗辩，信息处理者对由其自身主导的个人信息处理行为是否触及自然人的人格尊严和自由发展也应该有相当的认识[5]。举个例子，位

---

[1] 参见潘芳芳：《算法歧视的民事责任形态》，载《华东政法大学学报》2021年第5期。
[2] 参见叶名怡：《个人信息的侵权法保护》，载《法学研究》2018年第4期。
[3] 参见宋亚辉：《个人信息的私法保护模式研究——〈民法总则〉第111条的解释论》，载《比较法研究》2019年第2期。
[4] 参见罗斌：《传播侵权研究》，国家图书馆出版社2018年版，第244页。
[5] 参见吕炳斌：《个人信息保护的"同意"困境及其出路》，载《法商研究》2021年第2期。

置行为并不是《个人信息保护法》确定的敏感个人信息法定种类,但是根据位置数据的精确性、位置信息的私密性以及位置信息的复合性,从而判定位置行为是敏感个人信息的时候,信息处理者就不能以自己不是处理的敏感个人信息而抗辩①。毕竟风险由自己行为控制领域产生,以不知所处理的信息是敏感个人信息为抗辩是没有正当理由的,除非这个行为不是自己造成的。最后,信息处理抗辩理由还可能是有些个人敏感信息是信息主体自己主动披露的。这里是偷换了概念。信息主体主动披露自己的敏感个人信息是关涉隐私权的范畴,隐私法律保护的核心是防止公开。信息处理者以公开来抗辩自己收集敏感个人信息的理由,或许可以证明不侵犯隐私权,但并不是对违规处理敏感个人信息的抗辩。此外,考虑信息主体的弱势地位,减轻信息主体的诉讼成本,明确信息处理者的抗辩事由,让双方的谈判更为流畅。

除了侵权行为的抗辩之外,还有违约责任的抗辩。信息处理者违反程序性要件的违约行为②多半会以隐私政策的具体规定为由进行抗辩,对隐私政策应该做出不利于信息处理者的解释,也有用外来原因作为唯一抗辩事由的适用空间。

5. 加强与公法部门的联动以防范已收集敏感个人信息的暗网危险

敏感个人信息在暗网上被打包上架销售的风险是一个全世界都必须要面对的问题。国外有学者指出理想的提议方法是在互联网法律中附加预防暗网犯罪的条款③。保护敏感个人信息一直存在私法规制有限的问题④。如果借鉴至我国,就是要在个人信息保护法律体系中规定针对暗网危险的指向性刑法类规范。

在对已收集敏感个人信息的暗网规制中,有一个比较棘手的问题,就是很多已收集敏感个人信息是以私人自愿方式被泄露到暗网上的,从另一个角度讲,这也算信息主体信息公开权的自由裁量。公权力机关要干预这些看起来散乱的,却并不会对国家安全、社会安全带来严重后果的暗网个人信息贩卖时,需要一个正当理由。值得肯定的观点是,如果把遗漏在公共空间的数据视为国

---

① 参见李延舜:《位置何以成为隐私?——大数据时代位置信息的法律保护》,载《法律科学(西北政法大学学报)》2021年第2期。

② 参见阳雪雅:《论企业违反网络隐私政策的违约责任适用》,载《法学论坛》2021年第5期。

③ See Campbell Christopher, *Web of Lives*: *How Regulating the Dark Web Can Combat Online Human Trafficking*, 38 Journal of the National Association of Administrative Law Judiciary 136, 181 (2018).

④ 参见张勇:《敏感个人信息的公私法一体化保护》,载《东方法学》2022年第1期。

家所有，国家就有正当理由干预①。专门性的刑法类规范并不足以防范已收集敏感个人信息的暗网危险。

针对具体的打击犯罪行为，还是采取公私联动的机制比较灵活，中国的刑事法规范体系目前还缺乏对暗网交易的解释。在打击犯罪的技术上，公私部门应该合作以发挥优势。可以采取的措施有：运用专门技术发现网络或浏览器配置中的错误，该错误暴露了暗网的实际位置②；"标志出隐藏在黑暗深处的服务器的目录，以方便政府机构监控这些不断变化的域名和管理者变更的URL"③；信息处理者应该尽量避免把含有已收集敏感个人信息的数据库以在线的形式建立等。《个人信息保护法》以后的实施类规范应该在保护已收集敏感个人信息中明确与公法体系的合作前提和方式。

（二）控制信息处理者处理已收集敏感个人信息的风险

《个人信息保护法》第五章专章规定了信息处理者的义务，回应了学界认为应该为信息处理者设定安全保护义务的观点④。亦有观点认为，中国应该建立一套风险管理制度，要求信息处理者采取严格的安全保护义务⑤。已收集敏感个人信息的数据库的存在本身对信息主体就是一种担忧和风险。而化解这种风险的最好方式是利用风险制造者去控制风险。在规制内容中应重点考虑，增加信息处理者处理敏感个人信息的透明度和提高保存技术。

1. 增加信息处理者对已收集敏感个人信息的处理透明度

增加信息处理的透明度是规制信息处理者处理已收集敏感个人信息风险的有效方式。信息处理者会如何处理已收集敏感个人信息，这些敏感个人信息最终流向了何方，对信息主体来说，始终是谜。增加信息处理者的透明度可以化解这种神秘。

信息处理者应该公开共享已收集敏感个人信息的第三方。前述分析的大型信息处理者的隐私政策中，无一例外地告知信息主体其可能会和关联方以及合作伙伴分享信息主体的个人信息。关于分享个人信息有两个重要的原则。第三方原则认为，一旦一个人自愿向另一方披露信息，该一方可以自由（除非明确禁止）将该信息传递（或出售）给第三方，而各第三方可以进一步处理这些信

---

① 参见张玉洁：《国家所有：数据资源权属的中国方案与制度展开》，载《政治与法律》2020年第8期。
② See Keith Becker & Ben Fitzpatrick, *In Search of Shadows: Investigating and Prosecuting Crime on the Dark Web*, 66 United States Attorneys' Bulletin 41, 44 (2018).
③ See A. Dominick Romeo, *Hidden Threat: The Dark Web Surrounding Cyber Security*, 43 Northern Kentucky Law Review 73, 84 (2014).
④ 参见郭北南：《个人信息的民事法保护与救济》，载《国家检察官学院学报》2021年第2期。
⑤ 参见丁晓东：《个人信息私法保护的困境与出路》，载《法学研究》2018年第6期。

息，包括与其他数据核对、得出推论、控制网络等等。信息主体对敏感个人信息的初级收集的许可程度与信息处理者对个人信息的二次使用的控制的严格程度之间呈现的是正相关关系。另一个原则是禁止使用不敏感的信息来预测敏感信息，因为它与收集和使用敏感信息一样具有侵入性[1]。信息处理者就应该对信息主体明示自己曾经与哪些第三方分享过信息主体的敏感个人信息，或者明确表示其未曾、以后也不会用非敏感个人信息来推断信息主体的敏感个人信息，并且愿意为此承担证明责任。比较法上，《美国的公平信用报告法案》规定数据经纪人向父母披露其子女信息的接受者[2]。已收集敏感个人信息也就是不仅披露了卖给了谁，还有最终的目的地。仅仅是提供一个第三方共享清单是远远不够的，更何况很多信息处理者连第三方共享清单都没有提供。

信息处理者应该公开算法决策原理，以防止已经发生的算法歧视继续危害信息主体。由于信息算法的隐蔽性和权力化，要求企业公开已收集敏感个人信息的算法方式和已经对信息主体造成的损害是不现实的。不过公开算法也不一定要求把算法的决策全部公开，公开披露有经济利益的数据库本身并不是一个全有或全无的选择[3]，而仅公开基于已收集敏感个人信息的算法的决策原理，即使这种过程不被信息主体所理解，但公开行为对信息处理者已经产生威慑。法律应该要求信息处理者公开部分算法决策原理或者企业自证在算法决策过程中剔除了敏感个人信息。

信息处理者有必要公开对《个人信息保护法》中的法律强制性规定的回应：（1）信息处理者应该公示自己的数据审查政策措施，并且保证措施的更替。信息处理者告知信息主体已收集敏感个人信息的使用情况，并使信息主体能够追踪潜在的不准确或有害的数据。但是，这样做不能防止最初将不良数据纳入记录。解决此种办法是规定定期审查数据政策措施，并坚决承诺放弃不成功的程序，并试验新的程序[4]。（2）公开对已收集敏感个人信息的匿名化标准。个人信息匿名化是《个人信息保护法》明确规定的去识别措施。不同种类的个人信息应该采用不同的匿名化标准[5]。（3）公开对处理已收集敏感个人信

---

[1] See Amitai Entzioni, *A Cyber Age Privacy Doctrine: A Liberal Communitarian Approach*, 10 A Journal of Law and Policy for the Information Society 641, 664 (2014).

[2] See N. Cameron Russell, et al., *Transparency and the Marketplace for Student Data*, 22 Virginia Journal of Law & Technology 107, 147 (2019).

[3] See Diane Ring, *The 2021 Corporate Transparency Act: The Next Frontier of U. S. Tax Transparency and Data Debates*, 18 Pittsburgh Tax Review 249, 267 (2021).

[4] See Aileen A. Lee, *Electronic Data Processing in Private Hospitals: Patient Privacy, Confidentiality and Control*, 13 Suffolk University Law Review 1386, 1426 (1979).

[5] 参见张建文、高悦：《我国个人信息匿名化的法律标准与规则重塑》，载《河北法学》2020年第1期。

息的评估报告。公开的不仅仅是报告的结果，最好包括阈值分析，这样可以更方便信息主体评估报告的披露情况是否合理[1]。

此外，为了消除信息主体的担忧，可以采取书面保证的方式在隐私政策中说明，对已经存在的已收集敏感个人信息数据库按照现行有效的法律进行处理，包括非必要不处理，或者不把已收集敏感个人信息纳入算法中等。要求企业自己主动践行透明度是困难的，并且透明度中还有程度的问题，所以还应该配套一些比如鼓励和惩治措施相结合的政策性考量，督促企业自主自愿地提高透明度。

然而，以上列举的所有透明度措施，法律都应该干预。提高透明度是一种经济成本，信息主体很难自发地提高透明度去消除已收集敏感个人信息主体的信息鸿沟。

2. 加强信息处理者自身保护数据库的技术力量

如果信息处理者本身并没有对已收集敏感个人信息数据库的滥用行为，那么信息处理者的处理方式本身是值得法律保护的。信息处理者就算掌握了一些已收集敏感个人信息，只要在计算上对数据库保护得足够好，就会产生保护已收集敏感个人信息的良好效果。加强技术保护可以体现在如下几个方面。

信息处理者可以利用一些配套措施来共同保护已收集敏感个人信息。比如为信息主体购买身份信息保险，这种险种在中国还没有被设立，可以参考美国的一种身份盗窃保险，"州立农场为承租人提供身份盗窃保险，其中包括承租人、承租人的配偶和亲属，以及任何12岁以下的人，只要他们住在承租人的家庭中。身份盗窃保险有两种类型：身份恢复案例管理和身份欺诈费用报销。在身份修复保险中，一名案件工作人员被指派与承租人一起工作，并协助承租人进行修复过程，以确定自己的好名声和信用"[2]。在实务中，信息处理者可以联合保险业的数据业务，在个人信息侵害保险方面做出一些尝试，保护已收集敏感个人信息。

鉴于大量的已收集敏感个人信息被安全性能不好的应用程序所收集，信息处理者应该防止这些应用程序被反向工程从而泄漏。反向工程师可以猜测在审

---

[1] 参见马晓慧、相丽玲：《我国个人信息安全影响评估的流程分析与模板设计》，载《情报理论与实践》2021年第8期。

[2] See Danielle Drora Greenstein, *A Landlord's Obligation to Protect the Sensitive Information of Potential and Current Lessees' from Identity Theft*, 28 University of Florida Journal of Law and Public Policy 519, 539 (2017).

查程序中算法运用的已收集敏感个人信息[1]。不过，反向软件耗时耗力，况且要推算出最初的抽象信息并不容易，这就要求信息处理者在设定算法的时候，要么不以敏感个人信息为最初的原始信息，要么把决策中的敏感个人信息删除，这样就算应用程序被反向工程模仿，也不会伤害到信息主体的利益。

信息处理者应该赋予信息主体一个通用的访问格式，通用的访问格式可以减轻信息主体访问已收集敏感个人信息的负担。有些信息处理者为了"长期锁定客户，专门设置了一个访问格式，甚至在隐私协议中以限制客户权利的方式来用专用格式储存数据。客户想要解读自己的数据不得不为转为通用格式付出成本"[2]。在《个人信息保护法》生效之后，信息处理者如果还会继续收集信息主体的敏感个人信息，那么应该赋予现行敏感个人信息和已收集敏感个人信息一样的访问格式。信息处理者之间如果达成协议或者成立一个联盟固定一个通用的访问格式，也是对信息主体数据可携带权的尊重，方便对信息主体对自身的已收集敏感个人信息的处理。

信息处理者加强保护技术的更新换代，从实践和学界吸收好的建议。有学者针对匿名化的效果提出了"蓄意侵入者检验"标准[3]。设计一个故意的信息侵入者，然后故意去识别已经被匿名化的已收集敏感个人信息，如果匿名化的敏感个人信息又重新被假想敌识别出来，那这种匿名化就算无效。国外有专家开发了一种"数据合成集"，集合数据集是通过机器学习的方式来创造一个新的数据集。例如，先根据私人所有的数据库搜集真实的信息，然后将不一致的个别条目与真实数据，通过机器学习的方式，结合成一个新的数据值。最终的结果就像真币与假币之间的比较，虽然大小合适的纸可能看起来真实，但敏锐的眼睛显示其不真实（如重量有点缺乏或变色墨水颜色太淡）。不过这种数据的合成是可以达到大部分的效果的，同时也可以保护已收集敏感个人信息的私密性。合成数据的目标是创建一个尽可能现实的数据集，不仅保持原始数据的细微差别，而且不会危及重要的敏感个人信息[4]。虽然法律不能时刻监视信息处理者是否能更新保护技术，但是可以要求信息处理者对保护技术进行更新之后提供常规报告给个人信息保护监管机构。

---

[1] See Andrew Johnson-Laird, *Software Reverse Engineering in the Real World*, 19 University of Dayton Law Review 843, 898 (1994).

[2] See Michael Mattioli, *The Data-Pooling Problem*, 32 Berkeley Technology Law Journal 179, 233 (2017).

[3] 参见程海玲：《个人信息匿名化处理法律标准探究》，载《科技与法律（中英文）》2021年第3期。

[4] See Steven M. Bellovin, Preetam K. Dutta, N. Reitinger, *Privacy and Synthetic Datasets*. 22 Stanford Technology Law Review 1, 23 (2019).

除此之外，还有很多技术可以保护已收集敏感个人信息。法律需要为技术的保障提供一个屏障，并且应该督促信息处理者对技术更新换代以及对采用的技术进行简要示明。

（三）提高信息主体对已收集敏感个人信息的保护意识

信息主体处于信息对称的弱势地位。信息主体对信息处理者处理已收集敏感个人信息造成的伤害有可能是不自知的。随着《个人信息保护法》的生效，信息主体应该对自己是明确的"个人信息中的人格权益由个人控制的地位"[①]有所觉醒。信息主体对自己信息的疏忽是导致大量的已收集敏感个人信息被信息处理者收集聚集的原因。一方面，信息主体应该明白一些关于个人敏感信息的常识，并积极行使自己的权利。信息主体应该学会对自己的信息进行整理。信息主体也应该积极访问自己的数据，并要求信息处理者对已收集的敏感个人信息以合规处理的方式进行保证和说明。

另一方面，立法者在程序法领域应该鼓励信息主体行使诉权。比如充实公民个人信息保护纠纷诉前禁令：诉前禁令制度在个人信息保护纠纷中可以创新性地发挥优势，在内容方面可以依照当事人的申请而酌定变通，在适用条件方面不需要对当事人那么严苛，在执行诉前禁令的时候，请求其他机关来共同执行。甚至，中国可以为了适应大数据时代的要求为个人信息纠纷单独创造一种新的诉前禁令制度。再如变通个人信息保护纠纷的审级制度：简易程序是普通程序的简化版本，同样要经历冗长的两审终审制度。简易程序允许当事人约定适用，这给信息保护纠纷的救济开启了一条灵活的救济途径。个人信息保护纠纷的案件的时间成本是比较大的，所以，需要更加便捷和高效的诉讼程序来匹配。如一审终审等，又如确立个人信息保护领域的集团诉讼制度或者行政公益诉讼，扩大个人信息保护范围，尤其是加强对不知情的潜在受害人的全面保护[②]。

六、结语

敏感个人信息与信息主体的人身财产安全和人格尊严休戚相关，不论其存于信息处理环节的何种阶段都不会改变其实质，也不应该被法律忽视。信息主体已经失去了对已收集敏感个人信息的控制。但是信息主体不应该成为信息处理者的"鱼肉"。中国目前的个人信息保护法律体系把重点放在初次收集部分。

[①] 参见彭诚信：《论个人信息的双重法律属性》，载《清华法学》2021年第6期。
[②] 参见高志宏：《隐私、个人信息、数据三元分治的法理逻辑与优化路径》，载《法制与社会发展》2022年第2期。

信息主体产生敏感个人信息的范围是有限的，很多敏感个人信息已经不会被再次收集。大量的已收集敏感个人信息会如何被处理引起了信息主体的担忧和不解。这种担忧对于《个人信息保护法》生效之前的已收集敏感个人信息更为严重。工业和信息化部近几年一直都在发布《关于侵害用户权益行为的 App 通报》[①]，最近已经发布了第 22 期。可见《个人信息保护法》颁布依旧无法对化解信息主体的担忧起到实质性缓解。信息处理者掌握的已收集敏感个人信息数据库的存在对信息主体始终是种威胁。法律应明确已收集敏感个人信息的处理不能继续或将来也不会给信息主体的人格尊严和人身财产安全产生风险或造成损害。在现有法律框架的指引下，已收集敏感个人信息的实际控制者的处理行为进行细化规制，对维护信息主体的人格尊严和人身财产价值尤为必要。

---

① 参见 https://wap.miit.gov.cn/jgsj/xgj/fwjd/art/2022/art_9e8067b629cb487b82cdb3d44b1c722e.html，2022 年 5 月 20 日访问。

商事法论

自然人破产制度主体之构造

孙瑞玺 王 滨[*]

> **摘 要**：主体制度是自然人破产制度的逻辑前提。主体类型、主体资格和主体建构的立法路径是主体制度的三大争议问题。通过采用比较法、社会实证、规范实证和文义解释等研究方法，可以得出如下初步结论：主体类型不是商事自然人，也不是商事自然人与非商事自然人，而是单一类型的民商事自然人；主体资格不是债务人"诚实而不幸"，而是债务人不能清偿到期债务的事实；主体建构的立法路径不应采取分步推进立法模式，而应采纳整体推进立法模式。
>
> **关键词**：自然人破产制度 主体制度 主体类型 主体资格 主体建构立法路径

一、引言

中国自然人破产制度的建构历经波折，至今仍然在路上。从历史进程上看，引介国外自然人破产制度为中国所借鉴，成为比较法上的理由。2000年中国新破产法起草时曾将自然人破产纳入其中，但2004年全国人大常委会审议时将自然人破产部分删除，原因是立法条件尚不成熟[①]。2019年由13部门联合制定的《加快完善市场主体退出制度改革方案》（以下简称《改革方案》）明确提出要建立自然人破产制度。其目的在于畅通自然人退出渠道，降低退出

---

[*] 孙瑞玺，中国石油大学（华东）文法学院兼职教授。王滨，山东达洋律师事务所律师。本文系国家社科基金项目"《民法典》中协助决定行为的体系化研究"（21BFX074）的阶段性成果。

[①] 参见龙卫球：《关于"辱母案"债务的民法思考——如何认识和治理非法催债乱象》，载《紫光阁》2017年第4期。

成本，激发竞争活力，完善优胜劣汰机制，推动经济高质量发展①。2022年度全国人大常委会立法工作计划已将企业破产法修改纳入其中。自然人破产进入破产法，成为统一破产法的组成部分似乎是水到渠成，但实际上仍存在争议，远未形成共识②。自然人破产制度的逻辑前提是主体制度。主体类型、主体资格和主体建构的立法路径是主体制度中的三个争议问题。主体类型争议是指自然人破产调整的自然人类型的争议；主体资格争议意指自然人进入破产程序的资格或条件的争议；主体建构的立法路径争议是指自然人破产中自然人入法是分步到位还是一步到位的争议。本文将围绕以上三个争议问题展开分析，并尝试给出笔者的答案，以求教于诸位方家。

二、自然人破产制度的主体类型

关于自然人破产的主体类型，理论界有"一类型说"和"两类型说"的争议。"一类型说"认为只有商事自然人才是自然人破产的主体③；"两类型说"主张商事自然人和非商事自然人都应当是自然人破产的主体④。"一类型说"基于商事自然人与商事企业法人的相似性，在商事企业法人因经营失败受破产法保护的语境下，基于相同问题相同处理的正义理念，商事自然人破产亦应受破产法的保护⑤。"两类型说"的理由包括比较法和现实主义两个方面。在比较法上，英美法系和大陆法系大多数国家和地区自然人破产的主体是两类型，与此同时，原采一类型的国家也逐渐改采两类型，如英国即为适例⑥。站在现实主义立场，严格区分商事自然人与非商事自然人并非易事，且如此区分并无实益⑦。

关于商事自然人与非商事自然人的再分类亦存在争议。商事自然人有"三类型说"和"四类型说"的争议：前者包括个体工商户、公司股东和董监高以及自然人企业⑧；后者除了包括前者的类型外，还包括自然人企业的出资者。

---

① 《关于印发〈加快完善市场主体退出制度改革方案〉的通知》（发改财金〔2019〕1104号）。
② 在立法机关看来，自然人破产并非当然纳入破产法，而是在破产法修改中做好研究论证。学界对自然人破产立是采独立立法模式还是统一立法模式未形成共识。前者参见《全国人民代表大会常务委员会执法检查组关于检查〈中华人民共和国企业破产法〉实施情况的报告》。后者参见王欣新：《个人破产法的立法模式与路径》，载《人民司法》2020年第10期。
③ 参见孙宏友：《论英国破产法制度发展及其对我国个人破产立法的启示》，载《河北法学》2010年第3期。
④ 参见刘冰：《论我国个人破产制度的构建》，载《中国法学》2019年第4期。
⑤ 参见郭靖祎：《商个人破产能力的正当性论证》，载《宁波大学学报（人文科学版）》2020年第5期。
⑥ 参见卜璐：《消费者破产法律制度比较研究》，武汉大学出版社2013年版，第17页。
⑦ 参见王欣新：《个人破产法的立法模式与路径》，载《人民司法》2020年第10期。
⑧ 参见王欣新：《破产法》，中国人民大学出版社2019年版，第26页。

非商事自然人有"一类型说"和"两类型说"的争议：前者包括普通消费者[1]；后者包括普通消费者和农村承包户或专业户[2]。商事自然人的再分类基于商事外观主义，从形式上确定商事自然人的类型。非商事自然人的再分类基于普通消费者和农村承包户或专业户消费或承包目的的相似性，将两个主体归为同类。

《改革方案》提出的自然人破产主体类型是两类型，即商事自然人与非商事自然人。商事自然人指因担保等基础原因而承担与生产经营活动相关负债的自然人；非商事自然人指因消费负债的自然人。即"重点解决企业破产产生的自然人连带责任担保债务问题。明确自然人因担保等原因而承担与生产经营活动相关的负债可依法合理免责""逐步推进建立自然人符合条件的消费负债可依法合理免责"[3]。

理论上自然人破产的主体类型与《改革方案》的主体类型存在明显不同。首先看商事自然人与非商事自然人的不同。理论上的主体类型内涵小，外延大；《改革方案》的主体类型内涵大，外延小。理论上按照商事外观主义确定主体类型，商事自然人包括个体工商户、公司自然人股东和董监高、自然人企业及出资者；《改革方案》基于问题导向和特定目的确定主体类型，商事自然人包括基于特定原因而承担与生产经营活动相关负债的自然人。如是，个体工商户、自然人企业及出资者明显不属于《改革方案》商事自然人的范畴。

两者的上述差异，说明理论上的主体类型与《改革方案》的主体类型之间存在开放与保守、借鉴与守成的尖锐对立。两者的对立也说明各自都存在缺陷，应当相互借鉴，为自然人破产主体的构建贡献各自的力量。

商事自然人与非商事自然人的区分并非来自破产法，而是源自商法和民法[4]。在商法中，商事自然人是商人基于特定目的而从事的行为，包括身份属性、目的和行为[5]。身份属性就是商事自然人通过商事登记取得权利能力和行为能力[6]。目的是指商事自然人是以营利为目的的[7]。商事行为是商事自然人以营利为目的受法律规范和约束的行为[8]。非商事是商事的对立面，在民法

---

[1] 参见赵万一、高达：《论我国个人破产制度的构建》，载《法商研究》2014年第3期。
[2] 参见刘冰：《论我国个人破产制度的构建》，载《中国法学》2019年第4期。
[3] 《关于印发〈加快完善市场主体退出制度改革方案〉的通知》（发改财金〔2019〕1104号）。
[4] 学者殷慧芬认为，商事自然人和非商事自然人的消费者在破产法与商法、消费者权益保护法语境下含义各有不同的观点值得商榷。参见殷慧芬：《论自然人破产法的适用主体》，载《南大法学》2021年第3期，106—117页。
[5] 参见[德]C. W. 卡纳里斯：《德国商法》，杨继译，法律出版社2006年版，第2页。
[6] 参见《商法学》编写组：《商法学》，高等教育出版社2019年版，第46页。
[7] 参见《公司法》第5条第1款。
[8] 参见施天涛：《商事法律行为初论》，载《法律科学（西北政法大学学报）》2021年1期。

中，非商事自然人是指自然人基于特定目的而从事的行为，包括主体、目的和行为。非商事自然人是受民法规范和调整的主体，无须登记，基于出生、年龄和辨认识别能力即取得民事权利能力和民事行为能力，非商事自然人包括自然人个人、个体工商户和农村承包经营户，不以营利为目的。民事法律行为是非商事自然人通过意思表示设立、变更或终止民事法律关系的行为。

商事自然人与非商事自然人在商法和民法上的表达是清晰的。这源于商法与民法的相互独立。在中国民商合一的法律体系和网络经济的背景下，两者已合二为一，再行区分两者已无实益。《民法典》语境下的自然人包括商事自然人和非商事自然人，即不区分商事自然人与非商事自然人。申言之，身份属性、目的和行为实现了统一。就目的而言，包括营利目的和非营利目的。非营利目的包括私益目的和公益目的①。前者如自然人消费者购买商品和服务的目的是满足自己的需求；后者如自然人为公益而捐赠。在网络经济的背景下，因应大众创业、万众创新的经济政策，创业自然人无须登记取得经营资格就可以从事营利活动。相关法律也回应社会需求，明确规定自然人不需要取得许可就可以从事营利活动。如《中华人民共和国电子商务法》第10条规定，个人销售自产农副产品、家庭手工业产品，个人利用自己的技能从事依法无须取得许可的便民劳务活动和零星小额交易活动，以及依照法律、行政法规不需要进行登记的情形，个人可以进行营利活动。因此，本文主张应当放弃商事自然人与非商事自然人的分类，而以民商事自然人取代之。

民商事自然人包括自然人个人、个体工商户和农村承包经营户，在《民法典》的语境下当无争议。《改革方案》项下的公司自然人股东和董监高是否属于民商事自然人的范围？在商事自然人语境下，这些自然人是公司的组成人员和公司治理结构的成员，他们并非商人，也并非直接以营利为目的，行为是代理行为而非商事行为，因此，公司自然人股东和董监高不能归入商事自然人的范围。将这些主体归入民商事自然人范畴无任何法律障碍。《民法典》规定的自然人无须登记即能取得民事权利能力和相应的民事行为能力，公司自然人股东和董监高当然也不例外。这些自然人的目的包括营利和非营利。这些自然人通过意思表示设立、变更或终止民事法律关系。

在商事法中，商事自然人是与商事合伙并列的主体，前者不能包括后者。在《民法典》语境下，商事合伙能否纳入民商事自然人的范畴，答案是否定的。商事合伙在《民法典》中以非法人组织名义出现，意指不具有法人资格，

---

① 参见王继远：《商事主体公益性目标的实现途径及其立法规制》，载《法商研究》2016年4期。

但是能够以自己的名义从事民事活动的组织。非法人组织包括个人独资企业、合伙企业等。在本文看来，应当在实质意义上进行归类。首先看个人独资企业。个人独资企业与出资自然人在责任负担上是相同的。因为《中华人民共和国个人独资企业法》第2条明确规定，个人独资企业是指依照本法在中国境内设立，由一个自然人投资，财产为投资人个人所有，投资人以其个人财产对企业债务承担无限责任的经营实体。其次看合伙企业。合伙企业包括自然人合伙、企业合伙和其他组织合伙三种类型。其中，自然人合伙又包括普通合伙和有限合伙。对于普通合伙企业而言，普通合伙企业与普通合伙人在责任负担上是相同的。《合伙企业法》第2条第2款规定："普通合伙企业由普通合伙人组成，合伙人对合伙企业债务承担无限连带责任。本法对普通合伙人承担责任的形式有特别规定的，从其规定。"对于有限合伙企业而言，有限合伙企业与有限合伙人在有限合伙人责任限额内的责任（限额）负担上是相同的，有限合伙企业与普通合伙在有限合伙企业责任（全额）负担上是相同的。因为《合伙企业法》第2条第3款规定，有限合伙企业由有限合伙人和普通合伙人组成，有限合伙人以出资额为限承担有限责任，普通合伙人对合伙企业债务承担无限连带责任。个人独资企业与自然人普通合伙企业和有限合伙企业的不同是，前者是个人独资企业，后者是两个或两个以上自然人组成的合伙企业；前者是出资者个人承担无限责任，后者是两个或两个以上合伙人承担有限或无限责任。综上，个人独资企业、自然人普通合伙企业和有限合伙企业在实质意义上可以归入民商事自然人的范畴。

总之，自然人破产主体为单一类型即民商事自然人。民商事自然人包括自然人个人、个体工商户、农村承包经营户、公司自然人股东和董监高、个人独资企业、自然人普通合伙企业和有限合伙企业等。民商事自然人的特点是：在数量上包括个人，也包括数人；在形态上包括个人、户和企业；在责任上包括个人无限责任（普通合伙人）、个人有限责任（有限合伙人）、个人无限连带责任（两个以上普通合伙人）等。

以上从理论和立法两个视角证成了自然人破产的主体类型和次类型。从比较法和中国地方立法和司法的实践两个方面亦可证立上述观点。

在比较法上，英国、美国、德国、日本等国家和中国台湾地区的自然人破产立法都不再区分商事自然人与非商事自然人，而是一体适用。如英国《1861

年破产法》明确规定，商人与非商人只要无力偿债者都可以申请破产①。美国《1841年破产法》调整的对象不仅包括商人，而且包括"所有负债的人"②。此处负债的人包括"自然人"③。德国《破产法》适用的主体不仅包括从事经营活动的自然人，也包括不从事或不曾从事经营活动的自然人④。日本破产立法调整的对象包括商事自然人，也包括非商事自然人⑤。中国台湾地区的破产"立法"对商事自然人和非商事自然人（消费者）一体调整⑥。

英国和美国关于自然人破产的立法都经历了从单独保护商事自然人破产到一体保护商事自然人与非商事自然人破产的历史过程。英国自《1570年破产法》只保护商事自然人至《1861年破产法》一体保护商事自然人与非商事自然人，其间历经了291年⑦。美国自《1800年破产法》仅保护商事自然人至《1841年破产法》保护商事自然人和非商事自然人，其间也历经了271年⑧。

以上国家和地区"在破产程序中，债务人至少在原则上可以是任何个人，包括在私人、非商事领域内负债的个人"⑨，其成因有二：其一是相同问题相同处理的正义要求。既然商事自然人受破产法的保护，在没有足够充分且正当理由的情形下，与商事自然人情况相同的非商事自然人亦应受到相同的保护⑩。其二是实用主义的结果。在比较法上，区分商事自然人与非商事自然人非常困难。如在18世纪晚期的英国，有些自然人为了能够得到破产法的保护，故意错误或误导性地编造自己的职业。商人概念的外延扩张至几乎所有的手工

---

① See Bankruptcy Act 1861, Sec. 69. 转引自徐阳光：《个人破产立法的英国经验与启示》，载《法学杂志》2020年第7期。

② Ch. 9, §1, 5 Stat. 441. 转引自［美］查尔斯·J. 泰步：《美国破产法新论》（第三版）（上册），韩长印、何欢、王之洲译，中国政法大学出版社2017年版，第43页。

③ §101（41）. 转引自［美］查尔斯·J. 泰步：《美国破产法新论》（第三版）（上册），韩长印、何欢、王之洲译，中国政法大学出版社2017年版，第91页。另外，在美国，非商事自然人申请破产的案件数量远超过商事自然人。如美国2012年受理的破产案件总数为1221091件，其中，非商事自然人申请的数量为1181016件，占比96.72%。参见［美］查尔斯·J. 泰步：《美国破产法新论》（第三版）（上册），韩长印、何欢、王之洲译，中国政法大学出版社2017年版，第83页。

④ 参见《德国破产法》第304条。

⑤ 参见雷思凡：《日本个人再生程序对我国个人破产法的启示》，载《安徽警官职业学院学报》2021年6期。

⑥ 参见陈聪富主编：《月旦小六法》（第二十五版第1印），元照出版有限公司2018年9月版，第4部分第141—181。

⑦ 参见徐阳光：《英国个人破产与债务清理制度》，法律出版社2020年版，第28页。

⑧ 参见［美］查尔斯·J. 泰步：《美国破产法新论》（第三版）（上册），韩长印、何欢、王之洲译，中国政法大学出版社2017年版，第43页。

⑨ 参见自然人破产处理工作小组：《世界银行自然人破产问题处理报告》，殷慧芬、张达译，赵惠妙校，中国政法大学出版社2016年版，第17页。

⑩ 参见金春：《个人破产立法与企业经营者保证责任问题研究》，载《南大法学》2020年2期；王轶：《民法价值判断问题的实体性论证规则——以中国民法学的学术实践为背景》，载《中国社会科学》2004年第6期。

业者（skilled craftsmen）[①]。

以上比较法上的共识和理由，是相关国家和地区经年累月经验的积累，是世界自然人破产文化的有机组成部分，是世界各国和地区的共同知识财富。在中国借鉴比较法上的企业破产制度建构了中国的企业破产法，且已取得成功的基础上，按照相同问题相同处理的正义要求，中国再行借鉴比较法上自然人破产制度主体类型的成功经验，为中国自然人破产法的主体制度所应用，具备正义性和可操作性。

中国地方立法和司法实践也证成了本文的观点。前者如《深圳经济特区个人破产条例》调整的主体范围就包括商事个人和非商事个人及配偶[②]；后者如《东营市中级人民法院关于个人债务清理的实施意见（试行）》调整的主体范围包括商事个人和非商事个人及配偶[③]。

三、自然人破产制度的主体资格

民商事自然人具备何种资格或条件可以进入破产程序就是自然人破产主体资格的核心要义。中国学界引介翻译比较法特别是英美两国的自然人破产立法将"诚实而不幸"作为中国未来自然人破产立法的主体资格[④]。在比较法上，"诚实而不幸"是自然人破产的主体资格吗？现以英美两国自然人破产为例探本溯源。

英国自然人破产程序按照债务解决路径的不同包括债务纾缓程序、个人自愿安排程序、地方法院管理令程序、非法定债务管理计划程序和破产清算程序等。不同的程序安排，对自然人破产的主体资格有不同的要求。债务纾缓程序中自然人主体资格是不能清偿到期债务的事实[⑤]。个人自愿安排程序中自然人主体资格是不能清偿到期债务[⑥]。地方法院管理令程序中自然人主体资格是自然人不能即刻清偿"法院判决的债务"[⑦]。非法定债务管理计划程序中自然人

[①] See Kristin van Zwieten（ed.），Goode on Principles of Corporate Insolvency Law，5th student edition，Sweet & Maxwell，2008，at 1 – 10，p. 11. 转引自徐阳光：《个人破产立法的英国经验与启示》，载《法学杂志》2020年第7期。

[②] 深圳破产法庭首例个人破产清算案件是债务人呼某因生活消费而产生的债务和为企业经营担保产生债务而申请破产清算的案件，参见广东省深圳市中级人民法院（2021）粤03破417号（个11）民事裁定书。

[③] 参见《东营市中级人民法院关于个人债务清理的实施意见（试行）》第3条。

[④] "诚实而不幸"的债务人俨然已成为司法上的官方话语。如2022年3月8日在第十三届全国人民代表大会第五次会议上周强院长所作最高人民法院工作报告指出："深圳个人破产条例首案裁定生效，让'诚实而不幸'的债务人可以从头再来，个人破产制度实践迈出重要一步。"

[⑤] 参见徐阳光：《英国个人破产与债务清理制度》，法律出版社2020年版，第125页。

[⑥] 参见徐阳光：《英国个人破产与债务清理制度》，法律出版社2020年版，第135页。

[⑦] 参见徐阳光：《英国个人破产与债务清理制度》，法律出版社2020年版，第140页。

主体资格是自然人能够负担得起按月偿还的优先债权（如抵押贷款、租金和市政税）和自己的生活费，但面临信用卡消费欠款和贷款的偿还危机[1]。破产清算程序中自然人主体资格是不能清偿到期债务[2]。

美国破产程序由自愿破产程序和强制破产程序构成。自愿破产程序首次规定在《1841年破产法》，即第一次允许陷入债务困难的个人债务人自己提出破产申请[3]。在美国破产程序中，自愿程序是绝对的主流程序[4]。在自愿破产程序中自然人主体资格是个人债务人的单方申请，即"几乎不需要任何要件。债务人不需要证明其已经丧失清偿能力，或宣誓证实其财务状况、财务困窘或对救济有内在需求"[5]。强制破产程序是由债权人申请的程序，从债务人视角观察是强制而非自愿[6]，因此，强制破产程序与自愿破产程序相比要受到更多的限制。其一是限制适用的范围。即只有《美国破产法典》第7章和11章的案件适用强制破产程序。换言之，第12章和13章只能由债务人自愿启动。该程序也不适用于农场主、家庭农场主或不属于财团法人、企业法人或商业公司法人[7]。其二是对个人债务主体资格的限定。即个人债务人整体性未清偿到期债务，也就是说，"个人债务已全面陷入财务困境并影响到债权人的整体利益"[8]。

以上制度设计是兼顾债权人、债务人和国家三方利益的结果。对债权人而言，自然人破产制度的优势是变个别清偿为集体清偿，可以大大节约债权人的索债成本。自然人破产制度在为自然人债务人提供激励的同时，也激励债务人为债权人创造价值，"这一结果通过其他方式都是不可能实现的"[9]；对债务人

---

[1] 参见徐阳光：《英国个人破产与债务清理制度》，法律出版社2020年版，第154页。
[2] 参见徐阳光：《英国个人破产与债务清理制度》，法律出版社2020年版，第82页。
[3] 参见[美]查尔斯·J.泰步：《美国破产法新论》（第三版）（上册），韩长印、何欢、王之洲译，中国政法大学出版社2017年版，第43页。
[4] 在美国，超过99%的破产案件都适用自愿破产程序。See Susan Block-Lieb, "Why Creditors Files So Few Involuntary Petitions and Why the Number is not Too Small", 57 Brook. L. Rev. 803 (1991). 转引自[美]查尔斯·J.泰步：《美国破产法新论》（第三版）（上册），韩长印、何欢、王之洲译，中国政法大学出版社2017年版，第134页。
[5] 参见[美]查尔斯·J.泰步：《美国破产法新论》（第三版）（上册），韩长印、何欢、王之洲译，中国政法大学出版社2017年版，第133页。
[6] 参见[美]查尔斯·J.泰步：《美国破产法新论》（第三版）（上册），韩长印、何欢、王之洲译，中国政法大学出版社2017年版，第134页。
[7] See §303(b). 转引自[美]查尔斯·J.泰步：《美国破产法新论》（第三版）（上册），韩长印、何欢、王之洲译，中国政法大学出版社2017年版，第134页。
[8] 参见[美]查尔斯·J.泰步：《美国破产法新论》（第三版）（上册），韩长印、何欢、王之洲译，中国政法大学出版社2017年版，第178页。
[9] 参见自然人破产处理工作小组：《世界银行自然人破产问题处理报告》，殷慧芬、张达译，赵惠妙校，中国政法大学出版社2016年版，第29页。

而言，缓解个人债务人的长期痛苦本身就是一个值得追求的价值[1]。通过简易程序、自由财产制度、债务免责制度等为债务人提供激励，鼓励个人债务人重新开始，为债权人和社会创造价值。对于国家而言，至少有八个方面的收益，即建立适当账款估值机制；降低无益收债费用及因财产减少出售带来的价值损失；鼓励负责任的放贷及减少消极外部影响；集中损失并进行更高效和更有效的损失分配；降低疾病、犯罪、失业及其他与福利相关的成本；增加常规应税所得；经济活动最大化和鼓励创业；提升更为广泛的金融体系与经济的稳定性与可预测性[2]。

"诚实而不幸"债务人的主体资格，显然是以债务人为中心的，与英美国家自然人破产主体资格平衡债务人、债权人和国家三方利益的立法是相悖的。言说"诚实而不幸"为债务人的主体资格，不仅没有比较法上的根据，而且是对比较法的误读。

从文义上看，"诚实而不幸"不能成为自然人破产的主体资格。"诚实而不幸"中的诚实信用作为道德规范法律化，是民商法的基本原则。因为其高高在上，在适用时，如果有具体规则，应当优先适用该规则，禁止向诚信原则的一般条款逃逸；如果法律没有规定，构成法律漏洞，无论是法内漏洞还是法外漏洞[3]，诚信原则都没有作用的空间。这是因为诚信原则是含义空洞的开放性原则，以空洞填补漏洞，只能使漏洞更大[4]。即使有适用的可能，其含义是要求市场主体诚实不欺，守信重诺。此种"以抽象解释抽象"的解释方法，无法具体化成为判断诚信的标准。所谓不幸，在汉语中有形容词和名词两种含义，前者有不幸运、使人失望、伤心、痛苦，表示不希望发生而竟然发生；后者指灾祸。灾祸有自然灾祸和人为灾祸两种类型：对于前者，对他人怜悯和同情，具有某种正当性；对于后者，对他人表示怜悯和同情是人类的天性，但以此为由给予个人债务人以破产主体资格，欠缺伦理上的正当性。

从诚信原则作用的领域和含义看，诚信原则也不能成为自然人破产的主体资格。诚信原则作用于市场交易领域[5]。这也就意味着该原则是商人法的基本

---

[1] 参见自然人破产处理工作小组：《世界银行自然人破产问题处理报告》，殷慧芬、张达译，赵惠妙校，中国政法大学出版社2016年版，第32—33页。
[2] 参见自然人破产处理工作小组：《世界银行自然人破产问题处理报告》，殷慧芬、张达译，赵惠妙校，中国政法大学出版社2016年版，第34—50页。
[3] 参见孙瑞玺：《最高人民法院指导性案例效力法理研究——以民商事指导性案例为例》，山东大学2022年博士学位论文，第29—42页。
[4] 参见李宇：《民法总则要义：规范释论与判解集注》，法律出版社2017年版，第43页。
[5] 参见梁慧星：《民法总论》（第五版），法律出版社2017年版，第275—276页。

原则,而不是非商人法,如消费者、婚姻家庭关系主体和继承主体的基本原则①。由此,如果承认诚信原则为自然人破产的主体资格,其也只是商事自然人破产的主体资格,不是非商事自然人破产的主体资格。从诚信原则的含义上看,其要求个人债务人诚实不欺,守信重诺。由此,个人债务人应当信守承诺,继续履行债务,以实现债权人的债权,而非借助自然人破产制度免责。

从中国传统文化上看,"诚实而不幸"不能成为自然人破产的主体资格。在中国文化传统中,对于身陷财务危机个人的处理方式充斥着矛盾。一方面强调宽以待人,与人为善,另一方面又强调守信承诺。前者如中国有些地方存在的"摊账"与"兴隆票"的做法,实际效果与自然人破产制度中的债务部分豁免或自然人破产重整相似②。后者强调对债权人的保护,个人欠债不还的,责任非常严苛。财产责任为人身责任或刑事责任所取代。如秦朝对欠债不还的债务人强制以劳役抵债③;唐朝欠债不还处以笞、杖等肉体刑④;清朝对于欠债不还的个人债务人可以拘禁,债务人的家族必须在两个月内清偿欠款,否则会被判处劳役⑤。近现代的中国,虽经历次社会变迁,但"欠债还钱",甚至是"父债子还"仍是主流价值观⑥,未发生任何改变。在此语境下,以"诚实而不幸"作为个人债务人破产的主体资格,与中国传统文化的主流价值观相龃龉,定不会为中国传统文化所接受。如是,自然人破产制度就会丧失在中国落地的文化土壤。

从中国地方立法的实践看,"诚实而不幸"不是自然人破产的主体资格。《深圳经济特区个人破产条例》第2条规定的自然人破产主体资格是丧失偿债能力或者资不抵债。截至2022年5月31日,因金融机构监管失范和个人债务人违规套现引发的信用卡债务破产申请高达80.77%⑦。这些申请人是"诚实而不幸"的债务人吗?

---

① 参见李宇:《民法总则要义:规范释论与判解集注》,法律出版社2017年版,第43页。
② 所谓"摊账",是指在债务人无力清偿时,在所有债权人面前,将账本与财产和盘托出,除保留部分财产外,将剩余财产在各债权人间打折分摊。"兴隆票",又称发财票,指债务人无力清偿债务时,书写题为"兴隆票"的单据交给债权人,"其用意即系俟兴隆后再行偿还之谓"。参见施沛生编:《中国民事习惯大全》,上海书店出版社2002年版,第一编(债权),第六类(关于清偿之习惯),第2页。转引自许德风:《论个人破产免责制度》,载《中外法学》2011年4期。
③ 参见郑显文:《唐代债权保障制度研究》,载《西北师大学报(社会科学版)》2003年第1期。
④ 参见《唐律疏议》卷26第398条。转引自许德风:《论个人破产免责制度》,载《中外法学》2011年4期。
⑤ 参见谢振民:《中华民国立法史》,正中书局1948年版,第1023页。转引自许德风:《论个人破产免责制度》,载《中外法学》2011年4期。
⑥ 参见施沛生:《中国民事习惯大全》,上海书店出版社2002年版,第一编(债权),第六类(关于清偿之习惯),第3页。转引自许德风:《论个人破产免责制度》,载《中外法学》2011年4期。
⑦ 参见曹启选:《深圳个人破产立法与司法实践探索》,中国人民大学"破产法实务讲座"专题授课暨"破产法前沿系列讲座"第36期。

综上,"诚实而不幸"不能成为自然人破产的主体资格。在本文看来,自然人破产的主体资格是不能清偿到期债务的事实。这是借鉴比较法上的成功经验、承继中国地方自然人破产立法和中国企业破产法主体资格立法传统的结果。如此设计主体资格,还有激励自然人积极主动启动破产程序,以实现重新开始的功能。这是因为个人债务人基于耻辱感不主动寻找破产法保护,或者申请破产法救济的时点已非最佳时点[1]。"破产受理不畅的根源在于破产法自身欠缺吸引力,引入破产申请激励措施以增加当事人的破产申请动机,才是推动破产受理的根本路径。"[2]

在保护或激励个人债务人的同时,对于债权人以及国家和社会的利益亦应当兼顾。这是法治公平正义的应用之义。个人债务人以不能清偿到期债务(主体资格)为由进入破产程序,其目的是获得自由财产和债务免责。相应地,如何限制债务人的权利,从而保护债权人与国家和社会利益就成为自然人破产制度必须回答的问题。

自由财产,又称为财产豁免,即为了实现保障债务人及其家人的合理生活需要等特殊目标,通过破产法特别规定,使部分债务人财产无需归入破产财产范围,从而构成债务人可以自由支配财产的制度。债务免责是指债务人对已负的债务不再负有清偿责任,债权人也不得再主张已免责的债务,债务人免责后取得的任何财产都免受已免责债务的追及[3]。

自由财产和债务免责都属于自然人破产制度的构成性要素[4]。但两者的地位又有所不同。就个人债务人重新开始的自然人破产制度的功能实现路径而言,自由财产制度只是保证个人债务人及其家庭成员的基本生活需要,其本身无法实现债务人重新开始的功能,充其量只是债务人重新开始的必要条件;债务免责将使债务人重新开始,即"生活的全新机会与今后努力的崭新空间,而不必受既有债务的压迫与阻拦"[5]。

自然人破产制度对于个人债务人的权利,分别采取了不同的措施加以限制,从而保护债权人和国家和社会的利益。

---

[1] 参见自然人破产处理工作小组:《世界银行自然人破产问题处理报告》,殷慧芬、张达译,赵惠妙校,中国政法大学出版社2016年版,第156页。
[2] 参见何欢:《债务清理上破产法与执行法的关系》,载《法学研究》2022年第3期。
[3] 参见[美]查尔斯·J. 泰步:《美国破产法新论》(第三版)(下册),韩长印、何欢、王之洲译,中国政法大学出版社2017年版,第1035页。
[4] 参见徐阳光、陈科林:《论个人破产立法中的自由财产制度》,载《东方论坛》2020年3期。
[5] *Local Loan Co. V. Hunt*, 292 u. s. 234, 244 (1934). 转引自[美]查尔斯·J. 泰步:《美国破产法新论》(第三版)(下册),韩长印、何欢、王之洲译,中国政法大学出版社2017年版,第1044页。

首先看对主体资格的限制。《深圳经济特区个人破产条例》对于个人债务人简易程序的限制区分为受理前的限制和受理后的限制。前者是指对于符合特定情形的个人债务人的破产申请受理法院裁定不予受理;后者是指受理法院受理后发现符合特定情形的个人债务人的破产申请裁定予以驳回[①]。

其次看对自由财产的限制。对个人债务人及其家庭成员的限制包括范围限制、额度限制、类型限制、用途限制和需要限制。其一,范围限制。例如,《美国破产法典》§522（d）列举了12类不具有开放性的具体的豁免财产清单[②];再如,《深圳经济特区个人破产条例》第36条自由财产的范围采用了列举与兜底相结合的方式,范围的限制明显为宽。其二,额度限制。例如,美国破产法对住宅豁免的额度1994年从7500美元调高至15000美元,2013年又提升至22975美元[③];再如,《深圳经济特区个人破产条例》的额度限制包括法定限制和授权限制。前者规定除特定物品,专属于债务人赔偿金、保险金以及最低生活保障金外,自由财产的累计总价值不得超过20万元;后者是指对于债务人及其所扶养人生活、学习、医疗的必需品和合理费用,因债务人职业发展需要必须保留的物品和合理费用中的具体分项和各分项具体价值上限标准授权法院确定限额。其三,类型限制。例如,在美国手枪是否为"家用物品"?法院会根据债务人对枪支的使用方式进行判断。有的法院认为,因为债务人的儿子利用枪支狩猎,并将狩猎所得用于家庭食物,因此,允许将5把枪中的1把作为家用物品予以豁免;有的法院认为由于债务人住在城镇,其枪支通常用于野外狩猎或打靶练习,因此,涉案枪支并不构成家用物品,不应予以豁免[④]。其四,用途限制,包括使用用途限制、消费用途限制和谋生用途限制[⑤]。其五,需要限制。该限制以必要性为原则,即"法院应当关注的是债务人及其被扶养人的基本需求与负担状况,而不应尝试让债务人维持其原有的生活水平"[⑥]。

最后看对债务免责的限制。对债务免责的限制包括范围限制、不予免责的

[①] 参见《深圳经济特区个人破产条例》第14条。
[②] 参见［美］查尔斯·J.泰步:《美国破产法新论》（第三版）（下册）,韩长印、何欢、王之洲译,中国政法大学出版社2017年版,第968-969页。
[③] 参见［美］查尔斯·J.泰步:《美国破产法新论》（第三版）（下册）,韩长印、何欢、王之洲译,中国政法大学出版社2017年版,第969页。
[④] 参见［美］查尔斯·J.泰步:《美国破产法新论》（第三版）（下册）,韩长印、何欢、王之洲译,中国政法大学出版社2017年版,第972页。
[⑤] 参见［美］查尔斯·J.泰步:《美国破产法新论》（第三版）（下册）,韩长印、何欢、王之洲译,中国政法大学出版社2017年版,第973页。
[⑥] 参见［美］查尔斯·J.泰步:《美国破产法新论》（第三版）（下册）,韩长印、何欢、王之洲译,中国政法大学出版社2017年版,第974页。

事由、驳回免责和撤销免责。其一，范围限制，如《美国破产法典》§727（b）包括四项限制，第一，不属于不可免责的债务[1]；第二，所有其他的债务均将得到免责；第三，债务成立或者被视为成立于破产程序之前；第四，免责不以债权人已经参与破产分配为前提[2]。再如《深圳经济特区个人破产条例》基于国家利益所生债务、债务人违反犯罪所生债务、债务故意或重大过失所生债务、不诚信行为所生债务和基于特定关系所生债务不得免责。其二，不予免责的事由（仅限于《美国破产法典》第7章），对于债务人犯罪、不诚信行为、不合作行为等[3]；再如《深圳经济特区个人破产条例》基于债务人的特定行为不得免责。其三，驳回免责，即破产法院如果发现作出破产救济令将构成对《美国破产法典》第7章的滥用，破产法院将会对债务免责案件驳回[4]。其四，撤销免责，包括债务人欺诈性的行为、不合作行为[5]；再如《深圳经济特区个人破产条例》规定债务人通过欺诈获得免责的，法院根据申请撤销债务免责[6]。

四、自然人破产制度主体建构的立法路径

关于自然人破产主体建构的立法路径有两种对立的主张。其一是分步推进模式，另一种是整体推进模式。前者主张"研究建立个人破产制度，重点解决企业破产产生的自然人连带责任担保债务问题。明确自然人因担保等原因而承担与生产经营活动相关的负债可依法合理免责。逐步推进建立自然人符合条件的消费负债可依法合理免责，最终建立全面的个人破产制度"[7]。其二是整体推进模式，建议加快推进自然人破产立法的进程[8]。

选择何种路径，是由一国的法治环境和社会需求决定的。中国民商合一和网络经济的背景决定，商事自然人与非商事自然人已合二为一，再行区分两者

---

[1] 如基于公共利益而生的债务、特定用途的债务、债务人的故意或不诚信而生的债务等。参见［美］查尔斯·J.泰步：《美国破产法新论》（第三版）（下册），韩长印、何欢、王之洲译，中国政法大学出版社2017年版，第1061-1099页。
[2] 参见［美］查尔斯·J.泰步：《美国破产法新论》（第三版）（下册），韩长印、何欢、王之洲译，中国政法大学出版社2017年版，第1040页。
[3] 参见［美］查尔斯·J.泰步：《美国破产法新论》（第三版）（下册），韩长印、何欢、王之洲译，中国政法大学出版社2017年版，第1047-1061页。
[4] 参见［美］查尔斯·J.泰步：《美国破产法新论》（第三版）（下册），韩长印、何欢、王之洲译，中国政法大学出版社2017年版，第1037页。
[5] 参见［美］查尔斯·J.泰步：《美国破产法新论》（第三版）（下册），韩长印、何欢、王之洲译，中国政法大学出版社2017年版，第1116-1117页。
[6] 债权人有权向债务人继续追偿未清偿债务。
[7]《关于印发〈加快完善市场主体退出制度改革方案〉的通知》（发改财金〔2019〕1104号）。
[8] 参见徐阳光、武诗敏：《个人破产立法的理论逻辑与现实进路》，载《中国人民大学学报》2021年5期。

违反法治统一性原则，由此，分步推进立法模式，以商事自然人与非商事自然人的区分为前提，主张先商事自然人立法，后非商事自然人立法，再行建议统一的自然人破产立法欠缺逻辑性前提。与此同时，此种立法模式包括三个相互独立的过程，即商事自然人立法＞非商事自然人立法＞编纂统一的自然人破产法。立法与编纂立法融合，其复杂性以及由此衍生的低效率可想而知。

从社会需求上看，假使分步推进立法模式主体类型区分正确，其关于两者优先顺位的判断与事实不符。该种立法模式的主张者认为商事自然人先行纳入立法规划具有紧迫性和必要性。这突出表现在企业破产债务的保证人承担的保证债务数额巨大，如东营市东营区法院受理的李某、丁某个人债务清理案，李某、丁某为两家破产企业提供保证担保的债务高达1.6亿元，且无追偿权，如果不对这部分保证债务人优先通过立法予以保护，对于这些债务人及家庭将产生相当严重的后果，对债权人和社会也将产生不利影响。在笔者看来，这些理由确有道理。但是，且不说保证债务的数额、保证债务人数等都无法统计，从承担保证债务的原因上看，这些保证人一般都是破产企业的实际控制人、控股股东、董监高人员，对于企业破产都负有相当的责任，更有甚者，这些人员中通过违法甚至犯罪手段侵占破产企业资产而中饱私囊并不罕见。有数据为证，2021年中国个人短期消费贷款余额达9.36万亿元，较2020年增加了0.58万亿元，同比增长6.59％；个人中长期消费贷款余额达45.53万亿元，较2020年增加了4.74万亿元，同比增长11.62％[①]。如果以2020年末全国人均个人消费贷款余额为3.51万元为标准[②]，全国近14亿人有贷款。如此巨额的消费贷款基数和几乎涉及全中国人数的规模，与保证债务的数额和人数相比，前者更为迫切，不存在保证人债务数额巨大这一客观事实。

1978年《美国破产法典》的篇章结构安排不能成为支持分步推进立法模式的理由。有论者认为1978年《美国破产法典》只设奇数章的目的就是为后续立法预留位置[③]。笔者认为这种观点是论者的主观臆断。从形式上判断，在原有的7章，即1、3、5、7、9、11、13章，后续增加的内容为何不是第2章而是第12章，为何不是第4章而是第15章。从内容上看，第12章是为家庭农场主提供类似第13章程序的破产救济。第15章调整的对象是跨国破产及涉

---

① 参见智研咨询：《2022—2028年中国消费贷款行业市场运营格局及未来前景展望报告》。
② 参见http://www.ccv168.com/xinwen/709736.html，2022年7月6日访问。
③ 参见王欣新：《个人破产法的立法模式与路径》，载《人民司法》2020年第10期。

及外国破产案件的辅助程序。这两章自成一体，系对《美国破产法典》的修改[①]。可见，1978 年《美国破产法典》的修改与中国自然人破产的分步推进立法模式不可同日而语。

《民法典》的立法模式也不能成为支持分步推进立法模式的理由。《民法典》采取先单行法后民法典的分步立法模式，是由民法调整范围的广泛性决定的。《民法典》之前的单行法都具有独立的调整对象，系独立的法律。也就是说，即使单行法未成为《民法典》的组成部分，也不影响其独立发挥作用。成为《民法典》的组成部分，需要对单行法进行体系化、系统化的编纂，进而使得单行法成为有机的整体。法典化是"精致的法律创制及表达方式"[②]。法典化的目的是提升法律的权威性和稳定性[③]。从比较法上看，如果民法一次成典，耗时长且不经济。如《法国民法典》自起草至生效耗时 10 年，《德国民法典》自开始起草至公布历时 23 年，至生效历时 27 年。自然人破产制度调整的对象是自然人破产中涉及的法律关系，其类似于民法典中的单行法，无须分步实施立法。如果采取分步立法的模式，则耗时长，程序繁杂，欠缺体系化和系统化，不利于对自然人破产的规范和调整。

相反，整体推进的立法模式，既契合中国的法治环境，又能满足社会的需求。在《民法典》民商合一的语境下，商事自然人与非商事自然人已合二为一，以区分两者为逻辑前提的分步推进立法模式丧失法律上的正当性。如果强行实施，法律的统一性将会遭到破坏，法治的公平和正义亦将难以保证。从社会需求上看，自然人破产制度的最大需求者是非商事自然人，而不是商事自然人。对两者一体立法，满足两者的正当需求，符合利益最大化原则，同时也符合效率原则。

五、结语

主体是自然人破产制度的核心。本文的研究也证成了这个观点。主体类型的意义在于何种主体能够被纳入自然人破产制度保护的范畴。对于商事自然人和非商事自然人的类型区分，笔者持否定态度。笔者主张主体类型为单一类型，即民商事自然人。主体资格的法律构成是符合主体类型的自然人进行破产

[①] 《美国破产法典》自 1978 年至 2005 年共进行了 4 次修改，分别在 1984 年、1986 年、1994 年和 2005 年。参见［美］查尔斯·J. 泰步：《美国破产法新论》（第三版）（下册），韩长印、何欢、王之洲译，中国政法大学出版社 2017 年版，第 81 页。
[②] 参见陈金钊：《法典化语用及其意义》，载《政治与法律》2021 年 11 期。
[③] 因此，对法典不能轻易修改。参见陈金钊：《法典化语用及其意义》，载《政治与法律》2021 年 11 期。

程序的资格和条件。迻译的"诚实而不幸"债务人主体资格是对英美破产法自然人主体资格的错误表述。笔者主张自然人破产主体资格基于不能清偿到期债务的事实。这是借鉴比较法上的成功经验、承继中国地方自然人破产立法和中国企业破产法主体资格立法传统的结果。在激励债务人主动启动自然人破产法保护的同时,兼顾债权人和国家利益就需要对债务人的权利进行必要的限制。主体建构的立法路径的意义在于分步立法还是整体立法的正确选择。在本文看来,整体立法既契合我国的法治环境,又能满足社会的需求,同时还符合效率原则。

论破产别除与担保体系的规范衔接

齐宏赛　章正璋[*]

> **摘　要**：此次《民法典》颁布，对担保规范做出较大修正，抽象层面上表现为担保认定的开放性特征和对功能主义立法观的充分借鉴，具体制度层面则在于对于非典型担保和购买价金担保权的承认。上述修正所导致的法体系效应，必将导致别除权适用范围的扩张，此种扩张可分别从显性层面和隐性层面角度予以分析。为防范隐形担保以及保障无担保债权人的利益，《企业破产法》修正应借鉴引入"强臂撤销权"，以担保权公示为基准判断是否构成别除权，未经公示的担保权应认定为普通债权，但以登记簿记载财产权利变动的不动产让与担保除外。
>
> **关键词**：民法典　别除权　强臂撤销权　购买价金担保权　公示

　　别除权制度为破产环节的重要部分，其涉及破产程序开启的先决问题，即破产财产范围的确定。根据《中华人民共和国企业破产法（试行）》之规定，别除权的标的物并不属于破产财产，但根据《中华人民共和国企业破产法》（以下简称《企业破产法》）之规定，别除权的标的物属于破产财产。以别除权的标的物属于破产财产范围为前提，在进入破产程序之后，别除权存在与否，对于无担保债权人的利益实现存在重大影响，因此可行使别除权的财产范围必须明晰。就《民法典》后时代的别除权适用而言，其面临着非典型担保、保证金账户"控制"标准所导致的显性扩张以及因声明登记制导致的隐性扩张。如

---

[*] 齐宏赛，苏州大学王健法学院2020级硕士研究生。章正璋，通讯作者，苏州大学王健法学院教授。本文系国家社科基金后期资助一般项目"多数人之债法律问题研究"（22FFXB041）的阶段性成果。

何实现无担保债权人利益之维护,别除机制下有担保债权人优先受偿的正当化依据为何,对这些问题予以展开,有其理论价值和实践意义。

一、破产别除机制适用的扩张现象

基于《民法典》以及《最高人民法院关于适用〈中华人民共和国民法典〉有关担保制度的解释》(以下简称《担保制度解释》)的颁布实施,担保权适用的范围日趋扩大,以满足纷繁复杂的担保需求。以客观层面观之,财产上可设立的担保种类增加,不再局限于担保物权,仅要求其具备"担保功能",且保证金账户在符合"控制"标准亦可构成担保,上述情形均可导致破产情形中别除权适用范围的扩张,本文将此种现象概括为显性扩张。此外,基于便利担保设定的需求及优先受偿次序的确定,美国、加拿大、比利时等欧美国家在采用登记对抗主义的基础之上引入声明登记制,以声明登记制为基础,担保权设定程序将更为便捷,以此带来的结果为别除权适用的进一步扩张。中国现阶段仅在有限领域采用声明登记制,统一的登记制度是动产担保物权法制实现其立法目的的基础性制度[①]。简易担保权的设定程序已成为一种趋势,亦是中国动产担保物权法制发展的应有方向。基于简易担保权的设定或声明登记制的采用所导致的担保权设立增加这一现象难以被观察,本文将此种现象概括为隐性扩张。

(一)破产别除机制的显性扩张现象

1. 非典型担保的别除权适用

别除权是指在破产情形发生时,债权人基于法律规定的原因就破产财产中的特定财产优先受偿的权利。所谓法律规定的原因,即实体民事权利,在不同国家实体权利的范围有所不同。有学者认为别除权的基础权利在英美法系国家主要体现为担保物权,大陆法系较为广泛,除担保物权外,还包括法律特别规定的优先权、典权、让与担保所有权和共有物所产生的共同债权[②]。此观点在概念界定方面并不准确,以美国为例,其担保权益概念外延远远大于《民法

[①] 参见董学立:《建立动产担保物权统一登记制度的担保物权法编纂意义》,载《法治研究》2018年第1期。

[②] 参见杨以生:《破产别除权制度相关问题研究》,载《法律适用》2007年第10期。

典》前时代的担保物权[①]。因此前述观点以我国的担保物权概念理解英美法系中的担保制度，存有概念混用之嫌。

在中国，别除权的基础权利在司法实践中通常表现为担保物权，担保物权通常表现为抵押权、质权和留置权。抵押权和质权，均可构成别除权的基础权利，但留置权能否构成则存有疑问。世界上有将民事留置权和商事留置权分别规定者，如日本法中仅仅承认商事留置权中留置权人可以行使别除权[②]，民事留置权仅仅具有留置效力而无优先受偿的效力[③]。中国并未对民事留置权和商事留置权进行区分，二者均为担保物权，因此均可行使别除权。抵押权以登记为公示方式，并以之为对抗要件，质权和留置权有所不同，二者均需占有，方存在行使别除权的可能性，倘若质权人或留置权人基于自己意愿丧失占有，则无别除权行使的空间，但若非基于自己意愿丧失占有，在通过行使占有返还请求权重新取得占有之后，仍可行使别除权。留置权依据分类标准属于法定担保物权，因此意定动产担保的一元化设计不包括留置权在内[④]，其以占有为生效和公示手段并无大碍。就质权作为别除权的基础权利而言，笔者认为应当以登记为标准，而非以占有为标准。原因如下，抵押权、质权为意定担保物权，留置权为法定担保物权，抵押权和质权有更强的趋同性，事实上，基于意定动产担保领域的一元化构建，包括动产质权在内的动产担保领域通常采用以登记对抗主义为核心的公示构造[⑤]。且此次《民法典》颁布，就所有权保留、融资租赁、保理分别在第641条、745条、768条规定公示要求，均确立登记对抗主义的公示构造。中国意定动产担保领域无法实现公示构造方面法律条文的一元化即在于登记对抗主义适用的有限性，迫使立法者只能采用形式分散的若干规定，质权即为其中之一。但一元化立法目标并不构成本文主张质权转向登记标准的原因，而应是其结果，质权应转向登记标准的原因在于支持其采用公示生

---

① 美国在20世纪50年代制定颁布《统一商法典》，以格兰特·吉尔莫（Grant Gilmore）为代表的立法者认识到既有担保体系运行方面的严重弊病，出于基于便利担保权设立、防范信用交易风险以及州际担保规范一致性的重大政策考量，放弃抵押、质押、附条件买卖、信托收据等担保类型划分的做法，并以统一的担保权益（Security Interest）概念代之。因此在美国，担保权益的概念外延远远大于中国的担保物权。See Grant Gilmore, *The Secured Transactions Article of the Commercial Code*, 16 Law and Contemporary Problems 27, 29 (1951); Harold F. Birnbaum, *Article 9—A Restatement and Revision of Chattel Security*, 1952 Wisconsin Law Review 348, 349-354 (1952); Grant Gilmore, *The Good Faith Purchase Idea and the Uniform Commercial Code: Confessions of a Repentant Draftsman*, 15 Georgia Law Review 605, 620 (1981); Grant Gilmore, *Security Law, Formalism And Article 9*, 47 Nebraska Law Review 659, 672 (1968).
② 参见［日］谷口安平：《日本倒产法概述》，佐藤孝弘等译，中国政法大学出版社2017年版，第128页。
③ 参见杨春平：《我国"别除权"立法及理论研究》，载《河北法学》2010年第3期。
④ 参见董学立：《我国意定动产担保物权法的一元化》，载《法学研究》2014年第6期。
⑤ 参见屈茂辉：《动产物权登记制度研究》，载《河北法学》2006年第5期。

效主义的立法理由不复存在，主张质权采用公示生效主义者认为以占有改定方式无法设定质权，因其无法确保质权之留置作用[1]，亦可能动摇一般动产交易之安全[2]。具备留置作用的质权与其他担保权尤其是动产让与担保、买卖型担保并无本质区别，二者的实现均受到清算的限制，在破产情形下均以别除权的方式出现，等等，至于所谓的动产交易安全维护，在采用登记对抗主义的情况下亦可实现。且根据《民法典》第441条、第443条、第444条、第445条之规定，存在大量的权利质权以登记为公示方式，质权以占有为公示方式的领域逐步限缩。此外，以占有为公示的质权存在，不可避免导致立法需对优先受偿次序规则做出特别规定[3]，但在转向登记为公示方式后，在除购买价金担保权的意定动产担保领域完全实现以登记时间确定优先受偿次序成为可能。在《动产和权利担保统一登记办法》生效后，采用电子化登记所导致的成本降低及程序便捷亦为动产质权登记创造了条件。但应注意，无论采用何种主义，正常经营活动中的买受人都受到法律规范的特殊保护。在质权这一障碍消除之后，离实现登记对抗主义在意定动产担保领域的一元化可更进一步。动产质权是否构成别除权的判断标准应从占有标准向登记标准转变，在登记标准之下，是否转移标的物的占有在确定优先清偿次序层面并无实际意义，其意义仅在于当事人对担保物的用益安排有所区别，以此而言，质权类似于需移转占有的"特殊抵押权"。

担保物权构成别除权的基础权利在学术界并无过多争论，争论焦点在于非典型担保是否可构成别除权的基础权利，此种争论在《民法典》颁布之后丧失其意义。就非典型担保而言，《民法典》前时代并未明确承认，在发生破产情形时，债权人行使的权利性质为何，并不明晰。《民法典》颁布前，《最高人民法院关于审理民间借贷案件适用法律若干问题的规定》（法释〔2015〕18号）第24条对买卖型担保有所涉及，有学者认为，买卖型担保无对抗第三人的效力，破产清算时买受人亦不享有别除权[4]。此种观点在《民法典》前时代尚有其合理性，但在《民法典》后时代，理论上买卖型担保中的买受人可借助《民法典》第388条和声明登记制进行担保权登记，以使买卖型担保具有对抗第三人效力，从而可在破产情形中主张别除权。争论较大的另一种非典型担保为让与担保，在债务人破产的情形中，担保权人对于担保物可以行使的是别除权抑

---

[1] 参见郑冠宇：《动产质权之发展》，载《月旦法学杂志》2003年第95卷。
[2] 参见史尚宽：《物权法论》，中国政法大学出版社2000年版，第349—350页。
[3] 参见龙俊：《民法典中的动产和权利担保体系》，载《法学研究》2020年第6期。
[4] 参见陈永强：《以买卖合同担保借贷的解释路径与法效果》，载《中国法学》2018年第2期。

或取回权，存在学理上的争议。有学者认为，在发生担保权人破产情形时，担保人对担保物并无取回权，而在担保人发生破产情形时，担保权人可以行使取回权[1]。也有学者认为，在担保人破产时，担保权人享有别除权而非取回权[2]。德国法采用的是后一种观点，即在动产让与担保和权利让与担保情形，担保权人可以请求别除受偿[3]。理论争议的成因之一即在于对让与担保的性质认定有所不同[4]。学说上大致可分为所有权构成说和担保权构成说，从《民法典》的颁布以及相关司法解释尤其是《担保制度解释》的出台，可看出中国在规范层面上对担保权构成说的肯认。具体到司法实践中，在《民法典》正式生效前即已有法院在判决书部分使用"担保功能"这一表述[5]，可以预测未来将有大量具有"担保功能"的合同出现。

买卖型担保、让与担保仅为非典型担保类型中的一部分，大量其他类型的非典型担保如所有权保留、融资租赁等，在债务人破产情形下，债权人行使权利为取回权或别除权，存在着争议。争议的核心在于，当传统所有权的外在形式与担保的内在实质发生冲突时，二者如何取舍，《民法典》将此种冲突进一步简化为对是否"具有担保功能"的认定。非典型担保只要就特定财产拥有优先受偿效力的担保权属性，即应作为别除权处理[6]。以让与担保而言，《担保制度解释》第68条对让与担保的效力进行认可，但对其附加强制性的清算义务以避免债权人借此规避利息限制等牟取不正当利益，实采担保权构成说，让与担保权人可主张别除权应无疑义，但我国让与担保缺乏公示制度，实际上为秘密的质权[7]，因质权宜改采登记对抗主义，让与担保亦应采用登记对抗主义以消除隐形担保，解释论上可通过准用《民法典》第388条关于抵押权公示的规定，从而采用登记对抗主义。关于典权，本次《民法典》颁布并未涉及，但

---

[1] 参见史尚宽：《物权法论》，中国政法大学出版社2000年版，第430—431页；邹海林：《破产法——程序理念与制度结构解析》，中国社会科学文献出版社2016年版，第326页。
[2] 参见冉克平：《破产程序中让与担保权人的权利实现路径》，载《东方法学》2018年第2期。
[3] 参见[德]莱茵哈德·波克：《德国破产法导论》（第六版），北京大学出版社2014年版，第137页。
[4] 针对让与担保，学说上发展出所有权构成说和担保权构成说等，在担保权构成说内部又可进一步划分为抵押权说、期待权说、担保权说等。依据所有权构成说，债务人为借贷所让与的为完整的所有权，故在债务人发生破产时，债权人可行使取回权。但此种处理模式过于关注形式而忽视实质，极易造成不公正的结果。与所有权构成说相反，如采担保权构成说，在发生上述破产情形时，债权人行使的权利为别除权而非取回权。在日本法学界，让与担保经历从所有权构成说到担保权构成说的过程。参见谢在全：《物权法论（下）》（第五版），中国政法大学出版社2011年版，第1107—1108页。
[5] 参见辽宁省沈阳市中级人民法院（2020）辽01民初1996号民事判决书。
[6] 参见[日]谷口安平主编：《日本倒产法概述》，佐藤孝弘等译，中国政法大学出版社2017年版，第126页。
[7] 参见[德]鲍尔、施蒂尔纳：《德国物权法（下册）》，申卫星、王洪亮译，法律出版社2006年版，第603页。让与担保制度缺乏与之相应的公示制度问题在德国法上同样存在。

学界对在法律中设置典权的呼声一直较高,对其制度价值有较为深入的了解①。典权性质为何,有认为担保物权者,有认为担保物权中之不动产质权者,有认为附买回条件之买卖者,亦有认为典权实兼有用益物权及担保物权之两方面性质者②,大多数学说正确地认识到了典权的担保功能,因此典权亦可借助第 388 条,从而在破产情形下存有适用别除权的空间。

2. 保证金账户"控制"标准及其别除权适用

在担保法律关系中,担保物通常须经特定化,至少在执行时如此。在货币"占有即所有"规则得到修正后③,其经特定化后亦可作为担保物。特定化标准并非毫无弊端,该标准无法有效应对隐形担保和账户浮动资金方面的问题,以此控制标准产生④。以保证金账户为例,原《中华人民共和国担保法解释》第 85 条规定债权人优先受偿的前提条件是将金钱特定化,特定化的弊端在于,即使无损于债权人之利益,债务人或第三人也无法对金钱进行有效利用。《担保制度解释》第 70 条认识到特定化标准的不足并予以修正,改采控制标准。特定化标准与控制标准并非完全对立,控制标准仅构成对特定化标准的有限修正,此种修正并非在保证金账户领域,而是在浮动抵押领域最早发生。账户浮动资金与浮动抵押二者具有同质性,在规范层面上进行相同设计,二者均以担保权实现时方需特定化为要件。货币在特定化情况下可作为担保物以及《担保制度解释》第 70 条对控制标准的确立,使得破产语境下别除权适用范围得到进一步扩张,为破产别除机制显性扩张的另一重要表现。

(二)声明登记制对别除权实践的隐性扩张

就动产担保领域的公示方式而言,占有因导致担保人无法实现用益而较少适用,具体表现为质权制度的式微⑤,控制则主要适用于银行账户等情形,登记成为最为普遍的公示方式。以登记方式角度观之,可以分为文件登记制和声

---

① 参见温世扬:《〈民法典〉物权编的守成、进步与缺憾》,载《法学杂志》2021 年第 2 期。
② 参见史尚宽:《物权法论》,中国政法大学出版社 2000 年版,第 435 页。
③ 参见其木提:《货币所有权归属及其流转规则——对"占有即所有"原则的质疑》,载《法学》2009 年第 11 期。
④ 参见龙俊:《民法典时代保证金的双重属性》,载《法学杂志》2021 年第 4 期。
⑤ 参见董学立:《民法典分则编纂建议——"意定动产担保物权法"部分》,载《法学论坛》2017 年第 6 期。

明登记制①。以登记模式角度观之，托伦斯登记制最为严格，其次为文件登记制，声明登记制最为宽松。托伦斯登记制最早起源于澳大利亚，其后向全球蔓延。托伦斯登记制彰显出对确定性价值的追求②，在托伦斯登记制下，法律物权和事实物权区分的作用较为有限，不动产登记簿的权利正确性推定作用被极限发挥③。此种高度确定性价值的实现，必然以复杂的审查程序为前提，在所有权领域并无问题，但不相兼容的现象在担保领域常常发生。

在动产担保领域，设定担保最为便捷且成本最低廉的方式为订立合同，但无需公示的担保权潜在层面增加了其他主体的交易成本，进而导致整个社会担保信贷交易效率的降低。但如采用文件登记制，则妨碍动产担保权的运用，同时难以满足浮动担保权的现实需求④。基于上述弊病，声明登记制得到应用。声明登记制通常仅需要登记担保人、担保权人及对担保的概括描述⑤，潜在交易主体若需更为详细的信息可自主进行调查⑥，清偿顺序严格依据登记时间确定。声明登记制可最大限度降低担保权登记的时间和金钱成本，从而促进担保交易效率的提升。声明登记制下，虚假信息登记更易发生，此对担保交易的开展尤其是优先清偿次序的确定百害而无一利，对此必须采取手段予以规制，比较法上有主张将其纳入刑事制裁手段⑦，可为中国未来全方位采用声明登记制背景下防范虚假信息登记提供借鉴。

中国在动产担保领域中对登记模式的理想构建路径为声明登记制的一元化实现，但现阶段，声明登记制仅在有限范围内得到应用。事实上，未采行声明登记制的弊端已经凸显，以债权质押为例，中国有学者主张采用"通知＋交

---

① 所谓文件登记制，当事人除提交登记申请书之外，尚需提交基础交易文件以供登记机关审查，并需在登记簿上填写与基础交易文件一致的事项，以确认登记簿所记载内容的准确性和合法性。声明登记制则通常具有如下特征：1. 声明登记制不表明实际存在特定交易，其仅仅构成对可能或已经设立非占有式担保的交易主体的警示；2. 担保权人可在担保设立前后提交保护担保权益的申请，其优先受偿的权利通常可回溯至提交申请之时；3. 所需登记的信息应当保持最低限度，以备查询。参见高圣平：《统一动产融资登记公示制度的建构》，《环球法律评论》2017年第6期；See Sjef Van Erp, *The Cape Town Convention: A Model for a European System of Security Interests Registration?*, 12 European Review of Private Law 91, 104 (2004).
② See Eugene C. Massie, *Perfection of the Torrens System*, 2 Virginia Law Register 750, 753—754 (1917).
③ 参见孙宪忠、常鹏翱：《论法律物权和事实物权的区分》，载《法学研究》2001年第5期。
④ 参见谢在全：《担保物权制度的成长与蜕变》，载《法学家》2019年第1期。
⑤ See Harry C. Sigman, *Perfection and Priority of Security Rights*, 5 European Company and Financial Law Review 143, 152 (2008).
⑥ See Dellas W. Lee, *Perfection by Registration*, 47 Canadian Bar Review 420, 433 (1969).
⑦ See Louise Gullifer, *the Law Commission's Proposals: A Critique*, 15 European Business Law Review 811, 812 (2004); John Hanna, *Extension of Public Recordation*, 31 The Columbia Law Review 617, 629—630 (1931).

付"的公示方式，理由之一为登记公示方式存在程序烦琐、费用承担等弊端[1]，该项理由以中国当时既有登记模式为基础论证，一旦声明登记制在意定动产担保领域得到全面采用，这一理由将不复存在。此外，中国在权利质权登记方面存在"多头管理"现象[2]。在企业以其财产设定担保权时，将因登记机关的不同而付出较大的调查成本和登记成本，且为企业财产的日常管理带来较大负担。此种"多头管理"乱象的根源在于并未理清担保权登记和权属登记二者间的区别，担保权登记并不涉及对实体权利的真实性审查，担保权登记机关和权属登记机关并不必然同一，权属登记通常具有权利正确性推定效力等，担保权登记的作用则在于将权利之上存有担保的状态予以警示，以供潜在交易主体判断是否从事相关法律行为。担保权登记机关与权属登记机关是否同一无关紧要，但如能实现担保权登记机关的统一，则会降低潜在交易主体的调查成本，亦对确立统一的优先受偿次序大有裨益。上述权利可以设定质权，同样可根据《民法典》第395条设定抵押权，在公示方面权利抵押权同样应采登记对抗主义，登记模式上采用声明登记制。在权利抵押权得到法律承认后，权利质权将会因无法实现有效用益而逐步被权利抵押权吸收，此过程与质权不断被抵押权吸收的过程别无二致。

在意定动产担保领域采用登记对抗主义及声明登记制符合国际发展趋势，别除权机制的扩张适用为采用声明登记制的必然结果，此在比较法上有经验可循。美国《统一商法典》即采声明登记制[3]，并对世界担保立法例产生深远影响。学界呼吁中国动产担保登记系统应统一采用声明登记制[4]，应值赞同。中国人民银行发布《动产和权利担保统一登记办法》以与《民法典》相衔接，该办法第4条规定"不对登记内容进行实质审查"，第9条规定"登记内容包括担保权人和担保人的基本信息、担保财产的描述、登记期限"，认为中国在担保登记方面采用声明登记制应为当然结论。遗憾的是，该办法第2条第7项创设一系列不适用该办法的例外情形，如机动车抵押、船舶抵押等，未来动产担保登记宜进行统一。在该办法施行后，声明登记制适用范围得以扩张，所致结果必然是企业财产上附带担保的情形广泛存在，破产别除机制的适用在隐性层

---

[1] 参见陈本寒：《新类型担保的法律定位》，载《清华法学》2014年第2期。
[2] 依据权利类型和行政机关职权范围的差异，设定质权的登记部门各不相同，如专利权质押由知识产权局登记，著作权质押由国家版权局登记，应收账款质押的主管机关则为人民银行。参见赵英：《权利质权公示制度研究》，中国社会科学院研究院2009年博士学位论文，第76页。
[3] See Douglas G. Baird, *Notice Filing and the Problem of Ostensible Ownership*, 12 The Journal of Legal Studies 53, 59–60 (1983).
[4] 参见高圣平：《统一动产融资登记公示制度的建构》，载《环球法律评论》2017年第6期。

面实现了扩张。但此种扩张并非毫无代价,无担保债权人的利益愈加难以实现,别除机制自身以及此种扩张是否具有正当化根据,值得深思。

(三)小结

相较于《中华人民共和国物权法》(以下简称《物权法》)时期,《民法典》及《担保制度解释》在制度层面为担保权种类的扩张提供了可能,此种变化与实践需求、世界范围内担保发展趋势相契合。但登记制度方面的改革,中国现阶段尚未深入,声明登记制应作为一般规则在动产担保领域内普遍适用,当这一路径在制度层面予以实现后,必然与显性扩张一并导致担保权设定数量的激增。在破产财产有限分配的背景下,如何实现破产别除机制与无担保债权人利益的平衡,亦即如何证成破产别除机制下有担保债权人优先受偿的正当性,此为必须思考并正视的一大问题。

二、破产别除机制的架构发展及反思

破产情形下,别除机制赋予别除权人相当程度的制度优待,此种制度优待的正当性为何,不无疑问。本文以担保权扩张为背景对别除机制的反思予以展开,至于特别优先权构成别除权的基础权利[1]则不予讨论。《民法典》的颁布对破产别除机制产生较大影响,除上述范围扩张外,担保权认定亦发生新的趋势。在此趋势下,探讨无担保债权人的利益保护问题,具有深刻的学理意义。

(一)别除机制下担保权认定的发展趋势

1. 形式化标准的强化

基于17世纪初特维恩案的发生,虚假所有权和隐形担保问题及其解决方案一直备受关注。解决隐形担保问题的一大路径即为公示,在不同的法律体系中具体的公示手段可能有所不同,中国《民法典》及《担保制度解释》确立占有、登记和控制等公示手段,美国《统一商法典》则确立了占有、登记、控制、自动公示(automatic perfection)、临时公示(temporary perfection)[2]等公示手段[3],联合国《贸易法委员会担保交易立法指南》(以下简称《立法指

---

[1] 参见王欣新:《破产别除权理论与实务研究》,载《政法论坛》2007年第1期。
[2] 对于Perfection如何翻译,中国学者有不同见解,翻译为"完善"或者"公示"者均有之,本文采用"公示"这一表述。译为"完善"者,参见庄加园:《动产抵押的登记对抗原理》,载《法学研究》2018年第5期;译为"公示"者,参见龙俊:《民法典时代保证金的双重属性》,载《法学杂志》2021年第4期。《立法指南》在制定过程中有意避免使用"perfection"这一术语,See Anna Veneziano, *Attachment/Creation of a Security Interest*, 5 European Company and Financial Law Review 113, 117 (2008).
[3] See Harry C. Sigman, *Perfection and Priority of Security Rights*, 5 European Company and Financial Law Review 143, 149-150 (2008).

南》）则在建议29、32、34、35等部分分别规定占有、登记、控制等公示手段。以担保领域公示手段的适用范围而言，登记的适用最为广泛。此外，破产债权具有极强的隐蔽性，对于破产财产的公平分配影响甚巨。以此，登记公示的制度构造，便成为担保体系和破产别除机制的重要联结点。

基于权属登记无法在担保领域内有效运用，以声明登记制为典型代表，简化担保权和降低公示成本为担保权公示的发展趋势，电子化登记手段可满足这一需求[1]，登记系统的全方位电子化在域外亦有实践[2]。以登记为主要公示手段，基本可涵盖企业财产之上所设定的担保权。权属登记具有警示效力[3]，声明登记制亦同，基于此效力，强化登记这一公示手段有助于优先受偿次序的精准确立。担保人进入破产程序，在识别担保权的过程中，即使不存在真实的基础交易，只要具备登记这一条件，形式上"担保权人"已具有主张别除效力的前提，至于最终能否针对担保财产以优先受偿则需经过破产管理人实质审查。与此相反，存在真实基础交易但未登记的担保权，则因登记条件的缺失，反而极有可能无法主张优先受偿，即学界所主张的未登记的担保债权不享有优先效力，而只能被定性为普通债权在破产程序中平等受偿[4]。综合上述两种情况观之，与担保权生成阶段的实质担保观不同[5]，破产语境下担保权的识别与确认，形式化标准大行其道。二者差异的根源在于，与担保权生成阶段需要扩张担保规范的适用范围以服务于担保信贷的开展相区别，破产别除机制的运行，必须充分考虑破产财产的公平分配，防止破产财产的不当减少以促进债权人的利益实现。破产别除机制针对破产财产的强效性特征，要求其在程序方面具有严格的适用条件，即担保权识别的公示要件。

---

[1] 参见高圣平：《〈民法典〉视野下统一动产和权利担保登记制度的构造》，载《浙江工商大学学报》2020年第5期。

[2] See Andrius Smaliukas, *Reform of Security over Movable Property in Lithuania*, 15 European Business Law Review 879, 887 (2004); Alexander Morell & Frederic Helsen, *The Interrelation of Transparency and Availability of Collateral: German and Belgian Laws of Non-possessory Security Interests*, 22 European Review of Private Law 393, 418 (2014).

[3] 参见孙宪忠：《论不动产物权登记》，载《中国法学》1996年第5期。

[4] 参见李忠鲜：《论担保权在破产中的别除机制》，载《河北法学》2019年第6期。

[5] UCC§9-202. 担保物所有权无关紧要：除非另有规定，不论担保物所有权归属于担保权人还是债务人，均适用该条权利义务的规定。《民法典》第388条引入实质担保观或确立功能主义为学界主流观点，参见谢鸿飞：《〈民法典〉实质担保观的规则适用与冲突化解》，载《法学》2020年第9期；高圣平：《动产担保交易的功能主义与形式主义——中国〈民法典〉的处理模式及其影响》，载《国外社会科学》2020年第4期。

2. 善意、恶意标准的缺失

与形式化标准强化趋势相反，比较法上善意、恶意标准的重要性不断被削弱。别除机制判断特定财产上担保权的优先顺位是否应当考虑担保权人的主观状态，对该问题的讨论存在一个重要前提，即针对未公示担保权的撤销权的规范缺失。善意、恶意规则在物权变动规则领域得到广泛适用，《物权法》将善意取得规则扩张适用至不动产领域[①]。担保权认定方面是否应与动产、不动产物权变动保持一致，适用善意、恶意规则。笔者认为，破产情况下可主张别除效力的担保权应当谨防受到物权变动领域的影响，担保权认定应当严格以公示为标准认定，而无需考虑善意、恶意。

当在前担保权人未进行公示时，对于担保权人的善意要求会导致尽到注意义务的在后担保权人居于不利地位，未尽注意义务的在后担保权人却可居于有利地位。此外，善恶意如何证明本身即为一大难题。基于上述弊端，美国《统一商法典》第九编放弃传统规则，使得担保权的优先顺位完全根据登记时间确定[②]。在其他领域，善恶意标准的区分仍得到广泛适用[③]。中国有学者认为，与所有权无权处分需考虑善意、恶意有所不同，担保权交易不存在无权处分情形，其仅涉及优先受偿次序的争夺，与权利丧失无涉[④]。非破产语境下，此种观点具有合理性，且极具说服力。但在破产语境下，优先受偿次序居于后位与权利丧失在结果上并无较大差异，在次序劣后时未就特定财产受偿部分仅能作为普通债权进而受偿。放弃善恶意标准必须另寻他路，从利益衡量角度出发，将善恶意标准引入到破产别除下的担保权识别，将不可避免地造成诉讼繁复且破产财产分配效率的低下。此外，多数未公示担保权通过非破产程序得到妥善解决[⑤]。在占比相对较少的破产程序中，将公开性类似的未公示担保权和普通债权同等对待[⑥]，不仅可省却因善恶意标准区分所导致的一般性审查义务，同时亦可避免破产财产分配效率的降低。

（二）无担保债权人利益之维护

与民法上担保有所不同，破产语境下有担保的债权范围更窄，《企业破产

[①] 参见王利明：《不动产善意取得的构成要件研究》，载《政治与法律》2008年第10期。
[②] 参见庄加园：《动产抵押的登记对抗原理》，载《法学研究》2018年第5期。
[③] See *Good Faith and Fraudulent Conveyances*, 97 Harvard Law Review 495, 501 (1983); Jay M. Feinman, *Good Faith and Reasonable Expectations*, 67 Arkansas Law Review 525, 551 (2014).
[④] 参见庄加园：《动产抵押的登记对抗原理》，载《法学研究》2018年第5期。
[⑤] See Steven L. Harris & Charles W. Mooney Jr., *Revised Article 9 Meets the Bankruptcy Code: Policy and Impact*, 9 American Bankruptcy Institute Law Review 85, 106 (2001).
[⑥] See David Gray Carlson, *Trustee's Strong Arm Power under the Bankruptcy Code*, 43 The South Carolina Law Review 841, 915 (1992).

法》要求担保人、主债务人和破产人身份同一，不能分离①。以此而言，尽管可主张别除机制保护的主体数量有所减少，但无担保债权人在破产受偿中的不利地位并未得到改观②。一般而言，无担保债权人在优先受偿次序方面居于末位，《民法典》修正所导致的破产别除机制在显性层面和隐性层面的扩张，均指向同一结果，即在债务人破产时可供无担保债权人清偿之财产减少。有担保债权人享受制度优待的前提为其债权建立在债务人的特定财产之上，无担保债权处于不利地位的原因为其债权建立在债务人的一般责任财产之上，二者建立的基础均为债务人财产，但立法因是否建立在特定财产之上而区别对待，此种区别对待，是否具备正当化基础。20 世纪 80 年代，美国法学界开始对设定担保权益即优先清偿的正当性予以反思，并提出可能的改革方案。有学者提出两项改革方案：禁止担保设定或使得担保更加难以设定；提升特定债权人群体在破产清偿中的清偿次序③。第一种改革方案并不切合实际，该学者也认为并不明智；至于第二种改革方案，因缺乏明确统一的标准难以实现。也有学者支持享有担保权益即优先清偿，该观点认为将无担保债权人的困境归咎于担保信贷，无异于将破产归咎于购买有缺陷产品的侵权行为受害者，或归咎于公众没有以足够高的价格购买足够多的债务人产品以使债务人获利④。不仅在美国，破产语境下如何实现对无担保债权人利益的保护这一问题在世界范围内广泛存在。获得信贷已经成为评价环境的重要评判标准，且诸多示范法的出台，都必将对世界范围内的担保制度产生重要影响。例如《欧盟民法典草案》(*Draft Common Frame of Reference*，DCFR) 的担保权部分，几乎完全以美国《统一商法典》第九编为蓝本构建，包括公开的担保登记系统。有学者针对此提出批评，认为公开的担保登记系统的建立，对破产情形中的无担保债权人毫无益处，应当通过采取替代措施等实现对无担保债权人的保护⑤。

破产语境下的无担保债权，依据发生根据的不同，可分为两类，即意定之债和法定之债。前者基于当事人意思自治发生，如买卖合同；后者则基于法律规定的原因发生，如侵权之债。

---

① 参见汤维建：《试论破产程序中的别除权》，载《政法论坛》1994 年第 5 期。
② 参见许德风：《论担保物权在破产程序中的实现》，载《环球法律评论》2011 年第 3 期。
③ See Alan Schwartz, *Security Interests and Bankruptcy Priorities: A Review of Current Theories*, 10 The Journal of Legal Studies 1, 33 (1981).
④ See Steven L. Harris & Charles W. Mooney Jr., *A Property-Based Theory of Security Interests: Taking Debtors' Choices Seriously*, 80 Virginia Law Review 2021, 2070 (1994).
⑤ See Ddwi Hamwijk, *Public Filing with Regard to Non-possessory Security Rights in Tangible Assets as Contemplated by the DCFR: Of No Benefit to Unsecured (Trade) Creditors*, 19 European Review of Private Law 613, 624—629 (2011).

以意定之债为基础，别除机制的正当化基础可从以下两个方面予以分析：其一，是否选择设定担保是债权人自由意志选择的结果，其应知不设定担保的后果而不设定，此种法律后果应由其承担；其二，当担保权所针对的第三方均知道担保的存在，由担保权所附带的优先受偿便具备现实合理性。理想状态下，社会交易以合同完全履行为常态，不论有无担保，合同理应得到完全履行，破产情形中却需额外附加设定担保才可实现，法律在客观层面上增加了债权人设定担保的注意义务。此种义务的增加与破产机制本身也是风险分担机制这一特征密切关联。为实现法律规范对各方债权人利益的平衡调整，应当设定相应的机制以保护无担保债权人的利益，如可考虑强制要求企业保留一定份额的财产并禁止设定担保，以供破产情形中的无担保债权获得清偿，抑或严格别除机制的适用标准。现阶段，第二种措施具备较强的可行性。至于严格别除机制的适用标准在技术上如何实现，后文详述。

问题在于，以法定之债为基础，别除机制的正当化基础为何。以侵权之债为例，上述关于意定之债劣后受偿的理由便不复存在，此时论证以侵权之债为代表的法定之债劣后清偿必须另寻他路。在破产情形下，侵权之债作为普通债权进而平等受偿即意味着难以受偿。美国《统一商法典》同样面临着此类问题，但最终结论为即使未公示的担保权亦优先于无担保债权人[1]，此与大陆法系"物权优先于债权"这一原理相符合。美国《统一商法典》第九编编纂委员会的报告人认为，基于以下两种假设的存在，无担保债权人利益并未受损，两种假设分别为：担保权益将继续成为法律领域的重要特征以及如果缺乏担保，很多信贷并不会发放[2]。在发生破产情形时，如允许侵权之债等优先于担保权人受偿，将不可避免地对担保信贷交易市场产生负面影响，从而影响到经济的良好运行。

（三）未公示担保权的法律困境解析

《民法典》对非典型担保予以承认，基于尊重非破产法规范这一基本原则[3]，破产程序的启动并不能取代担保权的确定程序[4]。在不讨论破产别除机制正当性这一前提下，经法定方式公示的担保权，担保权人可主张别除效力为

---

[1] See James J. White, *Revising Article 9 to Reduce Wasteful Litigation*, 26 Loyola of Los Angeles Law Review 823, 827 (1993).
[2] See Steven L. Harris & Charles W. Mooney Jr., *A Property-Based Theory of Security Interests: Taking Debtors' Choices Seriously*, 80 Virginia Law Review 2021, 2072 (1994).
[3] 参见许德风：《破产法基本原则再认识》，载《法学》2009年第8期。
[4] See UNCITRAL *Legislative Guide on Secured Transactions: Terminology and Recommendations*, United Nations Publication, 2009, p. 83.

当然结论，但未公示之担保权，担保权人可否主张别除效力便值得探讨。未公示之担保权，如未登记的动产抵押权或者以占有改定方式设定的动产让与担保，担保权人可否主张享有别除权进而优先受偿，学界存有相当大的分歧。有学者主张别除权内部清偿顺位以《物权法》第199条规定为基础判断，此种观点实际上承认未登记的担保权可以成为别除权的基础权利①，也有学者认为即使抵押权未进行登记或者登记期满失效，其本质仍属物权，故而可对抗恶意第三人②。上述路径均以承认未公示担保权可主张享有别除效力为前提，至少针对恶意第三人如此。相反观点则从防范破产财产不当减少角度出发，主张未公示担保权存在着隐形担保的风险，因此其不享有别除权。亦有学者从实质利益关系角度出发，从而批驳"物权恒优先于债权"这一教条化的理念③。从破产管理人角度出发，否定未公示的担保权效力的正当性在于管理人作为无担保债权人代表这一特殊地位，问题的根源并非对未公示担保权的弱势保护，而在于破产程序的启动使得公示这一步骤无法实现④。

上述争论均以"未公示的抵押权为物权"为基本出发点，即使反对未公示担保权可主张别除效力观点也未撼动此结论，而只是在进行其他方面利益考量的基础上，认为物权并不恒优先于债权。物债二分在立法上实现首先见于《德国民法典》，但此种严格划分发展至今已难谓适宜。具体到担保权认定方面，形式化标准的强化亦对物债二分理论有所冲击，笔者认为，此种冲击现象的根源在于权利外观主义。权利外观主义通常在商事领域内广泛适用⑤，以适应商事交易对于效率、安全等价值的需求。但民商合一的理念自从"中华民国民法"以来根深蒂固，且担保权广泛存在于民商事领域。因此，将权利外观主义作为担保权领域内形式化标准强化这一现象的根源并无不妥。

笔者认为，适用登记对抗主义而未经登记的担保权，不能适用别除权，应作为普通债权申报并获得清偿。未登记的担保权如可适用别除权，不可避免地加剧合同倒签的道德风险，隐形担保问题仍旧无法妥善解决，且在非典型担保效力得到承认的背景下，法院和破产管理人可能因此付出极大的调查成本以判断和识别担保权，法律规范也需设置繁杂的清偿次序规则。反之，以是否进行

---

① 参见张善斌主编：《破产法研究综述》，武汉大学出版社2018年版，第166页。
② 参见王泽鉴：《民法学说与判例研究（重排合订本）》，北京大学出版社2015年版，第1493页。
③ 参见龙俊：《中国物权法上的登记对抗主义》，载《法学研究》2012年第5期。但值得注意的是，在结论方面作者观点有其合理之处，但关于实质利益关系如何判断及展开，该文并未具体谈及。
④ See Walsh, Catherine, *Transplanting Article 9: The Canadian PPSA Experience*, in Louise Gullifer & Orkun Akseli, Secured Transactions Law Reform: Principles, Policies and Practice, Hart Publishing, 2016, p. 60.
⑤ 参见刘胜军：《论商事外观主义》，载《河北法学》2016年第8期。

担保登记为标准，则会省去上述麻烦，在一物之上设有多个担保权的情形，以登记时间为判断标准决定清偿顺位。所谓的登记时间，应以"日"为单位计算，同日内设定的担保权应被认定为相同顺位，若该担保物价值不足以清偿两项担保债权，则按照担保比例清偿。

三、破产别除机制的技术修正

破产别除机制的显性扩张和隐性扩张，均在客观层面造成破产中可供无担保债权人清偿的企业财产范围极度限缩。有担保债权人享受别除权的制度优待，无担保债权人却因未设定担保或者将担保设定在一般责任财产之上而劣后清偿。别除机制存在的正当性为何，不无疑问。在保护有担保债权人利益的同时，应建立保护无担保债权人的机制予以平衡。此外，基于《民法典》担保物权编的新变化，以及承认担保权在破产情况下具备可执行性的重要性[①]，《企业破产法》修正应当重视与《民法典》的衔接，尤其是担保权的认定方面，亦即确认担保权具备可执行性的审查程序。

（一）"强臂撤销权"的引入及其本土化路径

《企业破产法》制定时期，企业财产之上设定担保权的现象并非广泛存在，尤其是非占有型担保，至少制度层面并未提供相应途径。《物权法》借鉴并引入美国法上的动产抵押制度[②]，非占有型担保成为可能。《物权法》时期对于物权法定主义的严格遵循[③]，以类型强制和类型固定的方式将担保权限定为极为有限的集中类型。隐性扩张现象在我国尚未完全实现，在声明登记制被采用后，一并与显性扩张现象共同作用于担保权的扩张。以此，破产情形下企业财产上附有担保的情形将广泛存在，未公示的担保权问题也将更为严重。

以比较法视野观之，未公示的担保权在破产情形下如何处理问题在美国交易实践中早已出现[④]。为应对这一问题，美国在破产法中设置可使得优先权无效的撤销权规则[⑤]，亦即我国学者所称"强臂撤销权"条款，我国法律体系中并无相关规范。可使优先权无效的另一撤销权为偏颇撤销权，此在我国《企业破产法》第31条有所规定。强臂撤销权，较早见于1910年公布的美国破产法

---

① UNCITRAL Model Law on Secured Transactions: Guide to Enactment, United Nations Publication, 2017, p. 5.
② 参见王利明：《试论动产抵押》，载《法学》2007年第1期，第24页。
③ 参见常鹏翱：《物权法的展开与反思》（第二版），法律出版社2017年版，第157页。
④ See Vern Countryman, Use of State Law in Bankruptcy Cases, The (Part I), 47 New York University Law Review 407, 434−435 (1972).
⑤ 参见[美]查尔斯·J. 泰步：《美国破产法新论》（第三版）（中册），韩长印、何欢、王之洲等译，中国政法大学出版社2017年版，第799页。

的 70（c）部分，其以消除隐形担保风险为制度目标①，但此时的强臂撤销权适用受到极大限制，如对于破产前以欺诈方式转移财产且破产时破产人不占有财产的情况，强臂撤销权的作用极为有限。直到 1950 年，此种限制取消，强臂撤销权发挥作用的空间得以扩张，管理人在行使强臂撤销权时无需考虑担保物的占有等问题②。这一变化与美国《统一商法典》第九编的变化相契合，原因在于担保与破产均为处理债之关系的重要组成部分③，二者间的规范联系极度密切。美国法上强臂撤销权经历了较长时间的演变，最终发展成为联邦破产法第 544（a）（1）条，该条赋予管理人针对未公示担保权的撤销权，而无需考虑担保权是否真实存在。基于该条，美国法上未公示的担保权几乎肯定会被撤销④。

美国破产法通过赋予破产管理人以强臂撤销权的方式实际上消除了隐形担保对优先受偿次序及担保交易产生的负面影响。以此产生的问题是，中国破产规范修正是否应当规定强臂撤销权。笔者认为，基于别除机制对于确定破产财产范围的深刻影响，以及隐形担保对于破产财产分配的负面作用，为充分保护无担保债权人的利益，《企业破产法》修正应当规定管理人针对未公示担保权的撤销权，以担保权是否公示为标准确立优先受偿次序。在具体规则架构方面，应实现与中国既有规范体系的良性衔接。

在《民法典》前时代，基于物权法定主义的严格适用及担保物权领域的封闭性特征，担保物权类型极为有限且公示方式较为明晰。但《民法典》出台后，非典型担保可借助第 388 条获得法律承认。《民法典》在既有担保物权类型基础上，新增关于所有权保留、融资租赁、保理的公示规定，但是非典型担保的公示问题，并不十分明晰。此时，在担保权类型扩张的背景下，若允许未公示的非典型担保存在，将对担保交易市场及破产别除机制产生极大的负面体系效应，亦与消除隐形担保的制度目标相悖离。究其根源，即在于担保物权编的一般规定部分公示规范的缺失。在无例外情况下，非典型担保均应采用登记对抗主义。在《动产和权利担保统一登记办法》生效以后，登记成本降低且设定更为便捷，此时未进行担保权登记的债权人理应知晓未登记的法律后果，其

---

① See Vern Countryman, *For a New Exemption Policy in Bankruptcy*, 14 Rutgers Law Review 678, 694 (1960).
② See Harold Marsh Jr., *Constance v. Harvey—The Strong-Arm Clause Re-Evaluated*, 43 California Law Review 65, 65 (1955).
③ See Douglas W. Arner, et al., *Property Rights, Collateral, Creditor Rights and Financial Development*, 17 European Business Law Review 1215, 1236 (2006).
④ 参见龙俊：《公示对抗下"一般债权"在比较法中的重大误读》，载《甘肃政法学院学报》2014 年第 4 期。

可归责性更为强烈。为实现既有法律框架下无担保债权人的利益维护以及破产财产的保全，增设针对未公示担保权的撤销权不失为一条可行路径，但应当结合其他相关规范以再造，使其契合中国既有法律体系，其中主要涉及担保制度解释。

（二）担保制度解释第 68 条第 1 款的解释论展开

基于破产别除机制下的特殊考量，未登记的担保权通常并无别除权适用的余地，其可主张按照普通债权申报并获清偿。问题在于，《担保制度解释》第 68 条第 1 款是否创设了某种例外。《担保制度解释》第 68 条第 1 款使用"财产权利变动的公示"这一用语而非"担保权的公示"，对此必须从解释论角度予以展开。笔者认为，《担保制度解释》第 68 条第 1 款所述情形，即未经担保权公示但却经财产权利变动公示的担保权，其在破产别除语境下应当限制适用。在担保物为不动产且经权利变动公示时，担保权人可主张享有别除权；在担保物为动产时，担保权人不能主张享有别除权。仅仅担保物种类不同并无法导致上述差异，上述结论的得出有更为深层次的原因。以不动产让与担保而言，让与担保本身虽未登记，但不动产所有权权利变动经过登记，此时让与担保权人取得形式所有权，如让与担保人发生破产情形，让与担保权人主张享有别除权进而优先受偿，法律应当予以认可。担保权人能否主张适用别除权，严格意义上以是否公示为标准，此所谓公示指担保权公示自身，而非所有权变动登记等公示。上述情形虽未经担保权公示却可主张适用别除权以优先受偿的原因有以下几点：其一，中国业已建立完善的以登记簿为依据的房屋权属登记制度[①]；其二，不动产权属登记本身具有较强的公示效力和警示效力[②]，且其经过较为严格的程序审核，效力方面远高于担保权公示的基本要求；其三，在比较法上存有在产权证上加注以公示担保权的现象[③]，加注尚可公示，依据当然解释，转移所有权行为亦可构成担保权公示；其四，承认形式上的所有权人依据别除权这一权利基础优先受偿，并不会对其他债权人造成损害，该结论的得出存在一个基本假设，即担保物价值通常大于或等于债之数额，这也是较为普遍的担保交易实践。在让与担保权人完全受偿后，可能会产生额外的破产财产以供其他债权人清偿。在担保物价值小于债之数额情况下，未得清偿部分作为普通债权，此时会对无担保债权人利益产生一定影响，解释论层面宜认为，不动产权属登记可类推适用担保权公示的效果，就担保物未获清偿部分，作为普

[①] 参见许德风：《不动产一物二卖问题研究》，载《法学研究》2012 年第 3 期。
[②] 参见孙宪忠：《论不动产物权登记》，载《中国法学》1996 年第 5 期。
[③] 参见《贸易法委员会担保交易立法指南》2010 年版，第 119 页。

通债权获得清偿。至此,《担保制度解释》第 68 条第 1 款之规定并无问题。但《担保制度解释》第 68 条第 1 款并未限定于不动产范围,动产亦有适用空间。动产通常涉及占有问题,未经担保权公示的且以占有改定方式设定的动产让与担保,在破产情形中无适用别除权的空间,此为当然结论,与立法者旨在消除隐形担保这一目标相符合。问题在于,未经担保权公示但有占有表征的动产让与担保,别除权是否存有适用余地。笔者认为,未经担保权公示的动产让与担保,或可构成民法意义上的担保权,但在破产情形中,无法主张享有别除权。其一,占有型和非占有型担保均宜采用登记对抗主义,立法建立登记制度,担保权人却并不适用,此属于意思自治的范畴,应由其承担不利的法律后果;其二,如允许其享有别除权,仍旧无法消除隐形担保,与立法目的相违;其三,在破产别除机制已经如此扩张的背景下,承认其享有别除权将导致无担保债权人利益进一步受损,从某种意义上讲,破产领域担保权公示的严格适用是利益失衡背景下对无担保债权人特殊保护的结果。

(三) 购买价金担保权的制度衔接问题

在消除可能存在的隐形担保问题后,以担保权公示时间确立清偿次序在技术层面极易实现。但关于购买价金担保权,则不宜严格适用上述严格依据登记时间判断清偿次序规则。购买价金担保权最早在美国 Pennock v. Coe 案和 New Orleans Railroad 案等一系列判例中得到承认[1],中国一直有学者呼吁建立该制度[2],《民法典》对购买价金担保权予以承认,并将宽限期设置为 10 日。宽限期的设置是保护非购买价金担保权人所代表的交易安全和兼顾先交付标的物后办理登记的商业实践的结果[3]。因此,购买价金担保权标的物上的担保权登记时间的认定应考虑宽限期的存在,若宽限期内购买价金担保权人未登记,依据登记时间判断清偿次序,未登记的购买价金担保权人按照普通债权程序申报并获得清偿;若宽限期内购买价金担保权人登记,则其优先于宽限期开始计算后购买价金担保权人登记前期间内在该物上设置的担保权。

在债务人的破产程序中,适用于担保权的规定同样适用于购买价金担保权[4],但购买价金担保权有其特殊性,因此对其做出特殊规定具备合理性。若

---

[1] See Grant Gilmore, *The Purchase Money Priority*, 76 Harvard Law Review 1333, 1343 (1963).

[2] 参见董学立:《民法典分则编纂建议——意定"动产担保物权法"部分》,载《法学论坛》2017 年第 6 期。

[3] 参见李运杨:《〈民法典〉中购买价金担保权之解释论》,载《现代法学》2020 年第 5 期。

[4] See *UNCITRAL Legislative Guide on Secured Transactions: Terminology and Recommendations*, United Nations Publication, 2009, p. 69.

在法律规定的宽限期内担保人出现破产情形,此时购买价金担保权人可否主张登记公示,此为《民法典》创设购买价金担保权所导致规范衔接间的制度漏洞,《企业破产法》修正应当予以规定。从利益衡量角度分析,认可购买价金担保权人可进行登记公示,并不会造成破产财产的不当减少;以比较法视野观之,在美国《统一商法典》和《统一附条件买卖法》中,允许购买价金担保权人在担保人发生破产情形时,在宽限期内进行登记公示[1]。反之,若不允许其进行登记公示,则与商业实践相悖,且不利于担保交易的开展。以此,中国未来《企业破产法》修正应对此做出规定,在担保人发生破产情形,允许购买价金担保权人在宽限期内进行登记公示,仍可主张"超级优先"效力;若自始至终均未登记,则按照普通债权进行申报并获清偿。我国有学者主张宽限期后才登记的,无法成立购买价金担保权,而只是成立普通登记抵押权[2],问题在于,破产情形下,是否可得出同样结论。笔者认为,超过宽限期应不允许其登记从而成为普通抵押权。原因在于破产规范有其特殊价值考量,其涉及破产财产的有限分配,除公平价值外,效率价值亦为重要考虑因素[3]。若允许其登记,一方面无法防止普通债权人与管理人恶意串通从而享有抵押权,另一方面亦可能对破产财产分配程序的效率产生负面影响。反之,允许其成为未登记的抵押权从而受到强臂撤销权的限制或者直接认定为普通债权并获清偿,则可有效防范上述情形的发生。

(四) 小结

关于有担保债权人借助别除权就特定财产优先受偿的正当性,中国法学界并未过多探讨。以结果角度观之,经过较多探讨的美国法学界似乎也并未取得突破性进展。但一步到位的发展因缺失中途阶段而易导致结论单一、论证缺乏深度的弊病[4],此种弊病具体到别除机制中,即缺乏对无担保债权人利益的立法讨论和学理探讨。在破产别除机制的正当性暂时难以被推翻的背景下,因法体系效应所导致的别除权扩张适用,引发无担保债权人的利益受损的担忧。合同完全履行本应是社会交易的理想状态,破产情形下要求担保权设定方能获取清偿,实证法在潜在层面上对社会交易主体的注意义务有所提升。具体到制度

---

[1] See Frank R. Kennedy, *Perfection of Security Transactions*, 36 Journal of the National Association of Referees in Bankruptcy 3, 5 (1962).
[2] 参见谢鸿飞:《价款债权抵押权的运行机理与规则构造》,载《清华法学》2020年第3期。
[3] See James J. White, *Revising Article 9 to Reduce Wasteful Litigation*, 26 Loyola of Los Angeles Law Review 823, 830 (1993).
[4] 参见解亘:《第三人干扰婚姻关系的民事责任——以日本法为素材》,载《华东政法大学学报》2013年第3期。

层面，此种义务的提升应在其他方面予以制度补足或利益平衡，即立法应当适当重视无担保债权人利益的保护。在担保权实践扩张的背景之下，能否适用别除权必须以担保权公示为条件进行筛选，《担保制度解释》第68条第1款在破产语境下应当有限适用。为保护破产情形中无担保债权人的利益及与《民法典》规范消灭隐形担保目标相契合，建议将《企业破产法》第109条中的"担保权"限定为经过担保权公示的"担保权"，并将经财产变动权利公示的不动产担保权作为例外情形。

四、结语

法典化时代下，制度的变动并不是孤立发生的，一项制度所带来的法体系效应，往往难以被准确预判，但以功能主义为基础的比较法会提供镜鉴。《民法典》前时代的担保体系已经因为难以适应时代需求故而亟须修正，在《民法典》担保物权规范向非典型担保开放的背景下，在企业财产上设置担保的情形将会大量存在，保证金账户控制标准的建立同样会导致别除权适用的显性扩张。此外，声明登记制的采用在很大程度上简化了公示程序并且降低了公示成本，以此导致别除权适用范围的隐性扩张。在别除权广泛适用的同时，引入强臂撤销权，实现无担保债权人的利益维护，不失为一条可行路径。

现阶段，为服务于营商环境的优化及担保信贷业务的开展，应努力保障经有效公示的担保权的实现。《企业破产法》的修正应重视与《民法典》规范的衔接，不宜承认未经担保权公示的动产担保权在破产情形下存有别除权适用空间。此外，基于购买价金担保权为一项全新的制度，《企业破产法》修正应处理好与宽限期的衔接问题。经过公示的担保权能否构成别除权应经破产管理人和法院审查，审查包括形式审查和实质审查，形式审查针对担保登记等事项，实质审查则针对基础交易合同和担保合同是否存在虚假担保等情形。

实务争鸣

居住权在执行过程中的风险预防与路径优化

李才坤 谢 丹[*]

> **摘 要**：司法执行过程中被强制拍卖的房屋数量逐年增多。较以往被执行人在房屋上设置各种障碍逃避执行的情形，债务人利用居住权这一物权制度逃避债务、规避执行的可能性更大，该如何防范与应对成为当下亟待解决的难题。因房屋类型不一，居住权的种类不一，通过司法案例，从不同的权利类型分析出可能被当事人利用的漏洞及居住权与新时代发展需求不相适应之处。要平衡物权与债权，抑制居住权可能产生的负面效应，需要从居住权的法律构成要件入手，通过司法解释明确中国居住权的主体、客体、居住权人的权利义务、登记效力以及消灭事由，在为今后司法裁判提供指引的同时，规范人们的社会行为，以期实现立法初衷。
>
> **关键词**：居住权 执行 裁判 司法实践

法律的基本原则是：为人诚实，不损害别人，给予每个人他应得的部分。

——优士丁尼

《民法典》首次明确设立居住权，这对解决"住有所居"的问题有着重要意义。然而，居住权作为一种用益物权，其有对抗第三人甚至是所有权的效能时，我们不得不考虑房屋的市场流转功能。特别是在司法实践中，房屋作为被执行人最大的财产保证被拍卖时，被执行人虚构租赁关系以及共有人的情形逃避执行或者是房屋内住有年迈的父母阻碍执行的情况屡见不鲜，居住权作为一种具有对抗性的权能被再次用于规避执行的风险无疑。因此，有必要从居住权设立的初衷出发，了解目前居住权纠纷的司法实践，明确居住权制度的目的以

---

[*] 李才坤，长沙市芙蓉区人民法院院长。谢丹，长沙市芙蓉区人民法院审判管理办公室（研究室）副主任。

及当下存在的漏洞，细化完善相关解释。

一、现实考察——居住权纠纷的司法实践

在尚未正式确立居住权之前，居住权往往是通过司法审判以及遗嘱的方式等予以设立。

（一）居住权的司法状况

为准确展现居住权纠纷在中国司法实践中的状况，笔者以"居住权"为关键词，在中国裁判文书网上进行检索，自2002年6月11日至2021年4月19日，共查到65376篇裁判文书。笔者以这65376篇文书为样本进行了统计分析。

表1 居住权案例涉及的案由分布

案由	刑事	民事	执行	国家赔偿	行政
文书数量（篇）	284	49324	2498	338	6367

从表1可以看出，居住权纠纷在民事领域的裁判文书共计49324篇，占比高达75.44%，超过了样本总数的三分之二。在司法实践中，尽管目前以居住权为由排除房屋执行的文书只有2498篇，但执行的依据大量来自民事裁判文书，毋庸置疑的是，在后续的执行中，会有大量涉居住权纠纷的案件进入执行，那么也就迫使我们不得不思考在执行过程中该如何防范与应对被执行人以居住权为由阻碍执行的情形。

表2 居住权纠纷的审理法院层级

案由	最高人民法院	高级人民法院	中级人民法院	基层人民法院
文书占比	0.95%	5.22%	36.64%	57.19%

从表2可以看出，占比57.19%的涉及居住权的判决由基层人民法院作出，中级人民法院审理涉居住权纠纷的判决占比36.64%，从两组数据的考察之下我们可以得知当事人的上诉意愿高，一审判决难以平息居住权纠纷。但越往上看，高级人民法院的占比仅5.22%，最高人民法院的占比不足1.00%，可以得知当事人的申诉意愿并不高，在最高人民法院再审的几起案件中当事人均是希望凭借居住权排除法院的强制执行。如上诉人王发年主张，应当认定王发年的权利优先于中金公司的抵押权，王发年对执行标的享有足以排除强制执

行的民事权益①。该案虽因案涉房为酒店式住宅，不足以证明系王发年及家人基本生存权益被驳回，但当事人借以居住权倒逼法院支持其诉请的意愿一目了然。

表3 居住权纠纷的裁判年份

年份	2020	2019	2018	2017	2016	2015	2014	2013	2012	2011
文书数量（篇）	12131	11708	9662	7519	6984	6783	5787	1116	290	157

从表3可以看出，居住权的案例一直居于增长的态势，其中2013年、2014年的增长率分别是300.00%、418.54%，居住权纠纷呈井喷之势，这与前两年不断攀升的房地产价格是分不开的，之后增速平稳；党的十九大后，全国开始大范围更严格的房地产调控，自2019年增速再次放缓。

（二）居住权在基层法院的运行状况

笔者以中部某省某市某区法院为样本进行了统计分析，2020年度该院收案数37094件，居该省首位，执行案件16393件，被司法拍卖的房屋1304套，占整个市区拍卖房屋的27.82%。在这些涉及被拍卖房屋的案例中，有2件以居住权为由申请异议排除执行。但在执行过程中，以实际行动阻碍强制腾房的高达上百件，其中以租赁关系为由阻碍房屋交付的63件，以屋中住有年迈父母为由的47件，以屋中住有妻儿为由的33件，等等。这些以实际的居住权阻碍执行，逃避执行的情形有可能是因为当时立法上的空白，那么现在居住权人享有哪些权利义务？应予以清晰地认知，方能防范与应对被执行人故意制造用来逃避执行的虚假居住权。

二、深度探究——居住权的类型及阻碍执行的情形

《民法典》用益物权编第十四章对居住权的内容进行了规定，设立方式确定为合同和遗嘱两种，须采用书面形式，且无偿，以登记为准，从法律规定来看，立法者的出发点是保障弱势群体，所以设定的也只有社会保障性居住权一类。但从司法实践中来看，居住权这一保障性权利已经在不同领域被适用，为防止当事人进行恶意逃避执行，有必要进行细分明确。学者们以比较法的视角，根据居住权在实际生活中的适用范围，基于类型化的分析，从社会保障的角度将其分为家庭保障性居住权和社会性居住权，从商业投资的角度又将其分为投资性居住权和消费性居住权。

---

① 参见最高人民法院（2020）最高法民终1094号民事判决书。

（一）家庭保障性居住权

这种居住权纠纷主要分布在婚姻家庭和继承领域，司法实践中，法官通过司法确认居住权权利存在的案例屡见不鲜。

表4 家庭保障性居住权的相关案例

案号	支持内容	判决理由	案由
终审：（2018）闽民再6号 一审（2016）闽0104民初3236号	杨某对邱某所有的房享有居住权。居住期限至2018年6月1日	离婚协议书，系当事人真实意思表示，合法有效	离婚后财产纠纷
（2021）甘0122民初372号	原告薛某1对被告李某现居住宅院中的东边四间房屋享有居住权	离婚时，如一方生活困难，另一方应从其住房等个人财产中给予适当帮助	离婚后财产纠纷
（2021）苏0508民初1766号	沈某对X号房屋享有永久居住权，由沈某自由选择住回该房屋的时间和期限	遗嘱中有明确记载	遗赠纠纷

从表4可以看出，无论是离婚协议书还是遗嘱，民众均以自己的方式为扶养的对象创设了居住权，居住权在未正确设立之前，仍可在零星的法律法规窥见它的影子[①]，像（2018）闽民再6号中男方杨某诉请居住权为两年的实际中并不多见，大多是"永久居住权""终身居住权""居住至其百年之后"，这些内容明显具有对抗第三人的效力。如果夫妻有意逃避债务，制造假离婚，签订虚假离婚协议后，为另一方设立居住权并进行登记，如此，二人仍可继续名正言顺地居住在一起，并拥有居住权对抗第三人的效力。这种做法会造成法院执行该房屋的阻力，成为被执行人逃债的有力工具。

（二）社会保障性居住权

为了实现居者有其屋的梦想，国家下大力气，设计了各类保障性住房。譬如国家安居工程住房、经济适用房、廉租房、公租房（即公共租赁住房）、房改房、拆迁或棚户改造安置房、职工安置房、人才安置房（或人才公寓）等。北京、上海和广东等地还推行共有产权房保障民生[②]。这些房产具有社会福利

---

① 如《最高人民法院关于人民法院审理离婚案件处理财产分割问题的若干具体意见》第14条、最高人民法院《关于适用〈中华人民共和国婚姻法〉若干问题的解释（一）》第27条之规定等。

② 参见曾大鹏：《居住权的司法困境、功能嬗变与立法重构》，载《法学》2019年第12期。

性质,让人绕不清、道不明的是这些房屋的产权性质,因为产权不清晰,进入法院的诉讼纠纷不断,这些房屋上也同样设定着不同类型的居住权利。

表5 社会保障性居住权的相关案例

案号	支持内容	房屋类型	案由
(2020)鄂0503民初211号	周某萍对X号房屋享有终身居住权	经济适用房	合同纠纷
(2021)京01民终3276号	刘某1于本判决生效后两个月内将其占用X号的房间腾退,交还给林某1	职工安置房	物权保护纠纷
(2021)辽07民终1925号	配偶因长期居住对方承租的公租房而对该房屋也享有居住权。案涉房屋虽登记在付某名下,但是刘某作为与其共同居住生活的配偶,不仅户籍在该房屋内,且长期实际居住使用,因此对涉案房屋享有居住权利	公租房	占有保护纠纷

相对而言,社会保障性住房上第三人妨碍执行的情况并不多见。在笔者承办案件的执行过程中,共拍卖了两套经济适用房,均未出现妨碍执行现象。当然也是因为所有权的性质,居住权人没有所有权,房屋便不属于可供执行财产的范畴。但拆迁安置房的阻力不少。一般拆迁户的安置房大多处于租赁的状态,一旦进入执行,需要对租赁关系进行审查,查证属实的,房屋带租拍卖。其中也不乏被执行人制造虚假租赁关系来逃避执行的情形,若再多出一个居住权是否真实的查证,辨别真假就成了执行法官理不清却又不得不面对的难题。

(三)投资性居住权

保障性居住权的设立无偿,符合现有法律规定,但是在实际生活中,有很多居住权是通过有偿的方式设立的。这类当事人并非无房,而是可能拥有多套房,居住也并非生存所需,其实质要义在于投资。

表 6　投资性居住权的相关案例

案号	支持内容	房屋类型	案由
（2020）鲁 01 民终 12978 号	张某贞系金福灵公司员工，双方签订购房协议并约定工作年限，公司将其所有的该房屋的居住权交由张行使，二十年后所有权归张所有，张违法被辞退并将房屋转让第三人，张向公司返还购房款、支付违约金	合资购房	合同纠纷
（2018）苏 09 民终 764 号，（2019）苏民监 360 号	乔某章对涉案房屋享有实际的居住权，其转让给刘某、郝某、薛某，经张某及哥哥认可，故该三人对涉案房屋的占有使用权应予保护	张焕旺与乔某章签订联合建房协议	排除妨碍纠纷
（2017）鄂民再 117 号	胡某享有 X 号房屋的居住权（占有权、使用权和收益权）	单位集资建房	用益物权确认纠纷

上述的三个案例分别代表了不同类型的投资性居住权，张某贞与金福灵公司合同纠纷一案中是合资购房时设立的居住权，张某贞属于金福灵公司员工，张某贞以员工福利用较低的出资比例获得居住权以及附条件的所有权，后因条件不成就，仅获得居住权，该房屋并非张某贞的唯一住房，在对该房屋进行装修后，张先是出租继而售卖，这是典型性的依赖居住权的投资。案例 2 中，张某旺与乔某章是合作建房时设立的居住权，双方签订联合建房协议，乔某章对涉案的三间房屋享有居住权，并将该房屋转让第三人获利。案例 3 是住房合作开发下设立的居住权，单位提供土地，职工出资，开发商兴建，单位享有所有权，职工享受居住权。这三个案例也显露出三个问题：（1）附条件的居住权何时消灭？（2）居住权能否转让，效力如何？（3）居住权人的范围怎么界定？尽管目前实践中投资性居住权案件量并不大，但我们仍不得不直面这些问题，且当事人是否借以居住权为由逃避强制执行亦不得而知。

（四）消费性居住权

随着经济的发展，分时度假房、售房养老的模式悄然兴起，这一类的主体中投资人多为企业组织，居住权的享有者为个人。

表7 投资性居住权的相关案例

案号	获得居住权的方式	房屋类型	案由
（2020）琼9002民初628号	王某1与被告海南天来泉养生俱乐部有限公司签订《海南天来泉养生俱乐部会员会籍合同》，缴纳会籍费9万元，成为终身会员，可免房费入住该公司管理的公寓房，享有该房屋的居住权	度假酒店	服务合同纠纷
（2021）陕0102民初6342号	胡与董系外祖母与外孙子的关系，胡将其所有的房屋赠与董，并设定永久居住权	商品房	赠与合同纠纷
（2020）皖行终595号	张、刘、龚等人与老来乐（后改为映山红）养老中心签订了预订居住权合同，缴纳了预订金	养老中心	行政纠纷

笔者以多种方式进行调查发现，分时度假房，度假酒店中发生的居住权纠纷在司法实践中尚有迹可循，如案例1中的纠纷常有，值得庆幸的是，尽管居住权人与相对强势的经营者地位存在一定的差异，但司法裁决过程中，对居住权人相关合法权益是认可与保障的。如案例2，由于传统养老观念的影响，老人转让房屋所有权的对象基本是亲属，这种以房养老的模式仍旧存在于继承赠养中。一般的民间养老中心尚不完备，如案例3，最终以失败告终，不得不让人遗憾。中国的老龄化日趋严重，特别是对仅有房屋的孤寡老人来说，他们的养老生活该如何保障？以房养老的提前居住权该得到认可吗？

三、缘来缘去——房屋之上的多重利益冲突

居住权是一项古老的权利类型，罗马法时代即已经存在，属于人役权的范围。近现代大陆法系诸多国家和地区的民法都继受了居住权，并与用益权、使用权共同构成了人役权制度[①]。然房屋之上除了新设立的居住权，尚有多种权利的存在，这些叠加的权利因人的利益取舍，势必产生矛盾，影响着执行中各方的利益，这个矛盾来自何方？又该何去何从呢？

（一）居住权与其他权利

1. 所有权

所有权是一项绝对权，所有权人在法律规定的范围内对房屋享有占有、使用、收益、处分等任意处置的权利，具有排他性。而居住权也是一项具有相对排他性的

---

① 参见房绍坤：《论民法典中的居住权》，载《现代法学》2020年第4期。

权利。当两项权利并存时,如何从中取其一是诉讼中法官必做的选择题,比如前文中的杨某与邱某的离婚纠纷中,杨某享有的居住权优于邱某的所有权,还有遗赠纠纷中沈某的居住权同样优于所有权,那是不是就可以定论居住权均优于所有权?假设如此,那执行过程中的房屋将可能无法启动拍卖,即使上拍,带居拍结果基本也是流拍,如此一来,申请执行人的权利将无法得到实现。

2. 抵押权

抵押权是一项担保物权,居住权乃用益物权,两项权利关注点各不相同,抵押权关注的是房屋的财产属性,居住权注重的是房屋的使用属性。同一房屋上,设立之初,无论谁先设立,两者均可共存,但要实现担保物权时,势必与用益物权产生矛盾,比如执行过程中房屋之上的抵押权要实现时,处置该房屋,其中是居住权优于抵押权,还是抵押权优于居住权,目前尚未有法律规定。

3. 租赁权

租赁权与居住权有许多相似之处甚至交融之处,比如都是为了房屋的使用价值等,不同的是居住权的期限一般时间比租赁更长,可能是十年、二十年甚至是终生。租赁权与居住权相比于前两项权利而言冲突的可能性不大,且未进行登记的居住权大多以租赁关系论,这种关系给执行工作带来的阻力可不小。在执行过程中,房屋带租拍卖的事情并不鲜见,一般带短期租赁的不影响债权的实现,但是带长期租赁的结果大多是流拍,也就意味着被执行人有可能通过"假离婚""假保障""假租赁"等多种方式占有房屋的居住以逃避执行。

(二)冲突背后的原因分析

1. 收益—成本分析比较下的分离

唯物辩证法认为,所有的事务都是矛盾的,都是运动的。西方经济学假设人是完全理性的,理性人总是以最大收益、最小成本为追求目标。交易成本经济学代表人之一威廉姆森则认为社会生活中的人都是契约人,契约人总是处于交易中,契约人具备有限的理性且存在机会主义行为。在信息不对称及机会主义投机等因素的干扰下,人们不可能考虑到全部问题及后果。于是乎,当案件进入执行后,很多人不是主动去履行义务,而是衡平利益,当他们认为能够不履行或是消极履行甚至对抗执行能够使得自己获取利益更大的时候,部分被执行人穷尽其能阻碍执行,生存权必然大于债权,在现行相关法律解释尚未明确的情况下,居住权自然成为其消极对抗执行的一项"名正言顺"的权利。

2. 法律空白出现的漏洞

经济快速发展,成文法的特点即在于往往滞后于社会发展,在规范行为空间上不可避免地会出现一些空白区域，比如前文中提到各类保障性住房，因产权不清晰，而且兼具福利性质，这些房屋的交易受到限制，进入执行后其经济价值要实现难之又难。还有产生投资性居住权以及消费性居住权的房屋，如前所述，被执行人借由逃避执行的可能性是存在的，那么面临的三个问题的解决亟待法律的完善。

四、价值平衡——权利保障与漏洞填补的规则设想

习近平总书记曾明确指出："要及时完善相关民事司法解释，使之同民法典及有关法律规定和精神保持一致，统一民事法律适用标准。"居住权制度的出台是考量各方利益均衡的结果，这不只是立法上的一大进步，也是保障民生的一大举措。在欣喜之余，我们也发现，众多学者对居住权这一制度的立法提出过于简单等质疑，司法实践中也出现不法债务人利用居住权逃避债务和强制执行等现象，给执行工作带来阻力，要保障物权与债权的平衡，有待司法解释的明确规定，做到法律上的平等——同样情况同样对待，不同情况区别对待，以期更好地实现立法的初衷。

（一）明确居住权的主体

"天下之事，不难于立法，而难于法之必行。"《民法典》的生命力在于实施[1]。从罗马法起源的域外的经验来看，居住权设立的初衷就是保护"弱者"的居住权益，中国也不例外，那么"弱者"该如何保护？需要从以下几个方面入手。其一，《民法典》第366条明确是以满足生活需要的人为对象，只有自然人才有生活居住的需要，排除了法人以及非法人组织。如前述的职工或人才安置房居住权人只能是职工而非公司。其二，居住权人的范围。法国[2]、德国[3]、意大利等国均明文规定居住权人仅限于本人[4]，不包括同住之人以及其他人。同理，居住权人死亡后，居住权将不复存在，如此规定，方能体现权利的时效性，他山之石可以攻玉，在司法解释中应限定居住权仅居住权人享有。其三，增设法定居住权，如前文案例所示，司法实务中法官根据婚姻家庭编与继承编中的扶养与赡养等义务裁判设立居住权的情形并不少见，《民法典》第1090条、《最高人民法院关于适用〈中华人民共和国婚姻法〉若干问题的解释（一）》第27条、《民法典》第1067条第2款、《民法典》第1153条中等涉及

---

[1] 参见王利明：《开创立法先河，护航民族复兴》，载《人民日报》2020年5月28日，第13版。
[2] 参见《法国民法典》，罗结珍译，北京大学出版社2010年版，第187—188页。
[3] 参见孙宪忠：《德国民法典物权体系研究》，法律出版社2008年版，第504页。
[4] 参见房绍坤：《论民法典中的居住权》，载《现代法学》2020年第4期。

婚姻、赡养、继承的规定中,就如何保障居住权这一问题没有明确的回答。针对这些抽象的规则,有必要进行具体细化为法官提供裁判指引。明确规定在婚姻关系中,对离婚后一方名下无房屋且确属年老、疾病或失去劳动能力无生活来源的可判定其有法定居住权。在赡养的义务中,无房的父母可赋予居住权。在继承关系中,明确遗产分割时,应保障被继承人配偶的居住权。

(二) 明确居住权的客体

《民法典》第 366 条中明确居住权的客体是"他人的住宅",这个住宅亦需明确。其一,他人享有使用权的住宅,前文社会保障性居住权中的廉租房、公租房、拆迁房等这些房屋上的使用权人,他们是实质上的所有权人,享有除所有权外的其他同等权利,对这些带有时代烙印的房屋可再次设立居住权。其二,老年人因养老所需,提前将自己所有的房屋出卖给相关的金融机构,同时在房屋上设立居住权保障将来的生活居住是否可行?笔者认为应当可行。然以分家、赡养、以房养老等关键词找到的案例确有上千篇案例,一方面限于传统养老观念的影响,在中国这种以房养老的模式仍停留在亲属之间,另一方面也说明了养老权利意识的兴起。此举备受学者们的肯定,学者王利明认为:"在我国老龄化社会到来之际,在民法典物权编规定居住权制度,在以房养老方面能发挥重要作用,在应对老龄化方面的确正对其路,恰逢其时。"[①] 其三,住宅是否包括附属设施?中国一直实施房地一体主义,那么除了房屋,房屋前的院子、车位、车库等这些设施是否属于客体的范畴?笔者以为,这些附属设施应以居住所需进行区分,比如说院子上的厨房、厕所是生活所需,但车位、车库并非居住必须,原则上不应属于居住的客体范畴。然涉及残疾人或其他确有生活需要的情形,则当例外处之。

(三) 明确居住权人的权利义务

居住权的法律效力主要体现在居住权人的权利义务,但现行的《民法典》中可找到的是权利人的占有、使用之权与不得转让、出租之务,如此简单的法律效力规定将让各方主体在实际生活中无所适从,当详细规定。居住权人的权利应当包括以下几点:(1) 居住权人仅是为生活所需的目的居住该房屋;(2) 以生活为目的,可以使用房屋内的生活设施、房屋的附属设施;(3) 居住期限可自由约定,约定时限内,居住权人不受所有权人的变更以及其他授权行为的影响;(4) 居住权人的家庭成员以及护理人员或其他需要居住权人供养的人员均可同居住权人一同居住;(5) 重大疾病患者以及年满 60 周岁以上的老

---

① 参见王利明:《论民法典物权编中居住权的若干问题》,载《学术月刊》2019 年第 7 期。

人可与相关金融机构签署合同提前在自己现有的房屋上设立居住权;(6)合资建房等带有平等出资性质的义务获得的居住权允许转让;(7)房屋被执行拍卖或是征收后,有偿设定的居住权,应从拍卖款或征收款中返还居住权人支付的费用。

居住权人的义务应当包括以下几点:(1)居住权人应合理使用、妥善管理房屋;(2)居住权人不得利用房屋从事营利性的行为,不得进行抵押;(3)约定是有偿居住的,当按期或是如约支付使用费;(4)对所居住的住宅,居住权人应本着善意使用的原则,对房屋及其附属设施进行日常的保养与维护,并承担相应的物业管理费用;(5)不得高空抛物,因居住权人的原因发生高空坠物的由居住权人承担,因非居住权人的原因发生的根据过错比例由居住权人和所有权人进行承担。

(四)明确居住权登记效力以及消灭的事由

《民法典》中明确规定,设立居住权,应当向登记机构申请居住权登记,自登记时设立。问题一:以遗嘱方式设立的居住权继承发生时即设立居住权,那么登记效力如何?应明确以遗嘱继承方式设立的居住权经登记方具有对抗效力,未经登记不能对抗善意第三人。问题二:登记的居住权能否对抗法院的执行?居住权是一项保障性权利,可以肯定的是,未经登记的居住权是不能排除执行的。而登记的也应当允许变更,比如说对于有多套房屋的被执行人,其给他人设立的居住权应当允许变更到另一套房;当所有权人债权产生后,为保护债权人的利益,同时也保护居住权人的权益,笔者认为,可效仿"买卖不破租赁",进行"带居拍卖",如果居住权人没有实际以生活必需占有使用房屋,或债权人愿意以其他满足生活需要的房屋替代被执行拍卖的房屋,那么自然可以"去居拍卖"。对那些有实际满足生活需要的居住权人,也可以从拍卖款中支付租金以保障生活,且可以参照唯一住房的标准执行[1]。问题三:登记后的居住权又能否对抗其他在先的权利?居住权是为弱者设定的特定权益,但为保护交易安全,平衡各方利益,当与其他权利冲突的时候,原则上先登记的应当优于后登记的,比如实现抵押权时,先登记的抵押权应优于居住权,从公平及诚实信用原则来说,抵押权人拥有在先的权力,在后的居住权不能对抗在先的抵押权,清偿时抵押权也应优于居住权。此外,还应明确的是居住权的唯一性——一套房屋上只允许登记设立一个居住权。《民法典》第370条规定了居住权消灭的两种原因——居住期届满或居住权人死亡,然实际生活中,导致居住权消

---

[1] 《最高人民法院关于人民法院办理执行异议和复议案件若干问题的规定》第20条。

灭的原因很多，应进一步在司法解释中予以补充明确。具体而言，应明确以下几点：(1) 有瑕疵的居住权合同无效或被撤销，如债务在先，在后所有权人为其子女、配偶设立的居住权，其显然是为了逃避债务而立的合同，应当无效；(2) 故意侵害住房所有权人及其亲属的人身权或者对其财产造成重大损害的；(3) 危及住房安全等严重影响住房所有权人或他人合法权益的行为[①]；(4) 居住权人长期不以生活所需为目的使用房屋的；(5) 居住权的标的灭失的；(6) 有偿的居住权在经两次催告后仍不履行给付义务的；(7) 当所有权人将房屋卖给居住权人后产生的居住权和所有权的混同时；(8) 附灭失条件的居住权自条件成就时。

居住权灭失后，居住权人有返还住宅的义务，若居住权人死亡的，居住在该房屋上的其他人负有返还住宅的义务；如果因居住权人导致房屋灭失的，还应承担赔偿责任；因上述事由产生居住权灭失的，同样应办理注销登记。

五、结语

《民法典》的出台，在法律上确定了居住权制度，将自然人能够安身立命之生存权放到了优先地位，其意义重大。然该项权利在被确立之同时，应当伴随时代的要求来平衡所有权人、居住权人、债权人等各方的利益，努力预防和消除法律规范条文较少以及规定过于刚性所带来的风险，努力从居住权的主体、客体、居住权人的权利义务、居住权的登记效力、消灭事由以及后果上进行制度完善，以期抑制因法律条文数量较少，规定不完善产生的负面效应，为执法司法者提供更为准确的裁判执行依据，最大限度地发挥居住权的最大效果，有效促进社会和谐。

[①] 参见全国人大常委会法制工作委员会民法室编著：《物权法（草案）参考》，中国民主法制出版社2005年版，第44页。

《民商法争鸣》(第 22 辑) 征稿启事

《民商法争鸣》由四川大学法学院主办，是四川大学市场经济法律研究所系列专题研究著作之一。本著作集创刊于 2009 年末，着力于学术争鸣，倡导与国内外具有精深民商法研究、展开相关学术争鸣，推动中国对外经济法律制度研究所深入。2022 年度中国人文社会科学期刊 AMI 综合评价为"入库集刊"。本集刊已经进入第十四个年头。连续出版 21 辑，正在编辑 2023 年第 2 辑（总第 22 辑）。

本著作集刊每年出版 2 辑，上下半年各 1 辑，以学术论文为主，兼涉有深厚理论底蕴的案例分析及热点评论。

来稿要求：

1. 稿件以近五万字以上且具有创意的著作为主，12000 字到 20000 字为宜。

2. 本著作集刊应遵循学术规范，且具有独立见解并在理论和实践上具有新意。

3. 本著作集刊确保民商法范畴之内。为研究方便，拟将与民商法相关的内容分为四个部分：基础民法研究、物权法研究、债法研究、知识产权及商法研究，劳动与社会保障研究，婚姻继承法研究、经济法研究、诉讼法研究、国际法研究、人格权研究。

4. 稿件应立意鲜明，层次清楚，数据准确，引文须注明出处。注释采用每页下脚注，尾注不用。这样体例以《中国高等法学类学术期刊编排规范的若干规定》及《著作索引手册》为准据。

5. 来稿请注明作者姓名、所属单位 3 个月内未接通知，可另行处理。3 个月引证手册》为准据。

6. 来稿请附作者姓名、住单位所址、邮编、邮政编码、手机、通信地址、邮箱等信息，请勿一稿多投。

7. 所有论文均以作者授权为著作权的全部专有使用权，任何转载、摘录、翻译或汇编出版者等，均须事先征得本著作集编辑部的书面许可。

8. 本著作集刊已被《中国学术期刊网络出版总库》及 CNKI 系列数据库

求等。该邮箱接受您的来稿同时将作为本集刊编辑及审校作所有文章稿件及沟通使用事事宜，特此声明与本集刊其他名称及其身份的邮箱分开作区别处理，如作者有疑问，可同本集刊编委会及投稿者引起来源不正规使用，请各位来稿者向本集刊者声明为准。本集刊未经作者授权及同意，拒不以任何形式及渠道出售、转让或将作者来稿作为其他刊物用作商业用途，并需将投递的其他稿件发送给即时通知和联系我们编委会。同意授权本刊和网团体使用，并同意本集刊未来将刊载作为本集刊的互联网上载相关信息。

9. 本刊鼓励参与同行评一致，鼓励分排列学术学术学术的薪基金水准，在未经发生任何违法行为，包括剽窃行为，本刊将帮助协作等国家相关作为，文章涉及任何违反版法行为，包括剽窃行为，本刊将帮助协作等国家相关规定，作者须据实声明的作者签署承担使用，本刊将按次比例收取作者五人以内，并及时按需保证等尊重并为有关任何文字方的真实性。

10. 本刊未来将刊用网络投稿形式，投稿公众，邮件主题请写明："《民商法争鸣》投稿"，投稿邮箱：minshangzhengming@163.com。

11. 本刊未来将刊在寄本件，每辑出版后将赠送作者样刊为 2 册。

《民商法争鸣》编委会
2023 年 6 月 30 日